JN095091

小さきものの近代 2

小さきものの近代 2

渡辺京二

弦書房

装丁＝水崎真奈美
〈カバー・表紙・本扉・本文〉
装画＝中村賢次

小さきものの近代 2

目次

第十章　草莽たち

前章で述べたように、いわゆる維新革命の大変動を、たいていの町人や百姓はどこ吹く風とやり過ごした如く見える。むろん、米価の急騰など自らの生活に影響が及ぶことがあれば、打ち壊しの行動に走る場合はあったが、それも一過性であった。

しかし一方、百姓・町人の中から、尊皇攘夷運動に参加する者がいたことも、見逃すことのできぬ事実である。そういう人びとは当時「草莽《そうもう》」と呼ばれた。耳馴れぬ言葉かも知れぬが、『広辞苑』には「民間・在野」とあり、「草莽の臣」と別項を立て、「官に仕えないで民間にある人、在野の人」と釈している。

維新史で研究者が草莽という場合、意味はもっとはっきりしていて、高木俊輔によれば、「草莽概念の中核的構成者は、幕藩的支配体系から逸脱した下級武士出身の浪士と地方豪農商出身のいわゆる草莽の志士」である（『明治維新草莽運動史』）。私の関心は後者、つまり国事に関心を示すに至った豪農商にある。国事とはもとより尊皇・攘夷・倒幕の三点を意味する。

その一例として、明治実業界の大立者、というよりその草創者と言うべき渋沢栄一の場合を見よう。栄一は武蔵国血洗島村の富農渋沢家の長男として天保一一（一八四〇）年に生まれた。弟妹に四男八女がいたが、育ったのは栄一と妹二人、あとは夭折《ようせつ》したというから凄まじい。

渋沢家は田畑は二町たらずにすぎなかったが、藍玉製造をもって産を成し、質屋・金貸もかねて、村で二番目の富豪と称せられた。父たる人は学問もあり、名字帯刀を許された村役人であった。

栄一も六歳の時から『大学』『中庸』の素読を父から習い、ついで隣村の尾高惇忠《あつただ》という水戸学徒に学んだ。一四、五歳までは「読書・撃剣・習字等の稽古で日を送りました」と、明治二〇（一八八七）年に口述した『雨夜譚《あまよかたり》』で述懐する。剣の師は述べていないが、近藤勇の例で明らかなように、当時関東には村落に多くの剣道場があった。

「一四、五の歳まで」と言うのは、その頃父より家業にいそしめと注意されたからである。しかし言われるまでもなく、栄一には天成の商才があった。一四歳の時、父に替わって近在へ藍玉の買い付けに行ったが、子供とあなどる百姓たちを驚かせるような、藍玉に関する知識を披露し、一村の藍玉をことごとく買占めてしまった。

一方、国事への関心も目醒めた。幕府への反感が生じたのは、領主の陣屋へ御用金の件で呼ばれた際、藩吏の態度が横柄だったからだと言うが、一七歳の時とあるから安政三（一八五六）年に当たる。ハリスが下田に着任した年である。

尾高惇忠の弟長七郎は江戸で剣術を修業している男だが、時々村へ帰って来て「しきりに慷慨憂《こうがいゆう》世《せい》の談論」をする。栄一も「このまま田舎に百姓をして居ることは成し得られぬ」という気になり、文久元（一八六一）年二二歳の時に江戸へ出て、海保章之助の漢学塾に入り、またお玉が池の千葉道場に入門した。これは後年の話だが、備中の剣道道場主と試合して勝ったと言うから、かなりの腕になった訳だ。

尊攘熱は次第に昂じて、文久三年になると、尾高惇忠・渋沢喜作（栄一の従兄）と、まず高崎城を乗っ取り、横浜へ出て外国人を皆殺しにしようという計画を立てた。藍玉商売で貯えた金で武器を買い集め、仲間も七〇人ばかりできた。決起の日は一一月二三日と定めた。外国人を殺せば戦争になる。その戦さの中から新しい国作りの方策が見えて来るはずと言うのだ。

しかし、父に決心を打ち明けねばならない。徹夜して父と論じた。父はそれでは農民としての分限を超えることになる。農民に生まれた以上本分を守って農民に安んじたがよいと言う。そして最後に、お前は思う所を貫くがよい、今日から自由にして遣わす、しかし、最早自分とお前は種類の違う人間だから、今後は親子ではないと言い切った。

ここには重要な論点が浮上していた。百姓とて国事の多難を傍観できぬというのは、福沢諭吉なら大喜びしそうな考えである。しかし分限を守れという父の考えは、一見守旧的退嬰《たいえい》的に見えながら、実は農民という立場を死守する、極めて根底の深い思想の露頭なのだった。

しかし、栄一らの蹶起《けっき》の企ては敢《あ》えなく潰れた。一〇月の末に尾高惇忠の弟長七郎が京都から帰って来て、企ての暴挙たる所以を説き、栄一らも思い止まらざるを得なかった。すでに八月一八日の宮廷クーデタにより、長州勢と七卿が京を逐《お》われ、天誅《てんちゅう》組の反乱も鎮圧されていたのだ。

さて企てを放棄はしたものの、身辺が何となく危うそうで、身を隠したがよいということになり、喜作とともに京都へ上った。京都では別になすべきこともなく、たちまち金に窮して、一橋家の家宰平岡円四郎に縁があったところから、禁裏御守衛総督の一橋慶喜に召し抱えられることになった。

倒幕のため兵を挙げようとした者が、慶喜に仕えるとは矛盾も甚だしい。しかし、内心やましさを覚えながら、あえてその途を選べたのは、彼自身言うように、慶喜の政権と江戸の幕閣とは「おのずから少し差別があ」ったからだ。朝廷から禁裏御守衛総督に任じられた慶喜と、京都守護職の会津藩主松平容保《かたもり》、及びその弟で京都所司代の桑名藩主松平定敬《さだあき》は、一会桑と称せられて、江戸幕府から独立した親朝廷の京都政権の様相を呈し、孝明天皇の親任も厚かった。

それにしても、この後一橋家臣としての彼の働きぶりを見ると、尊皇攘夷とか倒幕というのは、時流に動かされただけで、本音はただの百姓で終わりたくない、何かもっと大きな事業をしたいという立身の欲求だったと言わざるを得ない。若者らしい野望と言ってもよいが、藍玉商売において発揮したように、この人には持って生まれた商才、言い換えると事業欲があった。「草莽」などと言っても、百姓自体の解放を考えたのではなかった。地味な百姓より、もっと野心を羽搏《はばた》かせることのできる事業が欲しかったのだ。それこそやがて発見することになる資本主義であって、「草莽」たることとは彼にとって、まさに資本主義的企業家への第一歩にほかならなかった。

渋沢栄一は一橋家仕宮中に三つの事業を行っている。第一に一橋家直属の歩兵隊の創出。これは近畿地方に散在する一橋領から、農兵を取り立てたのである。第二に年貢米を民間の蔵元に扱わせていたのを、酒造家と直接取引して高値で売るようにした。第三に領内特産の木綿を藩札で買い上げ、大坂の問屋に売って利を得た。藩札の発行も順調に行った。まことに後年の実業家としての才能の片鱗《へんりん》を現したものと評すべきだろう。

しかし、彼の天分を仕上げたのは、慶応三（一八六七）年、徳川昭武（慶喜の弟）のパリ万国博覧会に随行して経験した、一年半余の欧州生活である。彼がそれから学んだ最大の教訓は、民間の実業家が政府役人と対等に交際する欧州の実情だった。役人に対して卑屈な日本の商人に自覚を促すことが彼の大きな使命感となった。彼の出発点を〝草莽〟と規定するなら、その魂はこの一点で保持されたと言ってよいかも知れぬ。しかし、私たちはここでこの興味ある人物と一旦別れよう。

先に栄一が文久三（一八六三）年一一月に、横浜焼打ちに蹶起するつもりだったと述べたが、これは彼とその仲間たちの企てにとどまらぬ、もっと広汎な蜂起計画の一部だったのである。尾高兄弟・栄一のグループを「天朝組」と言うが、他に「慷慨組《こうがい》」「真忠組」があって、この三者がいずれも一一月一二日を蜂起の日と定めていたことからすれば（高木俊輔『明治維新草莽運動史』一七七頁、ただし『雨夜譚《あまよかたり》』は一三日とする）、三者間には連絡もついていたに違いない。

「慷慨組」の首領は武蔵国中瀬村に住む桃井可堂で、彼の影響下にある豪農、出入りの浪人と語らって、赤城山で挙兵する予定だった。だが可堂が、新田義貞の子孫として上州で名声を持つ岩松俊純を推戴しようとして説得中、岩松が江戸へ出て自首して事は破れた。可堂も仕方なく自首に及び、絶食して死んだ。

尾高・渋沢らの「天朝組」の挫折については先に述べたが、ひとり目睲しい成果を示したのは「真忠組」である。首領の楠音次郎は肥後藩出身の浪人の子で、一時尾張藩などに出仕したが落ち着かず、文久元年に九十九里浜の井之内村で手習塾を開いた。そこへかねて交わりのあった浪士たちが集まり、文久三年一一月一二日、楠以下数名が九十九里浜の小関村の宿屋に「真忠組義士旅館」の看板を掲げた。このあと浪士たちは二〇人余りとなり、近辺の名主・豪農・網元に「軍用金」を強要した。集めた金は数千両、米は六、七百俵に及んだが、彼らはその大部分を当地一帯の窮民に放出したのである。当然窮民の中から「真忠組」に加盟する者が続出し、一一月中に総勢二百人近くにふくれ上った。

彼らはしかも、窮民たちの富豪からの借金問題に関する訴えを受理し、裁定まで行った。このような活動に注意をかき立てられた幕府は、翌年文久四（一八六四）年一月一七日、近隣の藩兵を動かして攻撃をかけ、真忠組は楠以下幹部が戦死して一日で壊滅した。

いわゆる「草莽」の諸活動の中で、このように幕末農民一揆の特徴たる「世直し」の志向を示したものは、この「真忠組」の活動のほかには、後述する「赤報隊」一件しかない。しかも、窮民を虐げる富豪征伐という点では、「赤報隊」も及ばない。一体どうしてこのようなことになったのか。問題は楠音次郎が、網元（兼地主・金貸）が水主《かこ》・貧農を苛酷に搾取する実情を、二年余にわたって見聞したことにあろう。漁獲に関するだけでも、網元は水主一人の五〇倍の利を得ていた。

「赤報隊」の指導者相楽総三は、江戸赤坂に住む小島兵馬の四男として天保一〇（一八三九）年に生まれた。名を四郎将満《まさみつ》という。父兵馬は下総国の農民の出だが、旗本家への金融によって産をなし、赤坂檜町に広大な屋敷を営んだ。その富豪ぶりは「小判小粒を桝《ます》ではかる家はあるが小島分限は箕《み》ではかる」という唄や、家で催しを行う度ごとに、兵馬が池に沈めて置いた金壷を引き揚げて封を解いたという逸話を以て知れる。

四郎には長姉はまがいて、これは蕃書調所の頭取木村敬弘の夫人となったが、三人の兄のうち二人は若死し、一人は旗本家の養子となって、家は四郎が嗣《つ》いだ。四郎は国学と兵学に秀いでており、家塾を開いて二〇歳の時には門弟百人を超えたといわれる。

文久元年、父から五千両を得て家を出た。五千両というのは途方もない大金である。翌年には家に帰り、専ら秋田に居たということであったが、高木俊輔は桃井可堂が軍資金は同志中の豪家より三千両申し受けていると語っている所から、四郎が桃井ら「慷慨組」の赤城山挙兵に関わっていて、三千両というのは四郎から出たのだろうと推測する（高木前掲書）。

四郎は元治元（一八六四）年、水戸の天狗党の筑波山挙兵に加わったが、意に満たず家に帰った。おそらく水戸藩内の党争に失望したのだろう。この年父は四郎に嫁を取らせた。松江藩士の娘照である。翌年慶応元（一八六五）年には河次郎が生まれた。のちに叔母はまの家を継ぎ、偽官軍として処刑された父の名誉回復のため生涯を捧げることになる人物である。

父は四郎が家に居着くのを期待して嫁を取らせたに違いないが、一旦国事に目醒めた四郎がそのまま落ち着く筈《はず》はない。慶応二年春には京都に出て、翌年九月まで在京した。この間の消息は明らかではないが、結局は西郷隆盛・大久保利通の江戸騒擾《そうじょう》計画の実行者の一人に選ばれることになる。すでに薩長並びに岩倉具視ら公卿の間に討幕・王政復古の密約が成っており、開戦に導くために、江戸薩摩藩邸を根城に挑発を行う計画であった。

その実行役として選ばれたのが、薩藩士の伊牟田尚平、益満休之助と四郎だったのである。三人は慶応三年一〇月上旬に江戸の薩摩三田藩邸に入った（以後、四郎のことを変名のひとつ相楽総三と称《よ》ぶ）。三田藩邸はすでに用意を整えていて、女子どもは帰国させ家具類も整理して、残るは百人ほどの騒動役のみだったと言う。

薩藩邸を根城とする騒擾計画においては、江戸市中における御用金強請、辻斬り、火付けなどの行為が強調されることが多い。一二月二三日の江戸城二の丸焼失も伊牟田の放火によると言われる。しかし騒擾計画の本筋は後述の三カ所における挙兵であって、そのために薩藩邸に志士たちを集める必要があった。この志士募集の任を担ったのが、江戸周辺の志士たちに顔の売れた総三であった。豪商たちからの軍資金強請も、彼ら浪士隊を養うために必要だったのだ。


薩摩三田藩邸に呼び集められた浪士隊は慶応三年一一月末まで五百人に達したと言う。その主要人物をざっと見ておこう。浪士隊の総裁には相楽総三が即《つ》いたが、副総裁に挙げられたのは水原二郎である。これは変名で実名は落合源一郎、直亮《なおあき》とも号し、明治国文学界の大立者で歌人でもある落合直文の養父となる人物である。読者はすでに天田愚庵の項でお馴染《なじ》みであろう。

落合直亮は武州多摩の住人で、小仏峠関所の役人を代々勤める家柄の出であった。本居学や平田学を修め、尊皇攘夷を基調とする著述を数多《あまた》著わしていた。総三の招きに応じ、五人の門下生を率いて薩摩藩邸に入った。

大監察の任に就いた権田直助は武州入間郡の医師で、江戸に出て安積艮斎《あさかごんさい》の門に入り、次いで平田篤胤の門にも学んだ。文久二（一八六二）年には京都に上り、門人二人が足利木像梟首《きょうしゅ》事件に加わったため、幕吏の追及を受けた。総三の誘いを受けた時は郷里に帰って研究を続けていた。

高木俊輔の指摘するところによれば、薩藩邸への浪士隊集結の一年前、慶応二（一八六六）年の五、六月に江戸周辺の打毀《うちこわ》しと武州一揆が起こっている。武州一揆は秩父の山村から始まり、「またたく間に波及し、所沢では一万人を数えた」（高木俊輔『明治維新草莽運動史』）。不作続きのため高騰した米価引下げを求める米一揆であり、また長州征伐に伴う人夫役負担に抗議する面もあった。この際問題となるのは、村々に在って塾を開いて尊攘思想を説いて来た豪農・村役人、つまり在村知識人たちの立場である。彼らは幕藩権力と貧農との間に挟まれ、一揆を防ぐ立場に立たされて苦悩した。総三の誘いに乗って、武蔵・上州・上総などの在村豪農・知識人層が大量に浪士隊入りしたのには、そういう背景があった。

浪士隊の戦略は三地点における挙兵だった。長谷川伸によると、「一つは野州で討幕の兵を挙げて江戸から東北へ行く口許《くちもと》を押え、一つは甲州城を攻略して甲信方面の口許を押え、一つは相州方面を騒がせ東海道筋の側面を押え」るというものだった。そして「江戸に居残りの面々は日夜ともに幕府に挑発を仕向けて居たたまらないようにする」（『相楽総三とその同志』）。

このうち野州参兵組は一一月二四、五日頃、竹内啓《ひらく》を隊長として三十数名が出発した。竹内は武州入間郡川越在の豪農で平田銕胤《かねたね》門人であった。彼らは野州の出流山《いずるさん》を拠点とする考えで、ひとまず近くの鍋山村に集結したが、資金を足利藩の栃木陣屋に求めようとした。しかし、栃木は元治元（一八六四）年の天狗党の乱の際、天狗党急進派の田中愿蔵《げんぞう》隊から焼打ちされた苦い経験があり、陣屋はすでに農兵の小銃隊を備えていて、栃木町に入った浪士隊はたちまち九人の戦死者を出して敗退した。その後各所で戦闘が続いたが、何せ浪士隊は一挺の小銃も持たず、次々と八州取締役の農兵隊の銃撃に斃《たお》れたのである。

この出流山挙兵には地元から二、三百人の呼応者があったと言うが、多数の戦死者、処刑者を出し、江戸薩藩邸に逃げ帰ったのは二十人程に過ぎなかった。竹内啓も処刑された。

残る二つの挙兵計画はより哀れな結末に終わった。上田修理を隊長とするおよそ十人の甲府城攻略組は、一二月一五日に出発、八王子の妓楼に泊まったところで、八王子千人同心隊に襲われ、約半数の犠牲者を出して藩邸に逃げ帰った。鯉淵四郎を長とする相州隊は、同じく一五日に出発したが、小田原藩の出兵を聞いてすぐ藩邸に引き返した。

浪士隊は江戸市内の警備に当たっていた庄内藩兵や新徴組とも衝突を引き起こし、幕府は遂に庄内藩らに浪士隊捕縛を命じ、三月二五日三田の薩摩藩邸は包囲攻撃された。浪士隊、薩藩士の戦死者五十人程、降服した者百六十人ばかり、脱出できた者の一部は薩摩藩軍艦翔凰丸《しょうおうまる》に収容されて兵庫へ向かい、その他は陸路上京する者あり、郷里へ帰る者ありといった具合だった。翔凰丸に搭乗できたのは相楽以下幹部クラス二十数人で、翌慶応四（一八六八）年一月五日京へ入った。すでに二日前には、鳥羽・伏見の戦闘が始まっていた。

落合直亮らは一月四日入京した。西郷隆盛は次のように感謝したという。「予ハ昨三日ノ戦争ハ遂ニ起ルベシトハ推考セシカドモ、此ノ如ク速カナラムトハ思ワザリキ。然ルニ此戦争ヲ早メ徳川氏滅亡ノ端ヲ開キタルハ、実ニ貴兄等ノ力ナリ。感謝ニ堪ヘズ」。相楽らが入京したのは翌五日であるが、おそらく西郷は同じように謝するところあったのであろう。

相楽たち浪士隊は一息つく間もなかった。近江国で先鋒隊を結成することになっている綾小路俊実・滋野井公寿の二卿に協力してもらいたいというのである。相楽ら浪士隊の生き残りは、喜んでこの西郷の依頼に応じた。

先鋒隊というのは、各道に派遣される鎮撫総督府麾下《きか》の「官軍」に先行して沿道の諸藩の動向や民心を探る任務を負うものである。しかし、これは成立したばかりの維新新政府の正式の決定・依頼というのではなく、西郷・岩倉具視らの要人のかなり個人的な関わりから結成されたもののようだ。というのは綾小路・滋野井二卿は京を脱走されたものとされ、それを戒めながら心事は神妙とする告諭書が出されており、相楽自身、官軍としての正式認可と錦旗の授与を再三願い出ているからだ。当時同じような例は高野山で挙兵した鷲尾隆聚《たかつむ》などいくつか見られる。

近江松尾山で綾小路・滋野井二卿のもとに挙兵した者たちは、三つのグループで成り立っていた。ひとつは相楽たち薩邸浪士組、ひとつは新撰組脱退者を含む京都からの処士、さらにひとつは近江国水口藩士のグループである。水と油のような寄せ集めであるから、一月一〇日には三隊に編成変えされ、赤報隊という呼称もきまった。

一番隊は薩邸浪士組で隊長相楽総三、二番隊は京都からの処士組で隊長鈴木三樹三郎（元新撰組）、三番隊は水口藩士で隊長油川錬三郎。赤報隊はこの三隊の総称であるが、後述するように、二、三番隊はほとんど無為に終わったのであるから、いわゆる赤報隊事件とは専ら一番隊の関わるところであった。

赤報隊が結成されると、相楽総三はすぐ京都へ行き、新政府に建白した。官軍の印となる品をいただきたい、また慶喜が関東を固めて抗戦するようになれば容易ならぬことになろう、そうなる前に中山道から碓氷峠に出、高崎へ攻め入りたいというのである。さらに重大な一件、幕領の租税を軽くして人心を攫《と》れと提言した。

これに対して新政府は、東海道鎮撫使の橋本実梁《さねやな》、柳原前光《さきみつ》の指揮下に入れと命じ、かつ「是迄《これまで》幕領之分総テ当分租税半減仰セツケラレ候。昨年未納ノ分も同様タルベシ」という、「年貢半減令」として知られる布告を発したのである。

そもそも年貢半減のスローガンは、文久三（一八六三）年の大和天誅組と生野の変において初めて掲げられたという。今回の布告はむろん征東軍の人心収攬《しゅうらん》策であるが、相楽隊は行く先々の本陣にこの布告を高札して掲げ、しかも対象を幕領だけではなく、「諸藩之領地タリ共若《も》シ困窮ノ村方難渋ノ者等ハ申出次第、天朝ヨリ御救《おすくい》下サルベキ候事」と拡張していた。つまり相楽は本気であって、単なる人心収攬策ではなかったのである。この本気が彼の命取りになった。新政府は本気で年貢を半減する気などなかった。第一財源からして、特に幕府討伐の軍費からして、頼るべきは三井など富商からの献金と、没収する幕領からの年貢しかなかったのである。年貢半減令はあたかも幻のごとく、間もなく取り消された。

赤報隊は慶応四(一八六八)年一月一五日松尾山を立って、先遣隊として東征の途に上った。この時、滋野井公寿卿は逡巡して居座り、護衛とともにあとに残される。

相楽ら一番隊は東山道に入り、碓氷峠を目指した。ついては京都へ隊員を派遣して、官軍の証たる錦旗と、東山道鎮撫総督岩倉具定・具経(ともに具視の子)の付属に変更されることを乞うた。だが許可が得られぬまま、二五日には京都へ引き揚げよという命令が届いた。

実はそれ以前から赤報隊には、道中掠奪をほしいままにしているという悪評が立てられていたのである。これは全く事実を伴わぬ悪評であって、意図的に流された気配が濃い。相楽の一番隊は、民家への拠金強要など厳禁していたし、名古屋へ向かった二番隊、三番隊にも掠奪の事実などない。伊勢に向かった滋野井卿の一隊は、事更に刀槍に血を塗って門に立て、武威を示したということはあっても、これも明確な掠奪行為は指摘できない。

官軍側に寝返った伊勢長島藩が、赤報隊から要求されて三百両差し出したと総督府に愁訴したことが、このような悪評のもとになったという説もあるが、そもそも先遣隊に対して新政府は、軍器・軍資金などの手当ては一切しなかったのであるから、赤報諸隊が幕府陣屋や親幕藩に献金を命じたのは当然であった。それと民家への出金強請や掠奪は次元の異なることだし、後者は相楽の一番隊の厳禁するところだっただけでなく、他隊についても罪状は一切明白にされていない。

すでに東海道総督府先鋒として、肥前大村・備前・佐土原・彦根の諸藩兵が任命され、赤報隊などの自発的先遣隊は無用、というより邪魔者となっていたのだ。まず伊勢に入った滋野井隊が一月二六日、大村藩兵により捕縛され、同夜八人が斬首、あとの二十数人は追放され、滋野井は京に連れ戻された。名古屋にいた綾小路俊実の二番隊、三番隊は一月二八日帰洛を命じられ、素直に応じた。残るは相楽の一番隊のみ。陸路をとった薩藩邸浪人隊の残党を吸収し、沿道の農民有志も加わって、ますます膨れ上がりながら、あくまで碓氷峠を目指したのである。

東海道総督府所属の赤報隊（一番隊）が中山道を進むのは軍令違反である。京都における悪評はそのせいもあるかも知れぬ。相楽は弁明のため二五日京都へ向かった。京都で誰に会ったか、何を説いたか明らかではない。明らかなのは、政府の赤報隊解体の意向に彼が従おうとしなかったことだ。相楽が帰隊した赤報隊は二月六日には信州下諏訪に達し、ここを本拠地と定めた。人足百五十人を含め二百二、三十人だったという。砲六門、小銃隊は七〇。

しかし、その六日に京都から伊牟田尚平の便りが届いた。伊牟田はともに西郷隆盛から江戸攪乱策を授けられた同志である。東山道を上るのはやめて帰京せよというのである。相楽は九日に大垣の総督府へ向かった。その直前、相楽は桜井常五郎らの一隊を北信濃方面に派遣しており、この一隊は小諸から上田、さらには碓氷峠に達するに至っている。桜井は信州北佐久郡の豪農である。

ところが一三日、京都からの使者が相楽不在の赤報隊に、二月一〇日付で東山道総督府から出された信州各藩への「回章」をもたらした。「回章」は赤報隊を偽官軍とし、「取押置」くべしと命じていた。赤報隊の活動で領内の村々に不穏の気が生じるのを苦々しく思っていた信州諸藩は、この「回章」によって赤報隊討伐に立ち上がる。一七日、小諸藩が追分の北信分遣隊に攻勢をかけ、「信州追分戦争」が始まる。

相楽は一八日に大垣の総督府に出頭した。なぜ九日もかかったのか。病気だったのだろうというのが高木俊輔の推測である。総督府は「回章」については頬かぶりするように、相楽に薩摩藩に付属して関東を探索せよと命じた。

しかし、これは赤報隊の武力反乱を案じた欺瞞に過ぎず、下諏訪に近い樋橋に本拠を移した東山道総督府は三月一日、軍議の名目で相楽を呼び出し、翌二日、相楽の名で下諏訪から呼び寄せた赤報隊員六十余人もろとも捕縛した。雨の中、一晩中庭木に縛りつけたままだったという。そのまま何の取調べもなく、三日、相楽以下八人が斬首され、残りは追放処分を受けた。処刑はその後も続き、五日には桜井以下三人が死罪。三人とも北信の農民たちである。総三の処刑を知った妻照は自決した。

赤報隊事件とは何だったのか。倒幕戦はあくまで薩長と公卿の倒幕派による専制政権が遂行するもので、兵力は薩長とそれに追随する各藩の藩兵によって構成されねばならなかった。倒幕を自らの夢の実現として願望するような草莽など、もはや無用の存在なのだった。新政府側に立つ藩機構とそれに従順な藩兵があれば、自分自身の考えと願望を持ち、自主的な動機に立って倒幕戦を戦おうとする者は、無用どころか危険な存在になりかねなかった。相楽の年貢半減への執着など、まさにその危険の一例であった。尊皇諸藩の藩兵によって先遣隊を組織し終えた時、相楽たちの運命も決まった。

問題は先遣隊を相楽らに依嘱した西郷の心事である。彼が進んで相楽らを抹殺しようとはしなかったにせよ、見殺しにしたのは明白な事実だ。後年彼は、策謀に明け暮れた在京の日々を自嘲するようになったが、それにはこの見殺しの悔いもあったのではないか。

維新新政府の年貢半減令は赤報隊の悲劇を生んだだけではなかった。美作国（岡山県）の竜野預所でも、赤報隊が処罰された翌月の慶応四（一八六八）年四月に、年貢半減をめぐる騒動が起こった。

竜野預所というのは、播磨国の揖保川中流域にある五万三千石の竜野藩が、美作国五郡の幕領を預かったので、その管理のために美作国に置いた役所である。竜野藩は幕末の老中も出した佐幕藩であるから、官軍についた備前藩が監督に当たることになり、慶応四年一月下旬頃、備前藩士が竜野預所へやって来て、その年の年貢は半減、前年の未払分は切り捨ての旨を伝えた。領民はこれを昨年の分も半減と受け取った。

ところが貢川川岸に積み立ててあった年貢米が四月八日「川下《かわさげ》」、つまり積み出されると、三月中旬の半減の沙汰で裏切られた小前百姓たちは、四月に入ってすぐ山之上村常八宅に集まった。主謀者は常八のほか、同村の医師国吾、大戸村の小市、藤田村の定右衛門、小瀬村の茂三郎と伝えられる。相談の結果、去年と今年の年貢半減を改めて願い出ることになった。

このことを知った庄屋たちも集まりを持ち、徒党がましいことを企てたかどで、小市、常八、国吾の三人を手鎖りにするよう、竜野藩へ申し立てたが、そのあと更に相談を重ね、騒ぎがおそろしいのはその中で村勘定帳に対する批判が出て来ることで、それを調べ直すとなれば自分たちの積年の不正が明らかになる。とにかく小前たちの不満をなだめるためには、年貢半減は取りやめになった代わりにお上からお救い金が出ることにし、その実お救い金はわれわれ庄屋が負担しよう、これまでの不正で溜めこんだ金を全部吐き出されるとなると、各々百俵二百俵ではきかぬ、それを思えばお救い金として二、三十俵負担するのは何でもないという結論になった。

常八、小市らの小前百姓は前記申し合わせを備前藩に願い出たが、備前藩は半減令は中途で沙汰止みになっている、それでも備前藩が村々を支配しているなら、藩の一存で半減も出来ぬことはないが、今はまた竜野藩の支配に戻された、願いは竜野藩に出したらよかろう、年貢半減もさることながら、竜野預所には庄屋たちの不正が大分あるようだと答えた。小前たちの要求が年貢半減は放り出して、庄屋の不正追及へと向かって行くきっかけが生まれた。

四月一二日、常八、国吾、小市の三人は竜野藩代官森下平太兵衛から手鎖りの処分に付された。先に庄屋達が願い出ていた通りになったのである。一四日、森下に呼び出されて吟味を受けたが、森下が年貢半減の沙汰は間違いであったと言い聞かせていたのに、人数を催してまた出願するとは不届きだと叱ると、常八は願書に印形がありやと問う。森下がないと認めると、常八はそれはその筈《はず》、その願書は下書きにすぎぬ、庄屋に見せたのを彼らが勝手に届けたのだ、すでに備前藩に願い出た所、半減令は虚報というのでその嘆願は止めにした、願いの筋はそのことではなく、庄屋の不正に難渋しているので、それをお糺《ただ》し戴きたいのだと切り返した。かくして、問題は完全に転換したのである。

この時三人が挙げた庄屋の不正は第一に「金間《きんま》」で、これは年貢米の予定価格と、庄屋たちが大坂で売り払う実価格の差で、これがまるまる庄屋たちの懐に入る。むろん年貢が石代納（金納）になっている故に出来る操作である。長州征伐の時の夫役の代金も、家々に五十両下されたのに二十両しか渡さず、残りは庄屋が掠《かす》めた。他にも悪事は数々ある。三人の申し立てを聞いた森下はしばらく頭をかしげて考え、三人に宿に引取れと言っただけで口をつぐんだ。

その夜、五百人ばかりの百姓たちが、三人を預かっている山之村庄屋玉之助宅に押し寄せ、善人に手鎖りをかけ、悪庄屋どもはそのままとは何たることかと罵《ののし》りわめき、戸も打破らん形勢。玉之助宅に集まっていた庄屋どもはまち高袴と羽織を脱ぎ、大小の刀と共に隠すやら、生きた心地もなかったが、幸い役人の制止でやっと鎮まった。

一五日早朝、三人が呼び出された時も「御白洲の前を不レ憚《はばからず》、柱立に相列り、其勢雲霞《うんか》の如し」と言う有様。代官森下が手鎖りを免じると達すと、三人とも、いやこのままで結構と受けない。群衆は善人に手鎖りとは迷うたか、庄屋どもの盗人はどうする気だといきり立つ。しかし森下はなかなかの人物で、「願之通村々諸帳面には清算を入れ申すべし」と、巧みに群衆を鎮めた。

このの5五月、この地方は竜野藩預りから、元浜田藩主松平武聡《たけあきら》を藩主とする新設の鶴田藩に変わった。この鶴田藩の下でも庄屋征伐は続くものの、小前百姓たちは衆訴派と落印派（訴状から自分の印を取り除いた者）に分裂し、庄屋追及より、却って衆訴派、落印派の抗争が激化し、庄屋糾弾は行方不明になってしまった。

だがこの時期に作られた「阿呆陀羅経《あほだらきょう》」を見ると、小前百姓の憎悪の的となった庄屋層の華美な生活実態がありありと浮び上がって来る。庄屋たちの取り込みは五万両にも上り、一方百姓は「分散絶人野山へ追い上げ」られる有様。「居宅も建替へ門から蔵から、座敷もあらたに泉中築山、御陣屋見るよな屋敷構えて…苗字に帯刀、まち高馬乗りぶっさき羽織で、百石以上の武家衆のなりふり…自分の家内や子供は、天命しらずの奢《おご》りのだん〳〵」と続く庄屋糾弾は、逆に「武芸もできます。詩作に俳諧、口には論語で自慢のたらたら」という所にまで進む。

武芸、詩作、俳諧、論語、これらはみな幕末豪農の上昇志向、時勢への自覚の表れであって、いわゆる草莽とはこのようなたしなみのある層から出たのではなかったか。尊皇派草莽とは、小前百姓から見るとこのように憎むべき社会層なのであった。その矛盾に悩んだ相楽総三のような者は、貧農への目差しを開いて年貢半減を唱えた。一方、その矛盾に悩むことのなかった渋沢栄一は有能な新政府官僚として、出世の糸口をつかんだ。

思えば「年貢半減」というのは訴求力の強い、それだけに罪深いスローガンではなかったか。竹田・岡藩の志士小河《おごう》一敏は明治三（一八七〇）年、堺県令として年貢半減を令告して免官され、萩の乱の首領となる前原一誠は明治二年、越後府判事在任中、年貢半減を布告したかどで処罰された。

第十一章　明治初期農民騒擾

明治二、三年は大変な不作年で、農民騒擾《そうじょう》が多発した。幕末の一揆が豪商家の打毀《うちこわ》しを伴う「世直し一揆」の様相を示したことはすでに述べたが、明治に入ってもこの「世直し」の特徴は受け継がれるものの、ふたつの点で従来とは異なる。すなわち一揆勢は竹槍を携帯し放火したのである。このふたつは幕藩体制下では決してないことであった。

これは幕藩制の下では、農民は何者を相手にしているのか熟知しており、幕藩権力と一揆勢の間には紛争解決に至る筋道、言うなれば文法が成立していたのに、明治に入っては相手にしている新政府の性質がわからず、その不安乃至恐怖が過激な手段となって表れたのであろう。

明治三（一八七〇）年一一月に信濃国松代藩で起こった一揆がその典型である。事は新任の高野権大参事が、藩発行の二種類の証券の値を二割五分引き下げたことから起こった。二五日の内に、更級郡山田村から強訴の企てが起こり、近隣諸村も加わって川原に群集し、夜を徹して炬火《たいまつ》が方々とび交う始末。二六日早朝、群衆は松代町に進入、藩の商法社と高野権大参事の家を焼いた。しかしこの時は、知事以下藩庁の役人が説諭に努め、両証券を額面に復位すると約したので、被害もその程度にとどまったのである。

一方二六日早朝には、善光寺町が暴民に襲われた。「富商或《あるい》は旧怨ある家に濫妨狼藉《らんぼうろうぜき》至らざる處《ところ》なく」(『明治初年農民騒擾録』、引用以下同じ)、焼かれた家は五十数軒にのぼった。この一揆勢はいったん平静に帰した松代町に進入、十数カ所に放火した。「要願の旨もなく只管《ひたすら》暴行を逞《たくま》し」とあるように、最早《もはや》証券値下げ一件など関係なく、ただ鬱積《うっせき》した不満をぶちまけたのだ。彼らは竹槍・脇差・鉞《まさかり》などでしっかり武装していた。また、この暴動で目立つのは放火である。幕末の世直し一揆では家屋・家財を粉微塵《みじん》に打ち砕《くだ》くことはあっても、放火したことはなかった。

明治三年正月、仙台藩の登米郡上沼村の神職七郎作という者が、天保年間の飢饉の際売り渡した地所を、この度の王政復古で無代償にて取り戻せると煽動、それに乗った鴇波《ときなみ》村の二四人が県庁に出訴、三月に県庁で裁判が行われたが、七郎作が言うような指令は出ていないのであるから、この訴えは斥《しりぞ》けられ、出訴者は謝罪して放免された。

七郎作は今度は同郡の八丁田村へ赴き、同じような趣旨の煽動を行い、一四〇人の連判を得た。その際地主は要求を拒んで党を結ぶだろうから、それに対抗するとて七郎作を総大将に、参謀、小隊長、伍長・伝令等を任命、大砲小銃刀鎗等、武器も調《ととの》えたという。七郎作は三月二六日逮捕されて徒刑となり、武器は没収された。

明治三年一二月、中野県下で「村々人民蜂起暴動」が起こった。中野県というのは現長野県中野市に県庁を置いた行政区である。一一月に各村より金納年貢を軽減してほしいという願いが出ていたが、これは一応説諭して、「総代過半落涙致し右願書願下げに致度旨申出」るという形で、一応落着していた。ところが一二月一九日夜、竹槍・斧鉞《ふえつ》などで武装した農民群衆が中野町を襲い、商家数軒に放火、県庁にも火を掛け、竹槍、鳶口《とび》、斧などで官員に打ち掛かり、大塚権大属がその場で殺される有様となった。官員たちは翌二〇日になって、県庁にあった貢租金を拐帯《かいたい》し、抜刀して囲みの一方を切り開き、隣の須坂藩に逃れた。焼亡家数は四八六軒、被災者一九〇〇人余にのぼる。

この騒動においても、「度々願意を聞候得共《ききそうらえども》一向不言、唯火を放ち官員に狼藉致すのみ」とあるのが特徴である。石代（金納年貢）を廉《やす》くしてくれという要求など、どこかに吹き飛んでいた。維新政府の成立による、一方では過大な期待、一方では不安・恐怖が、このような盲目的と言っていいような暴動の起因だったのは明らかだ。

一方、明治初期農民騒擾のはっきりした特徴は新政府の就学強制・徴兵を始めとするもろもろの開化的政策が、異人への恐怖と結びついて拒否されたことである。

明治四年八月四日は、廃藩置県を受けて東京へ移住しようとする旧広島藩主浅野長訓の乗船する日であったが、「前夜より市民共擁塞《ようそく》抑留の手配申合せ街衢《がいく》に集会し、近郡農民等も陸続広島へ浪出、終に道路を遮絶し、城内に於て従四位駕前《がぜん》に連伏して、哀訴抑留の態を為し勢い進むべからず」という有様になった。

「止むを得ず旋駕帰舘し、出船延引を達し置き、種々説諭すと雖《いえど》も、漸次各郡へ波及し、全く蜂起の形状をなすに至れり」。すなわち五日は数百人が浅野長訓邸門外に座りこみ退去せず、七日、長訓より県庁宛に「実に迷惑の至に候」ゆえ、人心を鎮めてほしいと依頼、県庁も県下各所に説諭使を派遣した。八日、「農民共簇々《ぞくぞく》庁下へ相迫り…説諭等も却て激する様相成」、説諭使を呼び戻した。九日、浅野出発延引の旨、県内に通知、同日夜、山県郡壬生村で県吏が近傍の村人も呼び寄せ説諭したところ、鐘大鼓を轟《とどろ》かせ竹槍を携えた群衆が闖入《ちんにゅう》、県吏は辛うじて逃れたが一人は竹槍で突かれ重傷を負った。

一一日、百姓たちは県庁に嘆願書を出した。要するにご一新になっても、「二位様（長訓）にそのまま御政事あらせられたく」というのだ。一二日、山県郡寺原村で群衆蜂起、庄屋宅など打壊し、また広島市でも竹槍持参の数百人が商店を打壊し始め、兵部大丞《ひょうぶたいじょう》船越洋之助邸、県小参事小川忠順宅など、三十六軒打壊し財物を掠奪した。世羅郡では村役人宅を打壊し、同宅に在泊した県吏は自刃した。一三日、遂に県側も兵員を繰り出し発砲進撃、二十数名死傷した。しかし村々ではいよいよ暴動は激化する兆しを見せた。

以降、県内での騒擾は引きも切らず連日に及ぶ。尾道では県使を捕縛して海に投じた。一応鎮静に及ぶのは十月に入ってからである。刑死者九名を出したこの騒動が示すのは、一言で言って新政府の施策に対する不安であろう。それが旧藩主引き留めとなって現れた。浅野長訓が特に民から慕われねばならぬ理由などなかったのである。県民の不安の正体は、九月二三日付の県庁の「説諭書」に赤裸々に語られている。

広島県の乱民に対する「告諭」には、この度の乱を惹き起こした流言が七つ記録されていて、農民に新時代がどう受けとられていたかを示す興味津々の証言となっている。

第一に「涙金と唱え三千両とか総百姓へ御恵み下され候処、割庄屋共手元へ取込み相渡さざる旨」であって、これは「曽《かつ》て無き事と知るべし」と簡単に片づける。割庄屋とは大庄屋のことである。

第二は「上より割庄屋共へ桐の箱相渡し、ひそかに所持致し、此内へ耶蘇《やそきょう》教の秘仏納め供へ」云々。つまり大庄屋はキリスト教を奉じる太政官（当時の新政府の最高機関）の手先だと言うのだ。これに対して「告諭」は「切支丹宗門御制禁は昔も今も決して替りなき事なり」と応じる。まだ政府はキリスト教禁教を棄てておらず、外国政府から抗議されていた。

第三は従来一俵三斗入りのところを、三斗六升入りに増徴するというもので、「是《これ》も亦《また》決してなき事なり」とあっさり斥けられる。

第四は「女子十五才より二十才迄の者並びに飼牛等、異人へ売り払に相成り候故」、その旨割庄屋が請合《うけあ》っているというのだ。女と並べて牛を売るという発想が面白い。「告諭」はこの流言が人口調べを曲解したものと受け取っている。まさに新政府への不信の典型であろう。

第五は田畑に八畝割の年貢を取り立てになるという噂。つまり八畝を一反として年貢を掛けるという訳で、やがて始動する地租改正への疑惑と言っていい。「告諭」はこれも根もない事と否定するが、検地して帳面を改めることはあろうけれどと留保する。

第六は「太政官は異人が政事を取扱ふ処」というのだ。異人とはむろん西洋人を指す。「告諭」はこれを「大なる心得違ひにて不埒《ふらち》の申分」と叱る。太政官とは「恐れ多くも天子様御臨座遊ばされ候て日本国中の大御政を聴し召さるる御役所」と言い聞かせつつ、内心馬鹿気た言い分にうんざりという所だろう。しかし、これには民の方にも根拠はあった。新政府の方針が洋化一本槍なら、異人と異ならぬからである。

第七は「酒造、醬油造、油稼、馬口労（博労《ばくろう》）等」に冥加金《みょうがきん》を掛け、更に水役を掛けるという苦情である。これは荒唐無稽の流説ではなく、新税に対する不安であるから、「告諭」もなぜそういうものに課税するか説明し、新税が課される一方、旧税が免ぜられることもあるではないかと、至って親切の口調、そして浅野家を離れては世は暗闇と気遣った由だが、「庄屋役人を仇敵《きゅうてき》の如く見てその申付を用ひず、百姓共が我儘《わがまま》勝手の悪業を働くをこそ暗闇と申すべけれ」と諦めくくる。

この年九月備後国でも、旧藩主阿部正桓が東京へ去るのを引き留めようとする騒ぎが起こったが、この時も「新政府が農村の婦人を捕へて売買する等の風評」が立った。

一方、徴兵、就学、被差別民解放に対する流言から騒動が多発したことも、よく知られていよう。明治四（一八七二）年一二月、高知県の高岡、吾川、土佐の三郡で（いずれも東の山間部）、「人民共、謂《いわ》れなき口実申立て、戸長村長等に迫り、兵器を携え諸所に屯集、空砲を発し或いは戸長の役宅を毀壊《きかい》する等の所業に及び、…日を追って多人数聚合《しゅうごう》、遂に庁下に迫るべく、且《かつ》不同意者はその人家に放火致すべく抔《など》と飛檄相伝へ、煽動蔓延牽連《せんどうまんえんけんれん》の勢に至」った。よって「巨魁」以下五名を現場で斬罪に及んだところ、騒ぎは収まったという。

その「謂れなき口実」とは、異人が子どもの膏《あぶら》を取る、戸籍を作り屋敷に番号を付すのはそのためだというのだ。そして「御知事様」つまり旧藩主が東京にいては百姓の暮らしは楽にならぬとか、「異国人を御引入に相成」るから、「一体に不通」になるのだとか、広島の場合とよく似た言い分を申し立てている。

明治六年五月、大分県玖珠郡で徴兵反対の一揆が起こった。二一日、山下村の徴兵年令に達した者どもが村社に集まって、徴兵令取消しの強訴を企《たく》み、他村の者ども語らい、二二日には四日市池ノ原台へ押し出したのである。竹槍を携え兵粮《ひょうろう》も備えていた。この騒ぎで首謀者は懲役十年、他六名が七年の刑に処せられた。

この時も彼らは「今般徴兵は強壮の者を亜米利加に遺し人膏人膽《じんこうじんたん》を取り、又は各鎮台に遣わされ候も、六、七年は放免之《これ》無く」と信じこんでいた。アメリカに売るとは奇想天外である。維新新政府もとんでもない商売人にされたものだ。

明治六年六月、讃岐西部の七郡が騒動し、土寇《どこう》放火の村一三〇、放火破毀《はき》の数五九九カ所、小学校を焼くこと四八という大暴動になった。これは三野郡高野村の矢野文治という男が徴兵令中の血税の語を曲解し、膏血《こうけつ》を絞り取るとか、耶蘇宗の者が人の子を捕るなどと言いひろめていた際、六月二六日、たまたまある女が二人の子を連れ歩いていたところ、女が飛び出して二児を奪って逃げた。それを聞いた村民たちは竹槍で突き殺そうとするので、村吏田辺安吉がこれを制して、わが家で推問したところ、女は阿野郡国分村の百姓の孫で、全くの狂女だと分かった。しかし暴民たちは説得を聞かず、戸長の家を焼き、人数を増しながら村事務所、小学校・寺院に放火、人員およそ二千となり、二七日に至っては方々に飛火し、「所在放火、火炎焰天を焦《こが》し、党類凡《およそ》一万人余」という大騒動となったのである。

軍隊を投入して鎮静に向かったのはようやく七月に入ってからであった。狂女の行いも矢野文治が言い含めてなさせた所とあり、矢野以下七名が死罪、懲役四五名、罰金を受けた者は一万六千に及んだ。

この一揆では徴兵忌避もさることながら、小学校が標的とされていることに気づく。これは蒙昧の至りとも見えようが、その意を汲まねばなるまい。百姓たちとて、子が読み書き能力を身につけるのに異存があったはずはない。だから寺小屋には喜んで通わせた。だが、寺小屋通いは、子どもが農事あるいは家事の労働力として期待されていることと矛盾しなかった。だが強制されて一日中通学する小学校なるものは、子どもが一家の経営上戦力たることを不可能ならしめるものだったのだ。


新政府の施策への疑惑は、コレラなど流行病の対策にまで及んだ。「明治一二年九月一三日、埼玉県北足立郡中尾村の小民、虎列刺《これら》病流行に際し、無稽《むけい》の巷説《こうせつ》を妄信し、避病院の設置を拒まんが為、隣近を嘯集煽動《しょうしゅうせんどう》して擾乱《じょうらん》す。遂に波及し、同郡近郷の諸村も亦《また》擾《みだ》る」

そもそもは八月一〇日に、中尾村仮設の避病院へ巡査が患者を護送しようとすると、村民動揺し兇器を持ち出したのを、説示して解散させたことにあった。九月九日に至り、この一件の首謀者四、五名を拘引《こういん》しようとすると、かねてこの事あるを聞き知っていたものか、各所の鐘が撞《つ》かれ、十数村の農民数百人が立ち所に集まり、銃・刀剣・竹槍を携え、「派遣の巡査に吶喊《とっかん》強迫し、既に拘引の犯者を奪い去るのみならず、罵詈《ばり》毆傷《おうしょう》し、就中《なかんづく》両三名を拘置するに至った。

この時処罰された農民新藤四郎兵衛（五一歳）は口供書中で、「虎列刺と申す病は之なくして、全く巡査各村に出没、毒薬を散布し、故《ことさ》らに病人を拵《こしら》へ、之れを避病院に入れ生肝を取る抔《など》と、種々風評あるを、或いは信実ならんと疑惑」したと言っている。なんともすさまじい疑惑で、もって当時の官憲に対する人心を察するに足る。巡査への暴行は「村内の者幾人に限らず、虎列刺病又は右に類似の者出来《しゅったい》致すとも、決して避病院に相送るまじく」と前以《まえもっ》て約定したことの結果だった。

騒擾は被差別部落民の解放に際しても生じ、これはその最も暗い一面をなしている。

明治五（一八七二）年一月、備中国中津井村で、旧平民すなわち農民と、新平民（元穢多）の間で流血の惨事が生じた。これは解放令を受けて、新平民が従来引き受けて来た盗賊尋方、乞食追払い、牛馬取捨てなどの業務を一切断わると申し立てたのに対して、農民側はそれでは不都合が生じるとて、折衝の末合意ならず、農民側がそれではと、田畑当て作、山野薪採り等を拒むに至った。

この点については、片山潜「自伝」の記述が参考になろう。「治村上記憶すべき者がいる」。番太であって、「予の村の番太は近村に住む穢多」が勤める。彼は春秋二回各戸を訪れて、戸口の地面に手をつきご機嫌を伺う。こちらでは麦一斤か米一升与える。「番太は何をするか。…風来の非人乞食を追っ払う。盗賊の番をする」。祭りの時の巾着取りを取締る。…「村民はみな彼を可愛がってた。牛馬など死ぬと彼にくれる、彼はこれを処理して持ち帰った」。彼の武器は一本の十手と縄一条で、「どんな強盗でもたやすく取って押えた」。

対立が深まっているさなか、一月一四日に新平民が中津井村の店に酒を買いに来た。売る売らないの揉め事から双方人数が出て、新平民は庄屋に逃げこんだが、農民側は呼び出して一人を殺し、陣屋にあった大砲を持ち出して、新平民の集落を焼き払い、山中に逃げこんだ者を砲撃して三人を殺した。鎮静したのは一六日である。

明治六年五月には、美作国で同じような騒擾が生じた。五月二六日、西々条郡貞永寺村に白衣を着た怪しい者がうろついたというのをきっかけに、近傍の村々から竹槍持参で人々が群集、隣村の新平民家屋一五戸を破壊し、それを手始めに各所で新平民家屋への放火、小学校の破壊が続いた。とくに二八日は、三方渓流を帯び要害の地となす勝北郡津川原村の新平民集落に放火、殺傷三十余人に及んだ。

新平民迫害に小学校破壊を伴ったのが特色で、官庁届書はこの暴動の原因として、徴兵令血税の誤解、地券や学校の入費への不満、さらには断髪屠牛への嫌悪を挙げ、新平民の「不遜」への憎悪はそのひとつにすぎない。

この騒ぎには実は首謀者がいた。貞永寺村の三三歳の百姓で、村総代も勤める筆保卯太郎がその人であった。調書で彼自身が言うには、「近来御布令恐れながら何事に依らず慊《あきた》らず、就中《なかんづく》徴兵、地券、学校、屠牛、斬髪、穢多の称呼御廃止等の条件に至っては、実に服し奉らず」という次第。つまり新政府の施策が全部気に入らぬ訳だ。

彼は以上の施策を取り止めさせるには徒党を結び暴動するほか途がないと決心、まず徴兵令に血税の語があるのを幸いに、一七歳より四〇歳までの者、生血を絞らる事とて安心なり難し、ついては徴兵役は白衣を着ている筈《はず》だから、白衣の者が村に現われたら竹槍で突き殺そうと、村々の重《おも》立《だ》った者と約定した。さて白衣役であるが、これは同村の筆保実五郎を説いて当たらしめ、津山城下町で六〇銭にて購入した白筒袖股引と酒一升を与えて固い誓言を取った。

実五郎は誓言を実行に移し、その結果みごと大騒動となったのである。調書には拷問五度と添え書があるが、まさかまるまるでっち上げたものとは思われない。むろん筆保卯太郎の宿意が、農民大衆一般のかねての不安・不満と合致したからこその暴動であった。

しかし、農民たちの新政府への不安、言い換えればその出現によって自分たちが失うものへの感情は、徴兵、学制、税制などのトピックスへの反応で知られる以上に、もっと根底的なものがあったはずだ。それをわずかながら示すのが、明治五年一二月、大分県の大分・海部・大野・直入の四郡で起こった騒擾である。

この騒擾は大分郡小狭間村の農民後藤吉十郎の、「近時府内において屠牛す、随《したが》って新政府への不安物価騰貴、往々生業を失うに至るべし」という煽動に端を発するという。一一月二六日から一二月一日にかけて、方々の山に夜分烽火《のろし》が見られたが、これも吉十郎の所業とされる。一二月二日に至って、暴民が府内に進入、県庁に放火しようとした。説得しても「無頼の放言を極め」るだけで、一言の願訴もなく、一体何を要求しているのかわからない。問い糺《ただ》すと、一昨年暴動した時就縛《しゅうばく》した囚人を解放してもらいたいと言う。それは許されぬことだが、他にも望むところがあろうと更に願意を問うたところ、首領分の者どもは鳩首《きゅうしゅ》協議の態だったが、この間にも群衆は二三戸の家屋を打壊わした。

この年は太陽暦への変更があって、明くる一二月三日が明治六年一月一日となる。この元日も午後四時になって、やっと願書が提出された。「奉願上覚」と題して計一三項目、実に思いつき次第に並べ立てたような、どれが中心的な要求なのか、何故これだけの騒動をせねばならぬのか、ちょっと理解に苦しむような願書である。

商家の品物の値段を下げてほしい、役人の給料は官から出してもらいたい、貢米は今年の通り、官山はこれまで同様小前百姓の所持にせよ、畑の年貢は下げてほしい、旧藩札は正札に替えてもらいたい等々、すべて一応もっともであるが、これだけは死を賭しても実現したい要求とみるべきものはない。ところが、実は願書の冒頭には「牛馬を殺し候事」「神木伐間敷《まじき》の事」「神仏是迄《これまで》の事」という、以下のいわば経済的要求とは甚だ性格の異なる三項目が立てられていたのである。

牛馬を殺すな、神木を切るな、神仏従来通りという、大分県騒擾の願書冒頭に掲げられた三大要求は、幕藩期の百姓一揆が掲げた、その時々の生活維持のための緊急で明白な要求からすれば、迂《う》遠《えん》極まる要求と言わねばなるまい。

しかしそのこと自体が、この時期農民を捉えていた深刻な不安の正体を暗示していると言えないか。彼らの不安の根源は、明治新政府が次々と打ち出す「近代化」政策にあった。徴兵令、学校令は明治新政府にとって、日本国家を近代的国民国家に改造するための必須の策であった。その近代的中央集権国家は同時に殖産興業のプロモーターでなければならず、殖産興業とは要するに資本主義市場社会の建設にほかならない。

明治政府の指導者の念頭にあったのは、国民の幸福のための近代化などではない。万国対峙する国際社会に引っぱり出され、その舞台ないし競技場《アレーナ》で、対等の競技者として振る舞っていくため、西洋列強にも承認される近代国家としての体裁と実力を急速に構築すること、彼等が苦心したのはこの一事にすぎない。徴兵も学校もかかる国民国家建設の必須の手段であって、自分たちの国は自分たちで護《まも》らなくてはとか、世界に出して恥じぬ自覚ある国民になるには学校へ行かなくてはなどと、民衆自身が考えた形跡は一切ない。

徴兵も学校も民衆にとって異物であった。なぜなら軍事的義務に関しては、侍というものがいる以上、彼らが果たすべきであり、学校も藩の官吏を育成する機関であって、自分たちは寺小屋や、民間に流布していた通俗教本で十分だったからである。ところが新政府は直接彼らの生きるコスモス、すなわち村共同体の存立に関与する新法令を連発し始めた。明治四（一八七一）年九月、田畑勝手作りを許可、五年二月、土地売買の禁を解く。九月、土地の個人所有を認める「壬申《じんしん》地券」の発行。これはやがて始動する地租改正の先駆であった。

幕藩時代の村共同体の在り方については、のちにざっと述べたいが、要するに村は年貢さえ納めてしまえば、お上から内部に立ち入った干渉を受けることはなかったのである。ところが新法令は、君たちは独立した土地所有者なんだよ、その土地は君がどうしようと勝手なんだよと言っている。

一見よろこばしいことのようだが、これがそれまで村共同体で保護された自分たちを、商品社会における孤立した取り引き主体に転化しようとするものであることを、彼らは悟らずにはおれなかった。これは恐怖である。明治五年一二月の大分県四郡蜂起は、このような漠然たる不安が浮上・爆発したものにほかなるまい。

しかし彼らは、そのような到来しつつある新社会を指弾する言葉を知らなかった。言葉で言うとすれば、これまでの古いしきたり通りにしてくれと言うしかなかった。それが願書冒頭の三大要求なのである。牛馬は彼らと生活をともにする伴侶であった。神木は魂の拠《よ》り所たる信仰の象徴だった。

この願書に対し県庁側は、馬は殺したことはない、牛は御布告もあり牧場も開く予定（つまり殺す）、神社内外の区別を立て境内の木は伐らぬ、第三条は願い通り、第四条以下は聞き届け難しなどと答えたが、一向鎮静する様子はなく、二日になって「党民右往左往に散乱、捕縛に就くもの多し」という状況になった。捕縛者は四二五人、その中に後藤吉十郎もいた。

三日には乱民が臼杵に迫ったが、坊ケ小路川の川原での説得が功を奏し、「党民瓦解、竹槍を投じて去」った。投棄された竹槍五千本。これで大分郡の騒擾は鎮定した。しかし、五日には岡城下町が襲われ、放火掠奪、「残刻を極む」という有様になった。翌六日にやっと鎮定、党民の死傷三八名、就縛九十余名。これで直入・大野の二郡は収まり、先に鎮定していた大分・海部二郡を併せ、暴動はようやく終熄した。処罰された党民は二万八千人にのぼる。

明治六年六月に起こったいわゆる「筑前竹槍一揆」は、何を要求しているのかわからぬ騒動という点で、六カ月前に起こった大分のそれとよく似ており、実際その影響するところが大きかったという。

騒ぎはごく些細な、いわば方角違いなことから始まった。その年の天候は春は順調で、麦も豊作だったが、田植の時期になっても雨が降らず、梅雨に入っても旱天《ひでり》が続いた。六月一三日、豊前国との境に近い嘉麻郡高倉の日吉神社に、二七カ村から氏子三百余人が集まり、雨乞いの儀式を行ったが、その際の噂話が騒動の発端となったのである。

近くの高倉山の頂上で、昼は旗をあげ夜は烽火《のろし》を焚く者がいる。これは米価の高低を関西まで知らせ合うためらしい。中には旱魃や台風を祈る者もいる。旱天はそのせいに違いないといった噂話を一人の神職が語った。これから詮索が始まって、その不埒《ふらち》な者どもは隣国豊前国の猪膝宿に住む筆の海という相撲取りの仲間らしいということになり、気早やな若者たちは筆の海宅へ押しかけ、いろいろ言い合いになって、かえって嘉麻郡の若者たちの方が縛られてしまった。

それを知るや、嘉麻郡の者どもは筒野村の淵上琢璋という医師あがりの無頼に煽動されて、大挙して猪膝宿に押し寄せたが、先に縛られた若者たちはすでに釈放されたあとだった。にもかかわらず、筆の海宅を始め豪商家、庄屋宅へ乱入、打壊し、掠奪到らざるなく、河原に引き揚げ、その夜は暴飲暴食した。これは六月一六日のことで、党民は三百人余、淵上の指導によって、談判方、糧食方等々、組織も出来上っていた。

一七日早朝、党民は嘉麻郡の大隈町へ向かった。猪膝宿と同心の者がそこに居るというのだ。大蔵町でも彼らは打壊して掠奪を続け、破った酒屋の酒樽を鯨飲《げいいん》し、狂暴の相を呈して、次は第八大区の役所のある嘉麻郡光代村を襲えということになった。この時現れたのが、各村に猪膝宿襲撃の回状を出して以来、身を潜めていた淵上である。馬上堂々たる彼を迎えて、すでに千人を越えていた党民は気勢上った。

彼らの鬱憤が県治に向けられたのはこの時が初めてである。地券の発行、徴兵、学校いずれも当分猶予してもらいたい、年貢も向こう三年は減免してほしい。旱天の原因を尋ね、他愛もない噂を信じて暴発した彼らは、この時やっと、自分らがかくも狂躁の状を呈せねばならぬ理由を思いついたのだ。


光代村を襲った党民は、まず第八大区調所、次いで富豪数軒を打ち壊し、二手に分かれて、ひとつは上穂波郡の村々へ、ひとつは下嘉麻各村を経て飯塚宿へ向かった。路次打ち壊しを続けたのは言うまでもない。

飯塚町では、第七大区調所は幸袋村の村民が守衛してくれたので破壊を免れたが、大酒造家の酒樽の栓が引き抜かれ、数百石の酒が道に溢《あふ》れて酒の池が出現した。他の商店も掠奪を免れず、叛徒《はんと》は鍋釜を兜の如く戴いて得意顔であった。ところがこの六月一七日夕刻、俄かに大雨が降った。そもそも旱天《ひでり》を歎《なげ》き、その理由を尋ねてこの暴動となったのであるから、帰村して田植えにかかればいい筈《はず》である。だが誰一人村へ帰る者はいなかった。すでに最初の動機などどこかに吹っ飛んでいたのだ。

一八日朝、叛徒は大行事浜へ集結した。折しも修猷館学生を率いて説得に当たろうと期していた県典事月形潔は、直ちにそこへ趣き叛徒たちと問答した。一万に及んだ叛徒も遂に説得に応じ、投げ捨てた竹槍は山をなし、焼き立てる炎は天を焦がしたという。

しかし、鎮静に向かうと思われたのも束の間、今度は北方の宗像郡、鞍手郡に暴動が起こり、解散しつつあった嘉麻・穂波勢も再起する勢いで、叛徒は一斉に福岡市の県庁を襲うものと見られた。彼らが万余の大軍となって箱崎方面に近づいたのは一九日のことであった。

一方、叛徒を迎え討つ県庁側は、旧藩の軍事総裁であった中村用六を鎮撫総督に任命、中村は本部を福岡橋口町に設け、旧藩士族によって二十中隊を編成した。その中には、越智彦四郎や武部小四郎など、のちの西南の役における叛徒の名が見える。

中村は叛民に対して断乎武力を用いるのが、鎮圧の早道と考えていたが、県参事水野千波は説得を主として武力行使を嫌い、中村の強硬策を容れなかった。水野は幕府の世臣で、外国係として名のあった人。穏健策をとったのはそういう経歴のせいだったのかも知れない。水野参事の反対により武力行使をためらったことが、のちに中村の後悔・切腹の原因となる。

県庁勢は何とか箱崎あたりで叛徒を喰い止めるつもりで、説諭してみたり時々空砲を発してみたりするが、万を越える彼らの勢いをとどめることはできなかった。特に権典事時枝明は水野の許可書を得て士族隊をして妙見松原で実弾射撃を加えさせ、叛徒はひるんで退却する形勢になったが、それまで群衆の中に在って説得に努めていた士族隊員が一斉に立ち返って、折角説得が功を奏そうとしているのに、射撃して彼らの怒りを買うとは何事ぞと、時枝に迫った。

その間、退きかかった群衆はまた勢いを盛り返し、士族・官員を打ち殺すべしと怒号しながら、新平民集落の堀口村、辻村を焼き討ちした。前者は六百余戸、後者は二百余戸で、「生地獄、目も当られぬ」惨状となった。六月二〇日のことである。

六月二一日に至れば、博多の各町は松原の叛徒に引きも切らず酒食を運び、店頭にも酒食を用意して「内より乱勢を迎かえんとするの形勢」となった。むろん焼き討ちを免れようとしたのである。

一方、士族隊の屯所には炊事の人夫も集まらぬ有様。士族隊自身本部へ引き上げるなど、ほとんど解体に瀕《ひん》した。

事態を憂慮した士族隊有志は県庁に至って、水野参事の責任を問い、防禦の事は中村に一任と言い張る水野を引っ張って、勝善寺の防禦本部に至り中村と会見せしめた。中村は士族隊が解体して持ち場を離れんとする状況に責任を感じて辞表を提出。ひとつは自分の強硬策がしばしば水野に遮られた憤懣もあったろう。水野は慰労して、すぐ県庁へ引き返してしまい、会談は何の効もなかった。

二一日、暴徒は西門口から博多に乱入、責任を感じた中村は屠腹《とふく》した。県庁はすでに旧福岡城二の丸に移されていた。言うまでもなく、現福岡市はかつて町人町の博多と士族町でお城のある福岡に分かれていた。

博多では為替方小野組を襲撃、小野組は事前に官金を福岡港沖の軍艦に移していたが、残りの旧藩札、小銭はことごとく路上に撒布された。豪商家も次々と打壊したが、ひとり榎並屋という博多屈指の豪家の前だけは竹槍を伏せて通り過ぎた。主人が慈悲心で聞こえた人であったからである。大名町の電信局も打ち砕かれたが、一番乗りしたのは大工町の岩田屋の番頭だった。

天神町から大名町に充満した群衆は「幾十万とも測られ」ずという。鎖《とざ》された表城門もよじ登って開門する者あり、群衆は城内に乱入して官舎に放火、県庁の設備・書類をことごとく破却した。ここに及んで、士族隊は大砲・小銃を発砲、群衆は退いて博多・福岡には「一人の影にも留めさるに至」った。

月形・大谷の両典事は二二日早朝、仮県庁を福岡城本丸に設けた。水野参事はすでに県庁を去り、時枝権典事は自決していた。また第一大区長八代利征は月形に自決せよと迫って、却って嘲笑され、憤激して自決した。

叛徒が博多・福岡を退いた後も、方々で余塵が続いた。二二日、旧藩家老たちが松原に赴いて、そこに屯《たむ》ろする叛徒たちを説諭し、願意を問うた。群衆の答は「出放題」で、隣村から迫られたなど責任を転嫁し、甚《はなは》だしきは、高祖山の麓に三人の天狗出て来り、日の丸の扇をかざして、群衆押し掛け来りて黒土となるべしと御告げがあったので、やむなく防禦に出たのだ、別に願意はないと言う者すらあった。

すなわち、何が願意かわからぬという大分と同じ現象が現れたのである。それは彼らに騒擾する根拠がなかったという事ではない。徴兵・学校・地租等、彼らには不安に襲われ蜂起する動機はいくつもあった。その要求を明確にしなかったのは、他から迫られたのだと責任逃れをしたかったのであろう。

帰村して、あと願い出る筋があれば穏便に総代を立てればよいではないかという説得に、群衆は動く色あり、「此迄《ここまで》狂暴に猛《たけ》ひし一群は、忽《たちま》ち満面に笑味《えみ》を含み、竹槍を簀《す》の如く積ね一炬《いっきょ》に焼捨つつ、各《おのおの》笑うて姪浜宿にぞ入りける」。すなわち、さんざん騒動して、一時であれ気が晴れたのである。この騒擾は秋月など周辺にも及んだが、すべて省略に従う。

明治一一（一八七八）年一一月二六日、神奈川県大住郡真土村で、二五名の村民が同村の地主松木長右衛門の家を襲撃し、七名を殺害する事件が起こった。この事件の淵源は明治五年の壬申《じんしん》地券の発行にあった。

地券の発行は明治五年二月の土地売買自由の法令を受けたもので、同月に発令された。明治五年の干支は壬申であるから、壬申地券と呼ばれた。これは今後の新税制の前提として、地所の所有者を確定するもので、市街地と耕地に区別された。市街地は幕藩時代も所有者がはっきりしているから、その確定にたいして問題はなかった。しかし、市街地は幕藩時代課税されることがなかったので、新たに地価百分の一の地租を課することにした。地価は所有者の自己申告によったが、これも従来売買が行われていたから、自《おの》ずと定まるところがあった。

耕地はそうはいかなかった。幕藩時代、耕地はそれを専有し耕作する者の所有であるとともに、村の所有でもあった。すでに地主制が展開し、多くの土地が質入主と質取主の二重所有になっている。どちらを所有者とすべきか。さらに割地制と言って、村中の耕地を何十年かに一度分配し直す地方も少なくはなかった。質入主と質取主では、政府は前者を所有者と考えたようだが、この質入れとは幕藩時代、高請《たかうけ》をしている耕地の売買を禁じていたので、実質は売買であるのに名を質入れとしたのであるから、そう話は簡単には行かなかった。

壬申地券の発行は、旧貢租《こうそ》制度を廃止して、地価に課税する「地租改正」の予備段階であって、新税制のため全国の土地の総価格を算出することに目的があった。だから耕地の価格を定めるに当たって、「地租改正」時のような綿密な調査は行わず、これも自己申告によった。貢租も従来の村請けのままで、土地所有者とされた者に直接課税するのではなかった。壬申地券の交付は特に耕地部分では遅々たるもので、市街地も併せ全国で六割程度に了《おわ》った。

さて、明治一一年の殺傷事件であるが、これは当時評判の事件であるからいろいろと記録が残っている。県令野村靖の上申書（明治初年農民騒擾録・所収）、武田交来『冠松真土夜暴動《かむりのまつまどのよあらし》』は明治一三年刊（『明治文化全集』第一三巻に収録）、伊東市太郎『相州奇談真土廼月畳之松蔭《まどのつきたたみのまつかげ》』も同年刊（『日本近代思想大系』第二一巻所収）。ここでは主として伊東に従い、引用もそれに拠る。

真土村には松木長右衛門という代々村役人を勤める家柄の富農がいた。「貪欲無慚《むざん》の性質にして」、小前百姓より二五町の田地を質地として預かっていた。もとより質入主が返金すれば返さねばならぬ土地だが、これがわが物になれば、自分の田地を併せ村中三分の一の用地の所有者となることができる。何とかしたいものだと考えていた。そこに降って湧いたのが壬申地券の一件である。好機到来とばかり、彼は質地の所有者（つまり小作人）六十余名を招いて切り出した。

「質地の所有者の申告の件であるが、狭小の土地に六十数名の地券を願い出るのは政府の手数を煩わして恐れ多い。また、猫の額のような土地にそれぞれ地券所有者を出すのは、いかにも当村が貧村のようで恥辱にもなる。この際、自分一人の所有地として申告すれば体裁もよい。もちろん名儀上だけのことで、皆さんが賃金を返済されれば、即座に地券を書き換えるつもりである」

冠《かんむり》九右衛門以下六十余人は「明《あい》たる口を塞《ふせ》ぎも得ず」と顔を見合せ呆《あき》れていたが、いかにも得心しがたい申し出なので、「たとえ猫の額のような小地であっても、先祖伝来の大切な土地。それに借金の期限が切れたという訳ではなし、地券の名はやはり私たちの名にしてもらいたい」と答えた。

それに対し、長右衛門が「各々の言わるるはもっともなれど、心配ならばここにいる村用掛りの冠九右衛門に、質地受け戻しの際は必ず地券を渡す証人になってもらおう。九右衛門殿らも説いてほしい」と言い出したから、九右衛門は驚いた。

長右衛門は戸長でもあり、その「暴威」は日頃知るところだったので、なるべくなら逆らいたくなかったが、同席の小前たちと話し合うと、こればかりは不承知だから九右衛門からもそう言ってくれと頼む。九右衛門が説得はしてみたが一同不承知、地券は銘々の名前でいただきたいと長右衛門に答えると、彼は目をいからせ、「村用掛りを勤むる身であるのに、こればかりの道理がわからぬか。よしよし、それなら今日中に貸金を返却せよ」と声を荒らげる。九右衛門は小前たちと再び相談し、借金を返済すればきっと名儀は戻して下さると固い約束があれば、差し当たり地券の名儀は長右衛門にしても仕方なしと返答した。長右衛門は顔を和らげ、それなら証書に調印せよというので、一同やむを得ず調印した。これが不幸の始まりだったのである。

地租改正は明治八年に着手されたが、翌九年七月、県官が真土村で現地調査を始めるに及んで、先に松木長右衛門に地券名儀を譲った小前たちは不安に駆られ、急拠借金を調えて松木方に至り、抵当の土地を取戻しに参ったと挨拶すると、かねてこのことあるを予期していた長右衛門は「少しも騒ぐけしきもなく」一体何を言わるやら、一旦こちらに譲られた土地を返せなど合点が行かずと、取り合おうとしない。金を返せば名儀は返すという先年の約束など、全くの頰かぶりである。

呆れ果てた小前たちは、先に証人に立てられた冠九右衛門を始め一三人の村役人に、事の次第を訴えた。一三人は松木方へ行き掛け合ったが、松木は先年欺き取った証書を取り出して、問答無用と取りつく島もない。

六十余名の質入れ百姓は平塚の大区調所へ訴え出ようとしたが、平塚警察署長三村が大勢徒党するはよろしからずとなだめ、三村自身松木に説く所あったが、松木が聴くはずはない。ここに至って、六十余名は代言人を選んで出訴すべしと決心。横浜で法律学校を営む塩谷俊雄に依頼し快諾を得、ついに明治九年一一月八日、横浜裁判所に質地の取戻しを提訴した。

裁判所は双方に出頭を命じたが、松木は病気と言い立てて出頭せず、虚病なることがわかって腰縄掛けて引き立てられ、警部から説諭されて一旦は質地返却に同意したが、親良助、弟道次郎に煽動され、翌日小田原署に出向いて前言を飜《ひるがえ》した。この道次郎なる者は小学校教師だったが、親がこの件の原告である生徒に辛く当たる等の行為あって免職された。長右衛門自身も戸長を免じられ、一時は松木家は悲境に陥《お》ちたのであった。

松木が返地を承諾せぬので、六五人は冠弥右衛門、高橋新七、冠伝次郎、伊藤平兵衛、福田小左衛門らが惣代となり、塩谷俊雄を代言人として横浜裁判所に出訴、松木方も田村訥を代言人に立て争った。明治一一年四月一八日に判決が下り、六五人側が勝訴したのである。


敗訴となった松木長右衛門はもう一度一件の書類を調べ直したところ、明治六（一八七三）年、六五人より欺き取った、質地は残らず流地となったるにつき譲り渡すという証書が見つかったので、代言人田村訥に見せた所、田村はこういう証書を持ちながら、これまでなぜ見せなかったのか、これさえあれば勝利疑いないと言う。松木は明治一一年六月、東京上級裁判所に出訴、塩谷・田村は弁を尽くして論戦したが、九月三〇日、一転して松木側勝訴の判決が下った。

勝ち誇った松木は追い討ちをかけた。明治九年より一一年までの延滞小作料一六〇〇円、これまでの裁判費用七〇〇円、計二三〇〇円を即座に支払えと、小田原区裁判所に訴え出たのである。質入れ側は何とか二〇〇円を調え、冠九右衛門に依頼して松木方に届けたが、松木は一向聴き入れなかった。

質入れ側六五人の憤激は収まらず、一時は騒動に及ぼうとしたが、冠弥右衛門はこれをとどめて、大審院へ上告すべきだが入費が続かない、この上は司法省に訴えるしかないと説得し、高橋新七、冠伝次郎、伊東平兵衛を代表として、一〇月一八日哀訴に及んだが、権外の事として却下された。

ここに及んで、一同は松木宅を襲撃して怨みを晴らすより他なしと一決したが、冠弥右衛門は早急に事を起こして敵を取り逃し、自身達は捕縛されて命を落とすとなれば無念極まりない、これには十分の準備を要すと説き、その結果、焼き討ちに従う者、長右衛門殺害に当たる者と二手に分け、万全の用意を整えること、あたかも吉良屋敷討入りの如くだった。

明治一一年一〇月二六日夜、松木宅襲撃に加わったのは冠弥右衛門など二五名である。親良助、弟素次郎はすぐ討ち止めたが、肝心の長右衛門は右腕を切り落とされたあと逃れて、行方が知れない。さんざん探し廻った末、裏門の竹藪の中に稲荷社があり、そこから呻き声が洩れる。曳き出してみると長右衛門で、やっと目指す仇を討ち取ったが、ここいらも吉良屋敷一件に似ている。雇人四人が殺されたのは不運とは言え哀れだった。

事件後、襲撃者の二五名は逮捕され、明治一三年五月になって判決を言い渡された。冠弥右衛門など四名は斬罪、二〇名は懲役八年から三年。そのうち高橋新七（五七歳）は牢死した。だが、事件直後から一同に対する世間の同情は高まっており、代言人関本忠三の起草した減刑歎願書に連印する者は一万五千人に達した。県令野村靖は六月一日に、先に斬罪ときまった四人を呼び出し、刑二等を減じる旨言い渡した。

そもそもこの野村というのは、一六歳で松下村塾に入り、松陰が「僕は忠義をする積り、諸友は功業をなす積り」と有名な言葉も吐いて、久坂玄瑞や高杉晋作と手を切ったあとも、兄入江九一とともに松陰に信任されて、彼の過激策の手先となった男である。のちには内務大臣、逓信大臣を歴任するが、神奈川県令時代は、「直《すぐ》なる民を護り玉ふ事子の如」（伊東前掲書）と言われた。すでに事件直後の一二月九日に、右大臣岩倉具視宛、冠らを寛典に処するように上申していた。

この事件は当時の人心を動かすところ大きく、芝居にも仕組まれて、明治一三年六月、横浜の下田座で上演、続いて同じく横浜の港座でも上演、冠弥右衛門役の中村時蔵を冠その人のように思って、差入れが絶えなかったという。

先に長谷川伸の生みの母のことを記したが、彼女がまだ娘で相州戸塚の和泉村にいた頃、この事件が起こり、彼女は戸塚まで出て犯人たちが護送されて行くのを見送ったが、この時見送り人は平塚から横浜まで垣をなして連なり、南無阿弥陀仏の声が絶えなかった。彼女が長谷川家の嫁となってから、紋付袴の男が数人店を訪ね、私どもは先ほど監獄から放免された者です、入獄中御芳志をいただいた有難さに、お礼に参上しましたと述べたと伸が書いている。

地租改正は農民の土地所有の形態を根底から変革するものであって、秩禄処分という大変革よりも、さらに影響するところ大きかったように思われる。先にも書いたように、土地はそれを耕す者のものであると同時に村のものであった。そのことは、外部の金貸しが村民の土地を質に取る場合も、それが流地になって実質金貸しの所有になる場合も、必ず村内の誰かの名を立てて、その名において貸借を結び、金利・小作料を取り立てねばならなかった一事をもって知れる。それをブルジョワ社会における個人所有にしようというのだから、農民たちの頭が混乱するのも当然であった。

また、地租改正においていわゆる入会の草原・山林が官有林とされ、当時水田を営む上で必須の肥料であった刈草が利用出来なくなったのも一大事だった。膨大な天皇家の所有林が設定されたのも、地租改正を通じてである。

農民の所有地が平等に配分され直すという風評は、維新政府成立の直後から行われていた。秋田の村役人は明治元年に「百姓は一軒に御高六石宛平均に配分いたし候」という風聞を書きとめ、大久保村は惣高七〇〇石で家数は三〇〇軒、一人六石なら一八〇〇石なければならぬことと、首をかしげている。広島藩でも明治二年と明治四年に、田畠貧富平均などというのは根もない流言だと布告している。

長野県佐久郡八幡村の農民依田鉄之助は、明治五年一一月、同村の神職と連名で土地献上の願書を県に提出した。「是迄《まで》所持居田地残ラズ上地仕リ、皇国千万一の御入費ニ備」えてもらいたいというのだ。

彼は明治七年に「建言書」を左院（当時の政府諮問機関）に提出した。学校が民から嫌われていることや、秩禄を処分された士族の困窮を取り上げ、問題解決の根本策として、全国の田畑を大蔵省に収納、「土民」に二〇年無利息で配分し、その代価は大蔵省と元所有者で折半するよう提案した。深谷克己は「土地の国家所有論のようであるが、根本は農民の均分所有論（一軒に四石五斗四升四合）なのである」と評している。この依田鉄之助こそ、実は相楽総三の赤報隊の生き残りなのであった。

地租改正は田畑の収穫高を六パーセントの利子と見なし、それから田畑の価格を割り出し、それに三パーセントの税を課したのであるが、もともと幕藩時代の貢租を下廻《まわ》らぬ様に工夫されていたから、農民たちには重租としか感じられなかった。政府もそれを承知していて、将来他の税目が増えれば一パーセントまで税率を下げると約束していた。

明治九（一八七六）年は地租改正への苦情が頂点に達した年で、茨城県真壁郡・那珂郡と三重県で大きな暴動が起こった。

茨城県真壁郡では、貢租米の金納を命じ、しかもその価を昨年の米価としたので、貢納はほとんど倍増した。その上改正費用、学校費、村用費を加え負担耐えかねるとて、一二月一日飯塚村が首唱し、一一カ村から五〇〇人が来会、現価による貢納、新設の畑への課税廃止、地租改正の費用の官支出、学校費負担の廃止等、六カ条を決議した。折から派出された警官三人が声をあらげて叱責したので、怒った群衆は三人を叩《たた》きのめし、「鐘を鳴らし螺《ほらがい》を吹き四隣を横行し以て衆を募る」

有様になった。翌日、宇都宮鎮台兵の到着によって事態はようやく鎮静した。

しかし同月八日には、那珂郡小舟村の本橋次郎左衛門、上小瀬村の大町小左衛門、岡崎新八、小林彦右衛門らが強訴を企て、隣の小祝村に行き同盟に引き入れようとした。これを知った巡査渡辺、岩間の両名が同村に赴くと、「小左衛門刀を挺《ぬ》き新八銃を携へ、衆竹槍を奮ひ之に随《したが》」って、渡辺を射殺、厠に潜伏した岩間を竹槍で突き殺した。これより諸村騒動となり、翌九日には石塚村で、笠間警察署長と巡査一人を殺した。一〇日、県側は警官隊に併せて旧士族を動員し、石塚の叛徒《はんと》を襲撃して敗走せしめた。小左衛門は戦死、次郎左衛門、新八、彦右衛門は死刑に処せられた。

三重県のいわゆる「伊勢暴動」は、茨城の場合と同様、石代（金納貢租）が、実際の相場より高額であることへの不満から生じた。

名古屋鎮台の報告書によれば、「一揆は十九日伊勢国飯野郡豊原村に起ったが、忽《たちま》ちの内に二十余ケ村に波及し、途中打毀《うちこわ》しつゝ十九日夜、津（県庁所在地）に侵入、瓦石を乱投し其勢当るべからざるものがあ」ったが、「旧津藩の士族及官官が之を庁門外で防禦し、遂に追払った」。「庁内に迫り、士族によって駆逐された暴民は一時散乱、更に南方へ向ひ、松坂駅なる三井組商社に闖入《ちんにゅう》して貨幣を奪ひ、尚屯所等を毀焼して勢頗猖獗《いきおいすこぶるしょうけつ》を極めた」。その「一部は二十日朝、四日市に突進、支庁・区裁判所・大小区扱所・電信局等を毀焼、…同日正午頃、大矢知懲役場へ乱入放火、囚人八百余人を解放し…更に進んで桑名に来り学校及び巡査屯所を焼」いた。

名古屋鎮台の兵が投入され、県内はようやく鎮静に向かったが、二一日には岐阜県、愛知県にも波及した。この騒擾で処罰された者は三重県だけで五万人にのぼった。

伊勢片岡村の旧庄屋永谷助之丞の書き残した「過去記」なる手記があり、この反乱の動機について聴くべき考察を加えている。それによると、南伊勢は度会《わたらい》県であったのが三重県となり、地租改正費用を重ねて徴集された。そこで農民たちは、封建の世は武士を置いて、百姓を武事で煩わせることなく、官舎の営繕費、役人の給与もみな領主が出した、ところが今は兵を庶民に取り、役所・役人の費用をみな庶民に課す、それでいて地租の高いのは何ぞやと怒った。そして「今哉《や》農民ヲ制スルニ寇讐《こうしゅう》ニ嚮《むか》フガ若《ごと》シ。殺戮《さつりく》ヲ以テ先トナス、故ニ是ノ死傷ニ罹《かか》ル者幾千人」と、永谷は政府の対応を批判する。

茨城・伊勢の暴動によって、政府は明治一〇年一月、地租を三パーセントから二・五パーセントに減額すると決定した。これが俗に言う「竹槍でドンと突き出す二分五厘」である。

この章の記述を読めば、読者は明治初期の農民生活をよほどつらいもののように受け取るだろう。だが、それが一面の真実にすぎないのは、安政六（一八五九）年生まれのある人物の自伝を読むとわかる。ある人物とは、明治社会主義者の草分けであり、日露戦争中、第二インターナショナルのアムステルダム大会で、プレハーノフと壇上で握手したことで知られ、後にコミュニストとして赤色ロシアへ亡命、死んでクレムリンの壁に埋葬された片山潜である。

彼が生まれたのが美作国の天領で、竜野藩預りの村であったことはこの際考慮すべきだろう。彼自身、近くの私領の政治は相当ひどかったと言う。それに比して、彼の村は完全に自治制で、たまに竜野藩役人が廻って来ても、それは村の貢租減免願いを聞くためだった。この竜野藩預り地で生じた紛争は前で述べた。しかし潜は一揆など一度も起こらなかったと言っている。子供で知らなかったのではない。紛争当時、彼はすでに十代だった。

とにかく田植から収穫に至るまでの労働、農閑期の夜なべ、季節に応じた行事祭礼、いずれも楽しみに満ちたもののように潜は記述している。「柴刈りは忙しい仕事であるが、青年男女にとってはこれが一種の慰みで宛然《えんぜん》たるお祭り騒ぎである」。田植も非常に多忙だが「皆小綺麗《こぎれい》な風俗」をして「不思議に誰もがニコニコと働く」。

田植がすむと秋口まで田の草取りである。「もとより焼くがごとき炎天に田の草を取るのは決して楽しみではないが、朝夕は清涼で気持ちはよし、涼しい木陰で昼寝をするから別に困難は感じない」。若い男は山へ柴刈りに行き、女は家で縫い針をとるが、「いずれも遊び半分である」。

農閑期は夜なべがあるが、これは子どもたちにとって、祖父母から昔話を聞く楽しみの刻であった。潜は曽祖父から炬燵《こたつ》の中で、大江山酒呑童子《しゅてんどうじ》、鬼ケ島征伐、桃太郎、舌切り雀等、気に入った話は何度も繰り返し語ってもらったと回顧している。しかも芋粥《いもがゆ》など、夜食の楽しみもある。潜の記述する幕末から明治初年の農村生活は、さながら一種のアルカディアだった。

潜の父は彼が四つの時に死に、曽祖父母は老い、祖父は病気で祖母はお人好し、農事は母が一人で切り廻したのである。とにかくしっかり者だったが、二人の男子、すなわち長子と次子の潜にはありったけの愛を注いだ。日常心頭に浮かんで最も用に立つのは、幼時母が与えてくれた金言だと彼は言っている。第八章「女の力」で述べておくべき女性だった。

第十二章　文明開化

文明開化の語が生じた所以《ゆえん》は、もちろん西洋文明の導入をもってして、わが国が野蛮とまでは言わずとも、未開の状態から文明の状態に進化したという理解が、世上一般に存在したからであろう。すなわちここで言う文明とは一九世紀中葉の西洋文明を典拠とするもので、文明開化とは当時の西洋の文明、すなわち統治を中心とする社会編成の紹介、さらにはその採用を意味するとともに、衣服・食事など生活様式一般を含む西洋の風俗の導入を意味した。

だから文明開化と言えば、散切頭、牛鍋屋、人力車など、明治初年の社会相を強く意識させるものの、その実態は幕末に発していたと言わねばならない。例えば万国公法という用語は、元治元（一八六四）年米人宣教師マーチンがホイートンの著書を中国語訳した訳本の表題に由来するが、翌慶応元年に幕府の開成所から訳本が出されてから、原義の国際法から離れて、万国を律する普遍的な公理の如く誤解されて流布した。

翻訳について言うなら、「ロビンソン・クルーソー」の一例をとっても、嘉永の初めに黒田行元が『漂荒紀事《ひょうこうきじ》』の題でその梗概を紹介し、安政四（一八五七）年には横山由清のオランダ語からの重訳『魯敏遜漂行紀略《ロビンソンひょうこうきりゃく》』が出ている。

西洋風俗の模倣も、例えば一橋慶喜は好んで洋服を着用し、肉食もいとわなかったので、慶喜を将軍家を脅かす存在として嫌った幕臣は「豚一」と仇名《あだな》した。すなわち豚を好んで喰う一橋と言う訳である。

しかし、近代西洋の政治・社会・経済・文化のあり方を系統的に紹介し、絶大の影響を及ぼしたのは、何と言っても福沢諭吉の『西洋事情』（慶応二年〜明治三年）と『学問のすゝめ』（初編＝明治五年）であろう。諭吉自身によれば、『西洋事情』は「其初編の如きは著者の手より発売したる部数も十五万部に下らず、之《これ》に加ふるに当時上方辺流行の偽版を以てすれば二十万乃至《ないし》二十五万部は間違いなかる可し」（『自伝』）という次第で、当時としては途方もない売れ行きだった。『学問のすゝめ』も同様で、両者とも小学校開設後には教科書にも利用されたのであるから、西洋事情と近代の意義を国民に知らしめる上で、その影響は絶大であったと言わねばならない。

著者については、ふたつのことに注目せねばならない。ひとつは福沢諭吉という人物についてである。第一にこの人は幼少時から合理癖の強い人であった。祠《ほこら》を見ると、御神体を取り出して、何だ石ころじゃないかと思う少年であった。「お稲荷様《いなり》を使う」と称する女に、「そりゃ面白い、おれに御幣《ごへい》を持たせてくれ」と申し出ると、女がつくづくと彼の顔を見て、「坊《ぼん》さんはイケマヘン」と言う。これは呪術のかからぬ少年と見抜かれたのだ。

第二に、兄からオランダの砲術を学ぶには原書を読まねばならぬ、お前は読む気はないかと訊《き》かれ、「人の読むものなら横文字でも何でも読みましょう」と答えた。自分の知力への自信はこの人の特徴である。

第三にこの人は大坂の藩邸に生まれ、父が死んだので数え年三つで故郷豊後国中津へ帰った。三つなら故郷にとけこみそうなものなのに、福沢家が母も兄も大坂育ちの風を存していたせいか、遂に中津に馴染まず、幼な友達もいなくて、よそ者のような立場に終始した。以上三つは諭吉の人柄について、忘るべからざる要素をなしている。

諭吉の西洋理解について注意すべき第二点は、蒸気機関にしろ電気・電信にしろ、文明の利物については、洋行前から知っていて、向こうの人間が色々説明してくれてもひとつも珍しくない、洋人には当たり前のことで説明もしてくれぬことが一番むずかしい、たとえば病院、銀行、郵便と言っても、具体的に何をどうするのか、本を読んでもわからない、これは実地に洋行してやっとわかって来た、それが洋行の第一の利益だったと言っていることだ。このように実地に即《つ》いた理解が、『西洋事情』の絶大な影響力となったのである。

『西洋事情』は『初編』『外編』『二編』の三編から成り、『初編』では、まず政体に立君、貴族会議、共和政治の三種の別あり、立君はさらに立君独裁、立君定律の二種ありと説き、次いで「文明の政治」の要件として、自主任意（職業の自由）、信仰の自由、技術学芸の奨励、学校教育、保任安穏《ほにんあんのん》（制度の安定）、病院貧院による福祉の六つを挙げる。

次いで収税法、国債、紙幣、株式会社、外交、学芸・技術、学校、新聞、図書館、病院・貧院、盲唖院、癲院、幼稚園、博物館、博覧会、蒸気機関、蒸気船、蒸気車、伝信機、瓦斯燈《がすとう》の解説あり、ここまで読めば西洋文明の概畧《がいりゃく》が呑みこめる仕掛けになっている。争って読まれたはずである。

あとは各国史に移り、アメリカ、オランダ、イギリスの歴史が述べられる。アメリカの部には憲法全文が収録されている。いずれも水準の高い概説で、諭吉の勉強の程はまったく感嘆に値する。

『初編』のあとには『二編』が続き、残された諸国の歴史が述べられるはずだったが、『外編』の方が早く出て、チェンバースの経済書などに基づいて、国民の権利、国家の責務について再度詳説するに至った。論点は多岐に亘《わた》っているが、印象的なのは国家の国民生活への干渉を弊害多しとし、最小限度にとどめようとしていることだ。むろんこの自由放任《レッセ・フェール》説は当時の英国論壇の主流であった。

『二編』は『外編』のあとに出て、英国、ロシア、フランスの歴史・政情が説かれるが、とくにフランスが詳しい。これはナポレオン出現による近代欧州成立を重視したからである。

『学問のすゝめ』は「初編」が明治五（一八七二）年二月に刊行され、明治九年刊の「第一七編」まで続いた。「毎編凡《およ》そ二十万部とするも十七編合して三百四十万冊は国中に流布したる筈《はず》なり」

と本人が語っている。影響はむろん大きかった。植木枝盛など自由民権派の論客はみな、若き日この諭吉の著作に感奮したのである。

「初編」は「天は人の上に人を造らず人の下に人を造らずと云へり」という強烈な一句で始まる。諭吉はいろんな比喩を駆使する点においても、もともと文才に富む人であるが、特にこういう惹句によって、読者に一発ガーンと喰らわせる術にたけていた。

これはむろん西洋近代思想の中心たる普遍人権論を踏まえたものであるが、実は諭吉が強調したいのは人権に基づく平等思想ではなかった。そのように人権は普遍的であるべきなのに、実際は貴《き》賤《せん》貧富の別があると説いて、その別を肯定した上で、その別を生んだのは教育の有無による、だから学問せよと言うのである。無学文盲の徒が下層にあって支配されるのは当然なのである。

諭吉は政府と人民の関係については、当時の西洋思想に基づいて社会契約説をとっている。しかし社会契約説をルソーのように民権に基づいて考えるのではなく、契約して立てた政府である以上、人民は政府の作った法に従わねばならぬと説く。むろん悪法である場合、言論で是正を求めるのはよろしい。しかし徒党、一揆など沙汰の限りである。

「凡そ世の中に無知文盲の民ほど憐れむべく亦《また》悪《にく》むべきものはあらず、智恵なきの極は恥を知らざるに至り、己が無智を以て貧窮に陥り飢寒に迫るときは、己が身を罪せずして妄《みだり》に傍《かたわら》の富る人を怨み、甚しきは徒党を結び強訴一揆など丶て乱妨《らんぼう》に及ぶことあり。恥を知らざるとや云わん、法を恐れずとや云わん」

つまり諭吉の嫌悪し寒心に耐えなかったのは、前章で紹介した高村光雲や足尾九兵衛の、「天下国家のことは存じません」とする、民衆の生活世界への沈澱《ちんでん》だったのだ。

「一身独立して一国独立する」というのは、『三編』に初出するこれまた有名な惹句である。一身独立とは、諭吉が徳川社会の人民の在りようを、幕府各藩の権力に対する卑屈極まる隷従と見たところから出た発想である。人の世話に依頼せず自力で身を立てるというのはもちろんだが、単にそれだけでは禽獣《きんじゅう》に異ならぬ。お上《かみ》に叩頭《こうとう》盲従するのではなく、自分が国を成り立たせているのだという国民的自覚を持つことが、一身の独立なのである。だからそれが一国の独立に通じるのだ。

つまり実のところ、諭吉にとって主導的なモチーフは「一国独立」の方にある。彼にとって西洋諸国は、人類の進化の最前線に立つものであった。だとすれば日本もなるだけ早く彼らと肩を並べる文明国にならねばならない。特にアジア諸国が西洋諸国の属国になりつつある現状からすれば、文明化は急務である。そして、その文明化は国民の自覚による外はない。光雲や九兵衛のように、「お上のなさることは、わしゃ知らねえ」では困るのである。それが「一身独立して一国独立する」の真意である。つまりこれは諭吉のナショナリズム宣言なのであって、一人の人間が独立するとはどういうことかという、世に二人といない個の自覚ではなかった。

さて、「一身独立して一国独立する」ためには学問をせねばならぬ訳だが、その学問は徳川時代のような学問のための学問ではなく、あくまで社会・国家の必要に応じる「実学」でなければならない。いろは文字から手紙の書き方、帳合の仕方、算盤《そろばん》の稽古は言うまでもないが、何より肝心なのは地理学、究理学、歴史学、経済学等、西洋の学問を学ぶことである。

諭吉は西洋の学問が、技術も含め民間から起こって来たことを重視する。諭吉の言う学問とは、新政府による教育だけでなく、民間からの自発的な思想的技術的試みを指す。これが彼が慶応義塾を起こした所以《ゆえん》だった。彼は西洋の学問を学んだ者が、ともすれば政府に就職したがるのを批判し、自らはあくまで民間にとどまって学問を普及させようとした。これは諭吉生涯の営みの最も優れた点である。

ただし、これは諭吉にとどまらず同時代の洋学者一般に言えることだが、彼らが紹介した西洋近代思想は、余りに「実学」に傾いていた。G・B・サンソムは「日本人が西洋の精神的精進に心をとめた時、知的な煩悶《はんもん》をいやすのが、スペンサー、フランクリン、スマイルズであったのは不幸なことだ」と言っている（"Japan: A Short Cultural History" p.512）

また諭吉は、徳川時代の為政者と平民の関係を含め、いわゆる封建的人間関係を、余りに屈従的なものに描きすぎている。これは彼が当時の社会について、特に農村について狭い見聞しか持っていなかったことの証しだろう。

女がいわゆる三従の訓《おし》えに縛られたと言うが、すでに紹介した鳩山春子の回想は、そんなものは建て前に過ぎなかったことを明示している。また百姓の役人に対する卑屈を言うが、これも実態に即していない。村々の争いを評定所へ持ち出す際、百姓が昂然《こうぜん》としていたことは、根岸鎮衛が評定所留役の頃、いかに説得しても言い分を引っ込めぬ強情な百姓に、汝は女房に尻を叩かれて強情張る由だなと口を滑らせ、臍《へそ》の曲がった百姓の機嫌を取り直すのにひと苦労したという話ひとつで明らかなのである。


福沢諭吉の『学問のすゝめ』と並んで、青年たちを感奮せしめ、大ベストセラーとなったのは、サミュエル・スマイルズの『西国立志編《さいごくりっしへん》』である。訳者は中村正直《まさなお》。

正直が慶応二（一八六六）年、幕府留学生の監督として渡英したことは先に述べたが、明治元（一八六八）年帰国の途に就くに当たって、英人の友人から贈られたのが、スマイルズの『セルフ・ヘルプ』であった。これは一〇年前に出版され、ベストセラーとなり、各国語に訳された本であるが、今日の英国ではスマイルズの名はほとんど忘れ去られているという。

正直は帰途の船中でこの本を繰り返し読み、遂《つい》にその大半を暗記するに至ったという。この些末《さまつ》な話の長大な連続を暗記したとは、ほとんど信じ難いが、中村はこれも先に紹介したように、中国古典を毎朝暗唱するような人であった。

正直は天保三（一八三二）年、江戸の御家人の子として生まれた。父は農民で、御家人株を買って幕臣となった人だ。一〇歳の時昌平黌の素読吟味を受け白銀三枚を与えられた。一〇歳でこの吟味を受けたのは、昌平黌始まって以来のことと言われる。文久二（一八六二）年には御儒者に任じられたが、三一歳の若さはこれまた異例とされた。

『セルフ・ヘルプ』という原題はむろん、格言「天は自ら助くる者を助く」に基づいているのだが、正直はこれを「立志」と解した。「自助」では当時の日本語として不熟と考えたのだろう。しかし正直はこの「立志」を、出世と結びつけたのではなく、自分の興味によって何か一事を明らかにしよう、世人の便利のために何か一事を成し遂げようとする「志」ととったのであるから、スマイルズの「自助」を正しく受け止めて訳したのだ。

帰国した正直は、幕人の大半に従って静岡県に赴き、静岡学問所教授となった。『セルフ・ヘルプ』を訳し始め、明治三年に一応訳了。静岡藩の執政をしていた大久保一翁が資金を出してくれて、明治四年の三月から七月にかけて、全一一冊が刊行された。「明治の聖書」とすら評言され、売れに売れて百万部に達した。

ベストセラーというのは当時の世情人心の作用であるから、今日読めば何でこれがと思うものが少なくない。スマイルズの原著は何しろ取り上げた人物が百人以上いて、ほんの一ページ、半ページの叙述しかない人物が多い。とにかく雑多で、思いつくままに事例を挙げていて、全編構成というものが乏しい。試みに読んでご覧なさい。あなたはよくは知らない人物の列挙に音を上げるだろう。

余談ながら、私はウィリアム・コベットの名が出て来るのに驚いた。チェスタートンがヴィクトリア朝文学論で尊重した人物だからだ。ただし、若い時えらい貧乏だった話しか書いてなかった。でも、当時の日本の青年子女がどこに感動したかはわかる。ひとつは、下層・貧窮の出でありながら名を挙げた者が多数紹介されている。明治初期の大変動期に、貧窮に見舞われた若者は多かったから、誰それは靴屋の徒弟だったとか、大工の弟子だったと語られれば、よし俺もと奮起したことだろう。

しかし、スマイルズの説いた第一点は志の持続であった。「たとい、卓越の才ある人といえども、心を用いず功を積まず、久しきに耐えざれば、一事をも成就することあたわず。ゆえに卓越の才は、学問のために、必要にあらざることなり。絶大の豪傑と称せらるるものといえども、おおむねは卓越の才性ある人にあらず、ただ資質平等なる人の、久しきに耐えて、大業を成就せるものなり」。ニュートンはいかにして大発明をなしたかと問われ、「常々にこのことを思いしによりて」と答えたというのだ。

名士の大業は「零細の光陰を集めて」成ったのである。要するに心に掛けることを瞬時も忘れず学習し考究し、何度失敗しても挫《くじ》けないことだ。しかも彼らは日々の些事、実務を軽視しない。ナポレオンやウェリントンは、戦略に富めるばかりではない。机上の事務において細密堪能であった。

ディケンズの『荒涼館』には、甚だ好青年なのだが、全部途中でやめる人物が出て来る。医師が天職と言いながら数カ月の学習も続かず、次には法律こそ天職だったと言い出し、これも数カ月、次いで軍人にこそ向いていたのだとなったが、これも続かない。スマイルズは別にディケンズを引用している訳ではないが、彼のいわんとするのは、こういうのが一番だめということなのだ。

さらに彼は人格の高潔を説いている。失敗にめげず一事を追求する人は、人格の面でも高潔であるのが常だと言うのだ。これは儒学によって人となった正直の意に適っただろう。吉野作造は「福沢が明治の青年に智の世界を見せたと云い得るなら、敬宇《けいう》は正に徳の世界を見せたものといってよい」と言う。敬宇は正直の号である。

しかし福沢との違いは、第一編に寄せた正直の序文によって歴然としている。正直は自分がこの書を訳していると、ある客があって、なぜ兵書を訳さないのかと問うた。自分はこう答えたと言って、滔々《とうとう》と反戦論を述べるのである。

「西国の強きは、人民篤《あつ》く天道を信ずるによる。人民に自主の権あるによる。政寛に法公なるによる」。「且《か》つ天理によって論ずれば、すなわち強を欲するの一念、大いに正に悖《もと》る」。「地球の万国、まさに学問文芸をもってあい交わり、用を利し生を厚《あつ》うするの道、互いにあい資益し、彼此《ひし》安康、共に福祉を受くべし。此《かく》のごとくなれば、すなわち何ぞ強弱を較《かく》し、優劣を競うことあらんや」

正直は諭吉のように、日本が西洋諸国に対抗するには、何よりも国民が国家があることを自覚し、他国と戦って死することを怖れないことが必要だとは考えなかった。おなじ啓蒙・文明開化と言っても、二人の方向はすでに異なっていたのだ。


中村正直は静岡学問所に来任した米人宣教師クラークと親しみ、彼の開いたバイブルクラスの熱心な一員になった。明治四（一八七一）年に匿名で書かれた「擬泰西人上書《ぎたいせいじんじょうしょ》」には当時の政府のキリスト教禁圧を批判して、「陛下もし果《はた》して西教を立てんと欲せば、則《すなわ》ち宜《よろ》しく先《ま》づ自ら洗礼を受け、自ら教会の主と為《な》りて、而《しこう》して億兆唱率すべし」と述べられている。

正直がミルの“On Liberty”を訳し『自由之理』として、明治五年二月に刊行したのも、信仰の自由を擁護したい一念からではなかったかと、正直の標準的伝記『中村敬宇』の著者高橋昌郎は言う。この訳書も『西国立志編』と並んで、当時の青年に大きな影響を与えた。河野広中が出張先で同書を購い、「帰途馬上ながら之を読むに及んで…従来の思想が一朝にして大革命を起し…生涯に至重至大の一転機を劃《かく》した」と回想しているのはその一例である。

正直は政府に招かれ、明治五年東京へ移った。小石川江戸川町大曲である。大蔵大輔井上馨の翻訳局長就任の要請に対して、正直は大蔵省から受け取った文書を自宅で翻訳するにとどまった。彼の意欲は自宅に設けた家塾同人社の拡充の方にあった。

同人社の開学は明治六年二月で、福沢諭吉の慶応義塾、近藤真琴の攻玉社と並んで三大義塾と称せられた。明治七年の調査によると、生徒数は慶応義塾が五二六と群を抜いており、同人社は二五三、攻玉社の三五六に次ぎ三位である。

正直のキリスト教への関心は深まる一方で、クラークとクラークを日本へ招いたグリフィスを招いて、同人社でバイブルクラスを開いた。のみならず、カナダ・メソジスト教会宣教師カックランを、同人社中に新築した洋館に招いて住まわせ、彼から職員ともども週五日英文聖書の輪講を受け、一年のうちに四福音書・使徒行伝を了《お》え、ロマ書に及んだ。かくて正直は明治七年一二月二五日に、カックランより受洗するに至った。

しかし、正直のキリスト教受容は、少年期からの儒教信奉と矛盾するものではなかった。キリスト教も儒教も、究極するところ同じ真理を説くと考えたのである。晩年には折からもたらされたユニテリアニズムに近づくに至った。ユニテリアンとは『広辞苑』によれば、「三位一体の教理を認めず、神は唯一なりとし、イエス・キリストの神性を否定し宗教的偉人と見なすもの」である。

正直は諭吉同様、日本の民衆を無知にして低劣、困ったものだと考えていた。彼らの蒙《もう》を啓《ひら》くには学問と芸術によるしかないが、正直のこの点での特色は母親の影響力を絶大と見たところにある。彼が同人社中に女学校を設けたのは、母親となるべき女性の教育に着目したからにほかならない。

正直は明治七年から同人社に女子の入学を許した。正式の女学校になったのは明治一二年で、しかしこれは翌年廃校になっている。明治七年に同人社に入った女子に、山川菊栄の母千世がいる。

千世は水戸弘道舘の史官青山延寿の娘で、延寿が正直と懇意であるところからこの運びになった。

千世の記憶では、正直は「いけねえ、できねえ」の早口のべらんめえ言葉で、授業中椅子に掛けることなく、歩き廻《まわ》っていた。「わかりません」と生徒が答えるのを最も嫌い、これからの日本は母たるあなた方が担わねばならぬのにと叱った。千世は良妻賢母の語を初めて正直から習ったが、それは後の女子の高等教育に反対する良妻賢母主義ではなく、女子も学問が必要とするもっと積極的なものだと理解した。

正直は明治六年七月に創立された「明六社」に参加した。明六社については後に述べるが、正直は機関誌『明六雑誌』の熱心な寄稿者だった。この頃作られた「愛敬歌」には「邦国ノ交際ニ至リテハ、耑《もっぱ》ラ兵力ヲ以テ競フ。妖気神州ニ満ツ」とあり。その反戦主義の変わらざることが知れる。

正直は文部大輔田中不二麿の要請で、明治八年九月、東京女子師範学校の校長を引き受けた。正直は師範の名を好まず、教員になる義務の伴わぬ普通の女学校たらしめようと努め、一三年第一回卒業生を出すとともに辞職した。

彼は幼児教育にも関心を示し、明治九年一一月、東京女子師範学校内に幼稚園を開設した。これは本邦幼稚園の濫觴《らんしょう》と言われる。また訓盲院設立もかねての念願であり、明治八年に津田仙や岸田吟香らと企てたのであるが、これには築地病院長の英人フォールズらも加わっていた。正直は英国滞在中、盲院を訪れ、その必要をよく知っていた。

しかし、東京府に何度出願しても却下される。これは外国人宣教師の関与が忌まれたものと察せられた。正直らは前島密など政府要人を仲間に引き入れ、明治九年三月遂《つい》に認可に至ったのである。正直は明治一四年、東京大学教授に任ぜられ、翌年「古典講習科」を開いた。一九年には元老院議員、二三年には貴族院議員と、社会的地位は昇ったが、晩年の彼は鬱々《うつうつ》として楽しまざる風があった。

ひとつは、彼の生き甲斐であった同人社が、明治一六年の徴兵令改正により、私立学校生には徴兵の猶予が適用されなくなり、勢い生徒数の減少により、従来の経営が成り立たなくなった。正直は手を引き、同人社は官立大の予備校化した。

さらに明治一三年一二月、政府は治安を妨げるような著作を教科書に採用せぬように通告、『西国立志編』も大幅の削除を余儀なくされた。これも彼の心を暗くさせずにはおかなかっただろう。

明治二三年、正直は芳川文部大臣の求めで、教育勅語の原案として「徳育大意」を書いたが、敬天敬神に基づく個人の完成というその内容が、勅語を利用して一定の哲理を述べたものとして、井上毅によって斥《しりぞ》けられた。正直が死んだのはその翌年である。

福沢諭吉や中村正直のベストセラー化した著述・訳述にややおくれて、当時の青年に深い影響を与えたのは、中江兆民によるルソーの民約論の翻訳である。これは文明開化というより、自由民権運動に伴う事象であるが、併せてここに略述しておこう。

中江篤介は弘化四（一八四七）年、高知城下に生まれた。父は足軽で下横目役を勤めた。今でいうと巡査部長当たりで、文久元（一八六一）年病死し、一五歳の篤介が継いだ。兆民と号するようになったのは明治二〇（一八八七）年以降である。

兆民は女の児のようにおとなしい子供だったが、家中の瀬戸物を叩《たた》き壊す奇癖があった。また弟虎馬（明治一八年没）が外でいじめられて泣いて帰ると、奮然と怒って相手を傷つけ、父はそのため彼の小刀を強く縛りつけ、容易に抜けぬようにしたという。知力は甚だ優れ、三歳で書を能くし、五歳では額にある文字の大体は読み得た。

文久二年藩校文武館が開校すると、すぐにこれに入った。また私塾に入り、陽明学を修めた。この影響は大きかったと言われる。

慶応元（一八六五）年、英学修業のため長崎に派遣された。長崎ではフランス語を学び、その年の末には後藤象二郎より二五両を得、江戸へ出た。江戸では村上英俊のフランス語塾に通い、やがてフランス公使ロッシュの通訳となり、慶応三年一二月の兵庫開港時は当地に在り、伊藤博文・陸奥宗光と知り合っている。

彼は当然大政奉還、鳥羽・伏見の戦いという動きも、大坂で身近に経験していた訳だが、志士としてその渦中に身を投じることはなく、意は専らフランス学を通じて西洋の新思想を学ぶことに在った。明治二年には東京へ出て箕作麟祥の塾に入り、翌三年には新設された大学南校の下級教師となった。

明治四年一一月には、岩倉使節団に伴う留学生として日本を離れた。これは大久保利通に自分を売りこんで採用してもらったのだ。大久保には正式に訪ねても会えぬから、彼が人力車で帰宅するのを追いかけ、下車するのをつかまえて強引に頼みこんだのである。

アメリカを経てフランスに着いたのは明治五年一月。この時司法省九等出仕という地位を得ていた。フランス留学時のことはわからぬことが多いが、パリとリヨンで学び、西園寺公望とも知り合っている。ロンドンへも一週間旅行し、ハイドパークや料理屋で遊んだ。フランスではルソーなど啓蒙思想家やユゴーを愛読したと言われるが、後の著作からして相当の勉強ぶりだったのは確かだ。彼が太政官の留学生悉皆《しっかい》帰朝令によって横浜に着いたのは明治七年六月である。

帰朝すると兆民の司法省の地位は失われていて、仕方なしと言うか、一〇月頃仏学塾を開いた。ルソーの『社会契約論』を訳した『民約論巻之二』の稿本はすでに出来上がっていた。巻之二とあるからには巻之一の訳稿も存在したに違いないが、これは今日に到るまで発見されていない。全訳ではなく、原著第二巻（一二章）の六章までの訳文である。

兆民の『民約論』が翻訳として流布したのは、みんなその稿本の写本が出廻ったからで、印刷されて本になった訳ではなかった。これは諭吉や正直の場合とまったく異なる点である。しかし、写されて広く読まれ、自由民権運動の志士たちに影響を与えた点で、その重要性は諭吉、正直の訳業に劣るものではなかった。

熊本の宮崎八郎は『評論新報』の記者時代、しばしば兆民を訪れている。八郎はこのあと郷里で植木学校を開くが、テキストのひとつとして用いられたのが、『民約論巻之二』の写本であった。彼は自作の漢詩で「泣読《ないてよむ》盧騒民約論」とうたっている。

福島の民権家河野広中は明治一二年秋、板垣退助を訪問したが、板垣は中居徳助という者が訳した民約論を植木枝盛が持っている、お会いになったら見せてもらえよう、これは「今日の民約論」よりよいと語ったとのことだ。「今日の民約論」というのは服部徳訳の『民約論』(明治一〇年一二月刊)を言うのである。

植木は言うまでもなく自由民権運動の驍将となる人物だが、明治一〇年七月二六日の日記に「朝民約論を写す」と記している。彼は安政四(一八五七)年、土佐藩の中士の家に生まれ、明治八年一九歳の時上京、二月一六日初めて明六社の講演会に出席、以来九年の初頭まで月二回の講演会に欠かさず出席した。一方、諸新聞に投書したが、明治九年二月一二日の「郵便報知新聞」に載った『猿人政府』の一文(掲載時「猿人君主」と改題)が政府に見咎《とが》められ、禁獄二カ月に処せられた。彼は従来板垣と親しかったが、筆禍事件後は板垣家に住みこんでその書生となり、以降その師弟関係は死ぬまで変わらなかった。明治一〇年二月、板垣に伴って高知へ帰り、立志社の活動に従事しているうちに、河野の来訪を迎えたのである。

板垣は兆民の訳文を服部の訳本よりよしとしたが、仏語を解しない彼に訳の上下がわかる筈《はず》がない。おそらく兆民の訳文の格調の高さを評価したのだろう。しかし、今兆民の『民約論巻之二』を読んでみても、なぜ板垣や植木が感銘を受けたのかわからない。ましてや宮崎八郎が「読んで泣いた」などとうたったわけもわからない。

そもそもルソーの『社会契約論』が、人をして考えさせる著作であるが、人を泣かせるような煽動的書物ではない。兆民の訳を見ても、苦心の程がよくわかり、何とか原意を伝えようとしていると認められるけれど、「一般意志」を「衆意欲」と訳すのでは、その含意も飲み込み難かろう。フーゴー・グロティウスを虎哥《フゴー》とのみ記し、ジェイムズ二世を「雅屈《ジャック》二世」とするなど、今日の基準からすると到底合格に達する訳とは言えまい。

草稿『民約論巻之二』は仏学塾の講義にも用いられただろうし、当時かなりの範囲にその写しが出廻ったと見られるが、その論旨よりも、民約の二字が新鮮な衝撃を与えたのではなかろうか。

文明開化と言うからには、明六社について一言せぬ訳にはいくまい。明六社は、明治六（一八七三）年七月、遣米弁務使を辞めて帰国した森有礼が、かねてからの抱負である欧米式学会の設立について、旧知の洋学者西村茂樹に謀ったことから始まる。

西村は旧幕府開成所の出身者たちを誘った。応じたのは加藤弘之（文部大丞《たいじょう》）、津田真道（陸軍大丞）、西周（陸軍大丞）、福沢諭吉、中村正直、箕作秋坪（三叉学舎）らである。最初の会合は九月一日、森宅で開かれた。

一一月から月二回の定例会合が始まり、その際のスピーチは、明治八年二月から一般に公開されるようになった。折しも高知県より上京して来た植木枝盛が、その熱心な聴衆で、明治八年二月から翌年初頭まで、月二回のスピーチを聴きに、ほとんど毎回のように通っていることは先に述べた。機関紙『明六雑誌』は明治七年四月創刊、明治八年一一月に四三号で終わった。月に二、三号出していた訳だ。毎号三千部を越える売れ行きで、これは当時新聞が出せる部数で、驚くべき売れ行きと言われる。社が世間から認知され評判されたのは、『明六雑誌』の影響による。

明六社の立場は無論、西洋近代思想に基づく啓蒙であったが、会員の大半が官に職を奉ずる者だったから、発言は官とは離れた自主の立場をとるにしても、そこにはおのずから苦渋もあった。それが露呈したのが、明治八年六月、政府が行った「讒謗《ざんぼう》律」公布と「新聞紙条例」の改定を受けての、『明六雑誌』廃刊の論議である。

廃刊は箕作秋坪から提議され、森が反対し、福沢が結論を出した。福沢が言うには、この両法は「我輩学者ノ自由発論ト共ニ両立ス可《べか》ラザルモノナリ、此《この》律令ヲシテ信ニ行ハレシメバ学者ハ俄《にわか》ニ其思想ヲ改革スル歟若《かも》シクバ筆ヲ閣シテ発論ヲ止メザル可ラズ」。明六社は政治団体ではなく、二法の取り締まろうとするところと関知しないという向きもあるが、言論が政治に及ぶのを避けることはできない故にこの二法ある限り、雑誌は廃刊にすべきである。

この論法はいささか奇妙に思える。たとえ『明六雑誌』所収の論文が二法によって処罰されようと、それに抵抗し闘えばいいではないか。処罰されることが明白だから廃刊するというのは敗北主義ではないのか。諭吉は実は政府に対して強烈な面当《つら》てがしたかったのだ。つまり、この二法が無法な言論弾圧だということを明白たらしめるために、廃刊というショッキングな措置に訴えようとしたのであって、真意は政府への抵抗だったのである。言いたいことがあれば、今後雑誌に頼らず、各自の責任で言おうとも書いている。

明六社は雑誌廃刊で解散した訳ではない。だが社会的使命という点では廃刊をもって終えたと言ってよかろう。

諭吉や正直の著作、そして『明六雑誌』所載の諸論文は、文明開化の表看板と言うにふさわしいが、実はそれを上廻《まわ》る大量のいわゆる「開化もの」が出版されている。仮名垣魯文の『西洋道中膝栗毛』（初篇明治三年）、『安愚楽鍋』（明治四年）は有名だが、戯作《げさく》調があまりにも馬鹿馬鹿しくて、紹介する気にもなれない。しかし、『明治文化全集』第二十巻『文明開化』に収められた通俗啓蒙書には、なかなか読ませるものがある。

加藤祐一の『文明開化』（明治六、七年）は、散髪、洋服、靴、帽子等について、新風俗のように思うのは誤りで、日本も昔はみなそうであったと説くところが面白い。チョンマゲ頭になったのは三百年ほど前からのことで、それまでは惣髪《そうはつ》だったと説く。衣服もそうで、二、三百年前には、百姓でも町人職人でも袴《はかま》をはいていた。裁附《たっつけ》や股引ばっちも、外国人がはいているのと同じ様なものだ。「日本も三百年ばかりの前へ立戻ったら、外国人に笑はるる様な風俗ではなかったのじゃ」

頭にも庶民まで烏帽子《えぼし》を冠っていた。近頃冠らぬようになったのは、下賤《げせん》の者に禁じる掟《おきて》が立ったためだ。足は特に「人に対しては隠さねばならぬものじゃ」。今はいている藁沓《わらぐつ》も、もとは靴の形に作ったものであろうに、簡便化してしまったのだ。

このように西洋風の風俗と思われるものが、実は昔の日本にあったと説くのは、何もわが国貴しの自尊心からではなくて、ひたすら西洋風俗への抵抗を和らげようという心意が伺える。

肉食についても、元来それは仏法から起こったことで、わが神代には「山さち海さちといふ事が有て、山さちとは、山で獣をとる事…山で獣をとって何にするものぞ、則《すなわち》皮を剝いで衣服にもし、肉を切って食用にするのじゃ」と言う。

だが加藤の『文明開化』の大半は、神信心の問題に割かれている。彼はまず孤狸が人を化かすとか、幽霊が出るとか、すべて「理」に合わぬ俗信を斥《しりぞ》け、代って神代の巻の説く日本の神々こそ、世界創造の普遍神であり、われわれはその子孫だと言う。筆者の加藤はどういう人物だったのか一切分からぬのだが、この論調では神官の出とも思える。

『文明開化』の重要性は、「今日御出席の御社中方」とあるように、明六社同様の結社があって、その毎月六日の集まりでの連続講演だということである。版元は大阪、初篇の出始めが明治六年。つまり大阪には明六社と同時に「社」があり、公開スピーチに至っては明六社より早く行われていたのである。全国各地の様子も、以《もっ》て察すべきだろう。


明治六（一八七三）年に大阪で出た横河秋涛『開化乃《の》入口』は、開化《ひらけ》文明《ふみあき》という青年が、親友の「横浜の町人」西海英吉を連れて、田舎のわが家を訪れるという趣向で、解題者の言う如く「文明開化の流れが地方へ浸潤して行く有様が窺《うかが》われ」る作品である。

問答は英吉が、文明の父で村の区長の役を勤める遅川愚太郎の、文明開化への反感をことごとく粉砕する恰好で進行する。開化文明と改名している息子の遅川文太郎はほとんど口を開かない。

内容は散髪・洋装がわが国の古俗であったとする点で、加藤祐一の『文明開化』に類するが、「天朝の王政」では能《よ》く開け整っていた制度文物が「武家の政治」となって「出たらめの悪風」になったという具合に、政府の王政復古イデオロギーを手放しに説く所が特徴になっている。

これは当時外国人が、日本人は維新以前の日本を全否定すると、驚きをもって記しているように、その頃の風潮に従ったものであろうが、英吉が愚太郎に何事か説く際に、それは区長の役にあるまじき考えと、いちいち繰り返すところに、著者の立場が端的に示されている。つまり著者は完全に政府の代弁者となっているのだ。この著者の履歴も、播磨国の人というほか全くわからない。

総じて『明治文化全集』第二十巻所収の「開化もの」には、明治初年以来の新政府の廃藩置県に至るまでの様々な開明的措置への弁護・協賛を主調としているが、南橋散史の『明治之光』（明治八年）は、国民の自主・自由を強調する点で異色と言ってよい。

著者名があってもどんな人物なのかわからぬ「開化もの」の通例に反して、著者石井南橋の履歴はわかっている。筑後吉井町の大庄屋に生まれ、広瀬淡窓に学び、一旦《いったん》大蔵省に勤めたがすぐにやめて、いくつかの新聞の雑録記者をした人である。

語るところを門人が筆記したと序文にあるが、「皆様の中には、書生さんも見へ升《ます》が」とか、「今夜は御約束の如く、自主自由の講話に及び升」とあるのでわかるように、これは連続講演会の筆記録なのである。講演すなわちスピーチを公衆に対して行っていたのは、明六社や慶応義塾だけではなかったのだ。

著者はまず「男衆では夜通しの酒盛、女衆では寒稽古の三味線、子供衆では風吹きに凧《たこ》上げ、右の外には何一つ勉強の廉《かど》も見受け尽くし申さず」の現状が恥ずかしいと言う。そして「自由という申《もうす》文字は、今日御互いの心得には、無上第一肝要にして、文明開化の道の羅針《しんはり》」だと振りかぶるのである。

「日本は日本中にて、三千五百万人の催合《よりあい》持ち、天子様でも大臣様でも、勝手に下々の自由を押し付けなされる訳には参らぬ。又《また》人民衆も、是までの様に、びくびくせずとも、肝玉を大くして、遠慮会釈なく自由に存じ寄り申て、太政官と倶稼《ともかせぎ》に働かなくては、日本義務が立たぬぞと、凡《およそ》右の通りの大趣旨」

共に働けというのが太政官の趣旨と、政府の代弁めかすのは他の開化本と同様であるが、これだけ人民の自由を明言したものは他に見ない。

自由と言っても「三度の飲み食ひより、暑寒の衣類、家族の住居と、先つこの三つの自由から始めなくては」とあるのは、福沢諭吉の「一身独立して」の焼き直しであろう。

諭吉といえば彼の戯文調の『かたわむすめ』（明治五年）も、文明開化論議の一環として扱われた。『かたわむすめ』の骨子は、ある富家に女子が生まれたが、眉が生えず歯が黒かった。両親はいたく心痛して、わが子の将来を憂えたが、何の事はない、娘が歳頃になるとすぐ聟《むこ》を取り、眉がなく歯が黒いのは当たり前になってしまった。他の妻君は剃刀《かみそり》で眉を剃《そ》り、ふしの粉でお歯黒をつけねばならぬが、この娘は一切そういう手間が要らぬので、楽なものだったと言うのだ。

諭吉は無論、既婚女性が眉を剃りお歯黒をつける風習を、蕃習《ばんしゅう》として風刺したのであるが、戯作者として名のあった万亭應賀《まんていおうが》は、『当世利口女』を書いて反論した。眉毛は太陽光線から眼を防護する器具だと言うが、「眉なき女巨満あれども、眉無きために眼を日にやかれ盲目となりたる者もなく、眉なきゆえ、眼が痛というものだに聞かざれば、今更西洋の利便に変革する業はあるとも、今まで痛まぬ眼が今より痛もせまじ」。風俗はその国固有のもので合理・不合理で律すべきではない。西洋でも「天の産つけぬ金環を耳にはめて、父母の片身の身体へ疵《きず》をつけ、たとえ耳の輪を取ばとて、疵の痕生涯に癒《なお》ることなし」。

應賀は上総国から江戸へ出て「勾当《こうとう》」（盲人の官のひとつ）となった者の子で、一時常陸国の下妻藩士となったが、結局は松亭金水に入門して戯作者として名を成した。維新後の世相に対する反発によって知られる。

諭吉の『窮理図解』（明治元年）は、「温気《うんき》のこと」「空気のこと」「水のこと」「風のこと」「引力のこと」等々、各章の題目からわかるように、自然現象に関する理化学的啓蒙書であるが、仮名垣魯文はこれをもじって『河童相伝胡瓜遣《かっぱそうでんきゅうりづかい》』（明治五年）という戯作を著した。魯文の「自序」に言うように、諭吉の著述を「仮用し」た「河童の屁」の如き「無用の戯編」にすぎず、低劣読むに堪えぬ代ろ物ではあるけれども、そういうものも取り乱れた、文明開化論の花盛りの様相を思いやることはできる。

文明開化と言えば、当然新聞を逸することは出来ない。西洋には新聞というものがあるとは、幕府使節あるいは留学生として洋行した者は、すぐに気付いたことだろうが、横浜に居住する外国人には、手書きの〝新聞〟を出す者がいて、それに接したという者も少なくない。

明治の代表的な新聞人福地桜痴は長崎の人だが、一五、六歳の頃、オランダ人が長崎奉行に提出する「風説書」を、自分の蘭学の先生が口述で翻訳するのを筆記させられ、オランダカピタンは出島に居ながら、どうして世界情勢を知っているのだろうと疑いを発した。先生は「西洋諸国には新聞紙と唱《とな》へ毎日刊行して自国は勿論《もちろん》他の外国の時事を知らしむる紙あり、甲比舟《カピタン》は其新聞紙を読んで専らその中から重立ちたる事をば斯《かく》は書き記して奉行へ言上いたすなり」と答え、桜痴に座右にあったオランダの古新聞を与えた。

桜痴は万延元（一八六〇）年の遣米使節に同行し、一行の動静を記した米国新聞の翻訳を命じられたが、すこぶる困難を覚えた。文久元（一八六一）年には幕使に従って渡欧、パリで英字新聞に接し、「如何《いかが》なれば新聞記者は斯《かく》も我等の事を詳細に知り得るものなる乎《か》、然《しか》のみならず昨日の事を今朝すでに其《その》紙上に載せたる迅速さよと驚嘆した」。ロンドンへ渡ってから新聞社を訪《と》い、記者たちとも面会して、やっと「其組織の概略を聴得し欣羨《きんせん》の情を起した」。

さて日本での新聞の嚆矢《こうし》と言えば、やはり先に紹介したジョセフ・ヒコの『新聞誌』（のちに『海外新聞』）であるらしい。だがヒコは日本語が出来ず、実質的には岸田吟香の手になることも先述した。吟香は明治名物男の一人とも言うべく、岡山県生まれで、横浜米人医師のヘボンと知り合い、彼の『和英語林集成』の編集・刊行に協力、後述するように新聞人であると同時に、ヘボンから習った目薬「精錡水《せいきすい》」を売り出し、中国まで進出した。画家岸田劉生は彼の息子である。

慶応四（一八六八）年に至ると、俄《にわ》かに新聞発行が相次いだ。二月『中外新聞』、四月『内外新報』、四月『江湖新聞』『もしほ草』『内外新聞』。これらは政府が『太政官日誌』を発行したのに刺激されたものという。

『中外新聞』は柳川春三《しゅんさん》が主宰。柳川は名古屋生まれの洋学者で幕府の開成所教授。加藤弘之、箕作麟祥、外山正一らと「会訳社」を組織、前年には本邦初めての雑誌『西洋雑誌』も出している。蘭学の本家桂川家にもよく顔を出し、今泉みねは「この方がいらっしゃると家中笑いこけてそのおもしろいこと今も忘れられません」と回顧している。明治三（一八七〇）年に若死した。

『もしほ草』は米人ヴァン・リードが横浜で発行した新聞で、岸田吟香が補佐した。居留地で発行されたため政府の取締りを免れ、明治三年まで続いた（全四二編）。

『江湖新聞』は福地桜痴が条野伝平らと計って創刊した。条野伝平は採菊と号し、別名を山々亭有人と称する戯作者である。木版で三、四日ごとに出した。薩長政府は第二の幕府で維新の目的ではないとする立場から、北関東での戦闘を報ずるにも幕軍の肩を持ち、上野の戦いの三日後、五月一八日に桜痴は逮捕された。この時、政府は実に二小隊の兵を出して桜痴宅を囲んだ。二十余日を経て釈放されたが、『江湖新聞』は発行を禁止された。後日これを以《もっ》て、桜痴は筆禍一番槍と誇ることになる。

明治七年一月、板垣退助、後藤象二郎、江藤新平、副島種臣らが『民撰議院設立建白書』を提出

するや、英人ブラックの『日新真事誌』がこれを掲載し、各紙も民撰議院の是非を論じ始め、新聞はいわゆる「政論の時代」に入った。

桜痴は渋沢栄一の紹介で伊藤博文と知り合って大蔵省に奉職し、岩倉使節団にも同行して、「立憲君主制漸進の方向を執らざる可からず」との信念を固めたが、帰朝するや官途を見限って、明治七年末『東京日日新聞』に主筆として入社した。同紙は条野採菊ら、桜痴が先に『江湖新聞』を出した時の仲間が明治五年に創刊したものである。

桜痴が言うには、これが例となって各紙が著名な言論人を主筆として招くようになった。『報知新聞』に栗本鋤雲、藤田茂吉、『朝野新聞』に成島柳北、末広鉄腸といった具合である。

最初の日刊新聞は明治三年に創刊された『横浜毎日新聞』で、神奈川県令井関盛艮の尽力によったといわれ、政府も当初は新聞助成の意向を見せたのである。新聞事業が成立するには、鉛活字を用いる印刷技術、郵便制度確立による情報収集、販売網の整備が必要だったのは言うまでもない。また広告は経営上必須であるが、桜痴によれば初めの頃はわずかに売薬と書籍の二種しかなかったという。

当時の新聞社内の特徴は、記者と探訪が分かれていたことだ。探訪は花柳界初めいろんなところへ往《い》ってネタを取って来る。記者は社内にいてそれを記事にする。ここから「羽織ゴロ」の悪弊も生じた。石井研堂の『明治事物起原』は言う。「新聞紙の発行、追々発達するに従ひ、低級の小《こ》新聞にありては、個人の悪事醜行を摘発するを以て、その本能と為《な》すやに見ゆる者さへ少からず、終《つい》には、原稿を突付けて恐喝し、原稿を金銭に換《か》ゆる悪風を生ぜしも久しきものなり。世人之《これ》を嫌悪すること、蛇蝎《だかつ》の如きに至れるも、故なきに非《あら》ず」

「新聞社ほど面白き商売は無し、人の悪口を言て銭を儲《もう》けるのであるから、是位《これくらい》よい楽しみはあるまい」と世評され、一方では「悪く言はりヨとお前とならば、出ても嬉《うれ》しい新聞紙」と戯《ざ》れ唄された。

明治八（一八七五）年六月、政府は「讒謗律《ざんぼうりつ》」を制定、「新聞紙条例」を改定した。前者は先に述べたような個人のスキャンダル暴露に狂奔する新聞の弊風への歯止めの面もあったろうが、両者併せて激化する新聞の政府批判を抑圧する意図に出たことは明らかである。何しろ大久保独裁体制が出来たばかりで、そもそも大久保は明治二年に、政府の要路にある者以外が公事を論じるのを厳禁せよと上書した男だ。

狭斜の巷《ちまた》の艶冶《えんや》を唄《うた》い、明治の文明開化を諷刺《ふうし》した『柳橋新誌』で名高い漢詩人成島柳北は、もともと将軍つきの奥儒者の家柄だが、幕末は騎兵頭となり、新政府東征の際は抗戦派の一人であった。明治になって東本願寺法主の信頼を得、法主のパリ行きに同行。折からパリに来た岩倉使節団員とも交流した。しかし柳北の評伝を書いた前田愛の言う如《ごと》く、使節が見たのは「要塞《ようさい》と工場のパリ」であり、柳北が見たのは「劇場と美術館のパリ」だった。

帰朝後、柳北は「朝野新聞」主筆となり、「讒謗律」「新聞紙条例」の起草者井上毅と尾崎三郎をからかった。井上三郎と尾崎毅という男がいて、「我輩ノ口舌ヲ箝《かん》ジ、志ヲ抑圧セントセリ。…然《しか》ルニ彼ノ二人ハ今ヤ既ニ死シテ其《その》醜名ヲ一杯ノ土下ニ留メタルノミ」。後に政治小説家として名を揚げる末広鉄腸も、この時「朝野」に移り編集長になったが、すでに「曙新聞」時代に前記二条例を批判して罰されていた。

明治九年二月、ついに柳北・鉄腸は監獄にぶちこまれた。柳北は四カ月、鉄腸は八カ月で、その時の柳北の手記「ごく内《ない》ばなし」が、野崎左文の『私の見た明治文壇』に全文収録されている。

彼は自分と前後して入獄させられた新聞人は二八名にのぼると言い、その名を列挙する。柳北の手記の内容は獄中の不自由のありふれた記述にすぎないが、入獄当初は獄吏が幕府以来の輩《やから》で、となんでもなく厳しく取り締まられたが、途中から警視庁の巡査に変わり、扱いが大変寛《ゆる》やかになったと述べているのは興味深い。たとえ言論弾圧は厳しくても、開化は獄中にも及んで来た訳である。

明治七年はいわゆる小《こ》新聞が出現した年である。その嚆矢《こうし》は『読売新聞』で、『平仮名絵入新聞』『仮名読新聞』と続いた。小新聞とは大《おお》新聞に対する呼称で、紙幅の大小によってその名がついたが、大新聞のように論説を掲げて政治を論じることをせず、市井、花柳界、演劇界のいわゆる「艶《つや》種《だね》」に重きを置き、文章も平易で、特に続き物と称して小説を載せたのが特色である。野崎は大新聞は主人向き、小新聞は細君向きと穿《うが》ったことを言っている。但し『読売』は明治二〇年代になると、尾崎紅葉と幸田露伴を二本立てするような代表的文学新聞に成長した。

続きもの、即ち新聞連載小説の嚆矢は明治一〇年一二月から『仮名読新聞』に連載された久保田彦作の『鳥追阿松海上新話』であるが、さすがにこの毒婦ものを連載するのがはばかられたのか、翌年一月には中絶、あとは合巻本の形式で刊行された。久保田は幕臣の家に養われ、放蕩のあげく劇界にはいり黙阿彌門下になったが、黙阿彌と親しい仮名垣魯文に引き立てられて戯作を試みるに至った。

お松は木挽町采女《うねめ》が原の「非人」とされている。つまり被差別民なのである。母とともに鳥追笠をかぶって軒下で新内節を唄い、生まれつきの美貌で客を誘った。これにひっかかったのが、兵士とて在京中の浜田正司、公金に手をつけ二百金を貢いで処分された。

お松には大阪吉という非人同士のワルがついていて、これと企《たく》んで浅草の呉服屋の番頭忠蔵と密会、そこに大阪吉が乗り込んで刃物で脅迫、番頭に店主から預かっていた三百金のうち百金を吐き出させた。絵に描いたようなツツモタセである。二人はこのあと非人仲間の安次郎宅に泊まったが、これが報賞金に目がくらんで二人を警察に売った。大阪吉は三宅島に流島となり、お松は逃れて行方知れず。

主人の金を使いこんだ忠蔵が榎に首吊りしようとするその瞬間、どこをどう逃れたかお松が現れて、先の出来事は母と大阪吉の企みで私は知らぬ、貴方への想いは変わりませぬ。死んでは詰《つま》らぬ、二人で忠蔵の出身地の大阪へ逃げましょうと口説く。忠蔵もその気になって、二人は東海道を上ることとなる。

しかし忠蔵は駿州蒲原で病みつき、お松は悪漢に計られて逃れんと海へ落ち、船にひろわれて大阪につき、忠蔵の実家を訪ねた折、当地で官途についていた浜田庄司と出会って妾となり、やがて浜田宅で妻妾同居となった。折から釈放された大阪吉が浜田家の下男となり、お松とよりが戻って、二人で本妻の追い出しに成功する。

とにかく、この調子のいい偶然づくめのどたばたはまだ続くのだが、もう紹介はよかろう。お松は結局狂い死するのだが、この小説が受けたのは、クスグリやおふざけでみちた戯文調ではなく、落ち着いた散文で述べられたことによる一種の現実感が、新鮮に感じられたのだろう。

『東京絵入新聞』は明治一〇年八月から九月にかけて『金之助の話説《はなし》』を掲載し、大評判を取った。作者は前田香雪とされるが、文体が全く異なるため前田説は疑問で、結局はわからない。

これは全く単純な話で、東京の道具屋の次男金之助は、小蝶という芸者に入れ揚げ、死のうと覚悟するが、小蝶から大阪で出直せと励まされ、金も与えられて出発したものの、着いた途端に伴に連れた男に金から着物から持ち逃げされる。しかしここでも芸妓から惚《ほ》れられ、一生懸命働いて何とか窮地を脱し、帰京して小蝶と夫婦になるというのだ。

馬追いお松と比べて、何とも素っ気ない話だが、それが却ってよかった。泊り賃をめぐる宿屋とのやりとりなど、全く現実感があり、これ程の現実感を読者はそれまでの戯作から与えられたことがなかったに違いない。実際金之助を真似て大阪へ家出する若者が絶えなかったというから、世間に与えた印象は大きかったのだ。

当時流行ったものに毒婦伝があり、『鳥追阿松海上新話』はそのひとつだが、極めものと言うべきは仮名垣魯文の『高橋阿伝夜叉譚《やしゃものがたり》』であろう。合巻物で初篇は明治一二年二月一三日に出た。お伝が処刑されたのはこの年一月三一日であるから、際物も際物である。

お伝の母からして淫婦悪女で、その悪行から説き起こされるのだから、全篇これでもかこれでもかと淫婦の悪行話。しかしお伝が男を意のままにしたのも、ひたすら寝間のあしらいがよかったからだというのは、何だかいとしい気もする。殺したのはハンセン氏病が重くなった夫を、看護にいや気がさして毒殺したのと、日本橋の古着屋後藤吉蔵を殺して金を取ったのと二件である。

魯文はこれを書くのにしゃれのめした戯文体は一切用いなかった。写実主義はもう曙光《しょこう》を見せていたのだ。

洋服の着用は幕末、軍隊に始まり、明治に至って官吏・学生間に普及したことは言うまでもない。しかし女性の場合は、学生と職業婦人、それに開けた知識人女性以外、家庭の女性は昭和に至るまで和服で通したものだった。

一九〇一年生まれの私の母にしても、夏は家の中でアッパッパと称する簡単なワンピースを着ることはあっても、ほかはずっと和服だった。母の洋装を見たのは一度だけで、敗戦後姉と私は大連日本人引揚対策協議会という所で働いていたが（姉は小学校教員、私は中学生だったが、学校はやめて働いたのである）、最後まで残るという条件で、食料事情の悪さにかなり参っていた両親を早く引揚船に乗せることが出来た。引揚船に乗るのは客としてではない。扱いは難民である。父と家を出る母はズボン姿で靴を履いていた。珍妙で可愛らしかった。

天皇の洋装は早かったが、宮中に及ぶのはかなり遅れたようで、山川菊栄の母千世は、明治八（一八七五）年開校したお茶の水の女子師範学校開校式に臨席した昭憲皇后の模様を次のように伝えている。むろん彼女は一期生として式に連らなっていた。

「皇后の髪はおすべらかし…緋《ひ》ぢりめんのきもの、緋の袴《はかま》」、その「裾からは爪先のとがったハイヒールがのぞいていました」。「馬車からおりた皇后は、とき色のこうもり傘を開き、それをかざしたまま、吸われるように奥へ姿を消しました」。別に雨も降っていなかったのである。

式中、皇后の「顔も、瞳も、まつ毛一本すら動くとみえず、まったく三月のお雛様《ひなさま》そっくり」。職員、生徒も固くなり、満場水を打ったようだった。「たぶん皇后さまご自身もこういう公共の席へ出て晴れがましい役を勤めたことは生れてはじめてだったでしょう」と千世は追懐する。

皇后の十二単《じゅうにひとえ》にハイヒール、しかも家の中で洋傘をかざすのに、生徒たちは吹き出すのをこらえるに苦労したが、千世が後に聞いた話では、皇后や女官たちの方も、長袖の着物に小倉袴という女生徒の異様な恰好に笑いをこらえ、宮中に帰って思いっ切り笑ったそうだ。

皇后は翌年も来校したが、「顔は正面にむけたものでしたが、目だけはあちこちと移され、だいぶ慣れてくつろいで見え」たという。彼女は千世の在校中六度も来校し、明らかに宮中の重苦しい雰囲気から解放されるのをよろこんでいるようだった。

開化の風物として逃がすべからざるは人力車である。私は昭和五年の生まれだから、さすがに熊本市で過ごした少年時代、人力車に乗った覚えはない。もうタクシーの時代で、人力車でやって来るのはお医者様であった。私は多病で草葉町の渡辺医院がかかりつけだったが、その渡辺先生が幌《ほろ》つきの人力車でいらっしゃる。

小学二年に北京に移ったが、中国人の人力車曳《ひ》きを常傭《じょうやと》いしていて、学校へはそれに乗って通った。四年の時大連に移ると、人力車は洋車《ヤンチョ》と言ってやはり中国人が曳くものだった。これには母とよく乗った。大連では中国人に日本語が通じるので、婦人で中国語を憶える者などいなかったが、快走《クワイゾー》（早く走れ）という中国語だけは、母も車夫に対して遣《つか》ったものである。

人力車は日本人の発明なのである。日本人が発明して海外へ普及した珍しい例だ。海外と言っても中国・東南アジアどまりで、いささかうら哀しい発明ではあるけれども。

『明治事物起原』によると、考案者は筑前国の農民の子で、福岡藩士の養子となった和泉要助、むろん当時江戸に住んでいた。ヒントは馬車で、馬を人に替え、函《はこ》の如《ごと》き物に二輪、踏台・日覆をつけ、快走に至らしめるまでは、何度も製《つく》っては壊す苦心があったという。

明治三（一八七〇）年三月には一応のものが完成し、東京府に使用の許可を申請した。この時、高山幸助、鈴木徳次郎（八百屋）を共同出願者としたが、これは出資等の関係があったのかも知れない。府庁は往来の者に迷惑かくべからずと注意した上許可した。人力車という名称はこの許可書の中で初めて用いられたという。

人力車は爆発的に流行し始めたが、その形態が完成するまでには、いろいろ経過があったらしい。流行の程は、発明後わずか二年の明治五年二月には、東京府下の台数が一万千四十輌にのぼったというので知れる。

車夫というものが出現した。一日一朱か五分で車を借りるのである。東海道程ケ谷には「金時」という仇名《あだな》の車夫がいて、一日三六里を走ったというから凄《すさ》まじい。肴町の二〇代の女は台所仕事は夫にさせ、自ら二人乗りを曳いて「疾走男子に譲らず」という。

輸出も早々と始まっている。明治四年には秋葉大助が大阪に輸出専門の店を出し、便船毎に八十輌から百輌を送ったが、注文に応じかねて抽選にしたほどだった。

鉄道駅には当然車夫が群集するが、そのため「構内人力車組合」というものも作られた。外国人が駅を出ると車夫たちが群がる風景は、拙著『逝きし世の面影』で紹介したところだ。

何しろ珍しいものだから、用もないのに乗り廻す人も出る。「本町辺の商家の主人、人力車に乗ることを好み、終日雇切にして、用事もなきに所々方々乗り廻り、市在社寺は云《いう》に及ばず、峻坂険路と雖《いえど》も避《さ》くることなく、朝より夕に至るまで曳き歩かせたり」（明治四年版『新聞雑誌』）。後の自転車の流行の時とそっくりだったという。

九代目市川團十郎は山内容堂の別荘に招かれたが、いざ帰ろうとすると、家扶が「お上《かみ》が珍しいものを下さる」という。「なんだろうと思って夫婦が待っていると、ガラガラと挽《ひ》いて来たのは人力車。珍しいものだなと思って夫婦は有難く乗ったが、乗りつけないものだから妻君は浅草のところまで来ると目をまわして大騒ぎとなった」（『戊辰物語』）。

人力車のゴム輪が大流行になったのは、明治四二（一九〇九）年というから意外に遅い。なお和泉要助は訪ねた人によると、明治二九年七十余歳で現存していたが、見るも哀れな零落振りだったという。

第十三章　岩倉使節団と明治六年政変

私はこの本において、維新以来の政府を中心とする政治史の叙述はしないつもりである。無論、冒頭で紹介したように、いわゆる王政復古以来、政府のリードした目覚ましい変革こそ、維新を人類史上希《まれ》な「革命」とする最近の評価の根拠だった。

このような評価は、米国の史家フランク・ギブニーの、維新をアメリカ独立革命・フランス革命・ロシア革命・中国革命と併せ、近代五代革命のひとつとする主張にも見られる。いやむしろ、一九六〇年代以降のアメリカ由来の近代化論こそ、今日の維新の高い評価につながったのであろう。

だが私の考えでは、第一章で述べたように、このような根底的な変革は、鎖国から万国対峙《たいじ》の世界へ引き出されたことへの対応であって、国民の生存のよりよき形態を求めてのものではなかった。そのような希求は、政府の諸施策に対抗して、下からなされたのであって、私はそれを記述したいのである。

それなのに敢《あ》えて章を設けて、岩倉使節団と明治六年政変を述べるのは、それが板垣退助らの

『民撰議院設立書』の建白に、ひいては自由民権運動に連なるからにほかならない。

いわゆる岩倉使節団の発端は、明治五（一八七二）年が外国条約改正が可能になる年であったから、それ以前に改正交渉を瀬踏みする使節を派遣しようという大隈重信の発議にあった。もちろん大隈は自ら使節に任じ、団員も数名を予定するにすぎなかった。

それが岩倉具視を正使、大久保利通・木戸孝允・伊藤博文・山口尚芳を副使とする四六人に及ぶ大使節団に膨れ上がったのは、大久保の策謀による。大久保は政府内で頭角を顕わしつつある大隈が、この度の使節を率いることによって、さらにその地位を重くするのを怖れた。そこで岩倉を説き、彼を正使として自ら外遊せんと策した。木戸を加えたのは、彼を残しておいては、政府が木戸を首脳とするに至るとの心配からであった。大久保と木戸は性格の違い、薩長の派閥対立もあって、すでにあいはばかる関係にあった。

条約改正については、政府内に調査機関を設けて、即刻の交渉開始は不利であり、三年は延期すべきだとの結論が出ていた。従って、岩倉使節団は条約改正自体を課題とするものではなく、その前提として親善を深めるのが主目的、次いで欧米先進国の制度・文物を視察するのが使命とされた。

しかし、このような大使節団を派遣する理由は至って薄弱だったと言わねばならない。欧米の制度・文物の視察・紹介という点では、福沢諭吉・中村正直を始めとして汎《あまね》く行われており、何も政府の首脳を挙げて外遊する必要はなかった。実際、明治四年七月の廃藩置県に伴う諸改革は、使節団外遊中に、留守政府によって着々と実行され、岩倉・大久保・木戸たちは帰国した時することがなくなっていたのだ。

もともと大隈使節を潰《つぶ》したいという策謀に出たもので、外遊期間も一〇カ月と予定されていたのだから、大久保・岩倉の腹づもりでは、留守政府に主導権を奪われる結果になるなど案じてもいなかった。それが一年一〇カ月、つまり倍以上も留守することになろうとは。

使節団は明治四年一一月一二日、出発した。正使・副使・書記官・理事官併せて四六人、正・副使の随従者一八人、留学生四三人、計一〇七人の大集団である。

書記官は正・副使の事務的補佐が任務で、田辺太一、福地源一郎（桜痴）、川路寛堂、林董《ただす》、渡辺洪基など、理事官は佐々木高行、東久世通禧、山田顕義で、制度・文物の調査を担当した。また大使随行として久米邦武、野村靖、内海忠勝の名が見え、久米は帰朝後有名な『米欧回覧実記』を著すことになる。また留学生としては津田梅子ら五人の女子、岩倉具綱、大久保利和、牧野伸顕、山縣伊三郎など高官の子弟、さらに中江兆民がいた。

この時の政府の構成は、七月八月の太政官制の改革により、正院・右院・左院の三者で構成され、正院は太政大臣、左右大臣、参議より成り、付属事務職とともに最高機関をなす。左院は諸立法を審議するところ、右院は各省の連絡機関であった。太政大臣は三条実美、左大臣欠員、右大臣岩倉具視、参議は西郷隆盛、木戸孝允、大隈重信、板垣退助、左院は議長後藤象二郎、右院は外務卿岩倉、大蔵卿大久保利通、工部省は卿は欠員で大輔が後藤象二郎、兵部省も卿は欠員で大輔が山縣有朋、司法省も卿は欠員、大輔が佐々木高明、文部卿は大木喬任であった。

一見して大久保が正院からはずれているのが目立つが、これは三条はお飾りで実力者が岩倉である以上、参議は薩長土肥の代表四人で、薩の代表は西郷に譲らざるを得ぬとしても、岩倉と結んで大蔵省を握れば十分と考えたのであろう。当時の大蔵省はのちの内務省、農商務省等の権限を併せ持ち、政務の大半をカバーする巨大機関だった。

船中の雰囲気は浮かれたものであったらしい。団員の一人が女子学生に戯れたというので、伊藤が音頭を取って模擬裁判を起こす騒ぎ、それを苦々しく思う者もいた。書記官には外国滞在歴のある幕吏出身者が多く、理事官は彼らから何につけ馬鹿にされ、佐々木高明によれば「維新ノ仇《アダ》ガヘシヲ食ハサレタル景況」だった。食事のマナーについても、洋行経験者から注意があると、わざとスープを音立てて吸いこむ者がいた。肥後出身者でのちには各県の知事を勤めた安場保和は、自分が使う英語の片言が通じないのに腹を立て、ワシントンに着いたばかりで帰国してしまった。

一行は一二月六日サンフランシスコ入港、大陸横断鉄道に乗ってワシントン入りしたのは翌五年一月二一日である。出発以来、一行中には重大事が生じていた。それは大久保・木戸の関係が悪化して、互いに一言も口を利かぬようになったことだ。これは伊藤が木戸と疎隔し、大久保に親しんだのが原因である。伊藤は人も知る木戸の子分だが、今や副使として同格であるのに、木戸から相変わらず子分扱いされるのが不服で、とかく猜疑《さいぎ》心が強く口煩《うるさ》い木戸から離れて、人の話を黙って聴く大久保に親しむに至った。それがもともと性格の合わぬ大久保・木戸の関係を悪化させたのである。

すでに述べたように使節団の任務は、そのうち条約改正の交渉を始めますのでよろしくと挨拶することにあった。ところが訪米以来各地での歓迎ぶりもあって、すぐさま米国と改正交渉を始める方が得策だという意見が強まった。時にワシントンに弁務使として駐在していたのは森有礼であるが、この森が伊藤博文と組んで改正交渉を即時開始するよう、使節たちを説得したのである。佐々木高行の日記は言う。「伊藤副使・森弁務使ナドハ何分飛切論ニテ、立派ニ条約ヲ改正シテ見セル見込アルヲ、大使モ副使モ皆同意トナリタル由ナリ」
森は特異な人物で、いずれもっと詳論してみたいが、「英国種の日本人」と称せられるに至る程、欧米文化の心酔者であった。わが国には凡《およ》そ一九七〇年代頃まで、自身が欧米人であるかのような立場から日本の文物を批判して、優越感をおぼえる知識人の一群がいた。森と馬場辰猪はその先駆である。しかも森の場合、その欧米解釈も一種の独断があり、明治五（一八七二）年四月、大蔵少輔吉田清成が、秩禄《ちつろく》処分のため外債募集にワシントンへ来たるや、力を尽くしてその活動を妨害した。家禄は私有財産で、政府は奪取できないという訳だ。成程理屈ではあるが、家禄を欧米並みの私有財産と見なすところが独断である。国語を英語に変更せよとかねて主張していたのもそのひとつだ。

森・伊藤に乗せられて、使節が米国政府と交渉を開始するや、全権委任状を持っているかという国務長官の一言にぶつかり、大久保利通と伊藤が日本までそれを取りに帰国する騒ぎとなった。両人は三月二四日帰朝して全権委任状を請求、外務卿副島種臣は現時点での交渉開始に反対だったが、結局委任状は交付された。しかし、それは実質上、委任の実を明白にしていない文書だったと言われる。

しかも両人が米国に帰ってみると、留守中の米国政府の対応が、とても不平等条項の改正に応じそうもないものであることが明らかになっていた。しかも、英国からは留学生を代表して尾崎三良が、最恵国条項により下手な改正のもたらす危険を説くために、ワシントンへ来た。木戸孝允は早くも二月一八日の日記に「今此《この》挙動反顧いたし候に、余等伊藤或は森弁務使の粗《ほぼ》外国事情に通ぜしに托《たく》し、忽卒其《そうそつその》言に随《したが》ひ、天皇陛下の勅旨を再三熟慮謹案せざるを悔ゆ。実に余等の一罪也」と記した。

一行は空《むな》しくワシントンを去って英国へ向かい、明治五（一八七二）年七月一四日ロンドンへ着いた。ヴィクトリア女王は例年の如《ごと》くスコットランドの離宮で避暑中で、ここでも一行は漫々と日を過ごし、女王に謁見《えっけん》できたのはようやく一一月五日であった。つまり使節団とは名ばかりで実体は観光団だったのだ。

しかも椿事《ちんじ》が生じた。先に米国滞在中、旧長州藩士・高杉晋作のいとこという南貞助が英国から一行を訪ね、自分が重役を勤めるロンドンのナショナル・エージェンシーに預金を勧めたのである。なにしろ一行はとんでもなく高額の手当を受けていた。

最下級の四等書記官ですら、支度料一八〇両、別段手当七〇両、月手当は一五〇ドルだった。庶民は月に五、六円あれば一家が暮らせた時代である。当然、使節団員のポケットは膨らむ一方だったから、渡りに舟とばかり南の誘いに乗って預金した者が多かった。

ところが一行がロンドンに着くと間もなく、ナショナル・エージェンシーが破産したのである。預金はパーになった。久米邦武は一五〇ポンドを失い、早速狂歌が出来た。「白脛《しらはぎ》を見とれもせぬに百五十磅《ポンド》と堕《おと》した久米の仙人」。これは仙術で飛行中、川で洗濯している女のふくらはぎの白さに見とれて墜落したという久米の仙人の逸話を踏まえたのである。「条約は結びそこない金とられ世間へ対し何と岩倉」というのもあった。

このあと一行はフランス、ベルギー、オランダを経てプロシアへと旅した。プロシアではビスマルク、モルトケの演説を聞き、「万国公法」のきれい事ではなく、力の論理の上に立つ国際関係のきびしさを教えられた。ここで大久保は帰国の途につく。明治六年三月二八日である。問題山積する留守政府の情況に手を焼いた三条実美が、大久保・木戸の帰国を要請したのだ。だが、すでに大久保と対立していた木戸は帰国せず、使節団とともにロシアへ入った。木戸が帰国の途についたのは、ロシアを経て北ドイツに入った四月一六日である。使節団はデンマーク、スウェーデン、スウィス、イタリア、オーストリアを経て、明治六年七月二〇日、マルセイユから帰国の途に就いた。横浜着は九月一三日である。

岩倉使節団は廃藩置県という重大事件の事後処理もせず、結局は観光団化してしまったという酷評もあるが、団員たちが各国の君主や首脳たちと親しく接見したことは、国際社会における一国のリーダーとしての力量・風格を養う上でも、決して軽視できぬことであったろう。アメリカに着いたばかりで帰国した例の安場保和は、大久保の「人品」が変ったことに驚いた。「従前は只《ただ》豪邁沈毅の気象のみ冨んだ人であったが、巡回後はそれに洒落《しゃれ》の風を交へ、加ふるに其識見が大いに増進せるを感じた」と言っている。

一方、留守政府の方は使節団不在中、目ざましい改革を次々とやり遂げていた。明治四年八月にはすでに各身分間の通婚許可、穢多・非人の呼称廃止が決まっていたが、一二月には職業選択の自由、翌五年一〇月には人身売買禁止など、封建的身分制は一掃された。

また明治五年中に、神社仏閣への女人禁制廃止、僧侶の肉食・蓄妻許可、六年二月には切支丹禁制高札の撤廃等、宗教の自由化も進み、五年一一月には徴兵告諭が出され、同年中、士族の秩禄処分も立案された。

五年二月には土地永代売買を解禁、地券を交付して農地に関する近代的所有権を確立したのみならず、六年七月には地租改正を布告した。八月には近代的学制の公布、裁判所の設立、さらには全国郵便制度の確立、新橋—横浜間の鉄道開通（五年九月）、さらに太陽暦採用（五年一一月）と、目まぐるしい改革の連続であり、廃藩置県後に必要な措置はほぼ完了を見ていたのだった。使節団はこのような状況のうちに帰国したのである。留守政府と使節団間には、重大な施策を行う際は協議するという約定も出来ていたが、当時の通信状況では、協議などできるはずもなかった。

留守政府の中心は三条実美・西郷隆盛であるが、実質的にリードしたのは大隈重信である。大隈は江藤新平と並んで佐賀閥を代表し、板垣退助・後藤象二郎の土佐派と組んで、薩長閥と対抗する勢いを示したが、もともと政界に登場した頃は伊藤博文・井上馨と親密で、梁山泊《りょうざんぱく》仲間と称せられたほどであった。

しかし大蔵省を握った井上が権勢を振るい、明治五年度予算において、司法省の要求額九六万円から五一万円へ、文部省要求の二千万円を半額に減額するに及んで、司法卿江藤は抗議の辞表を提出し、井上専横の声が高まった。井上としては、当時の政府収入は旧来の年貢の他なく、税収はほとんど政府役人の俸給に当てられ、文部省の要求する学校設立、司法省の求める裁判所設置などに廻す金はなかったのである。

だが大隈は政府財政全体を見直し、井上の収入見込みは過小であって、調べ直してみたら、学校、裁判所の新設も可能だとしたために、井上とその補佐渋沢栄一は辞職するに至った。

かくて留守政府は筆頭参議西郷を戴《いただ》いて、佐賀派・土佐派の連合政権の観を呈し、長州閥はわずか山縣有朋が陸軍省を握り続けた。しかし、大隈が自伝でしばしば論じたように、西郷は行政において全く「無能」であった。勢い外交・財政の両面に精通する大隈が、実質首相格のような形勢となった。

しかし、大隈と並んで頭角を表したのが江藤新平である。彼は佐賀藩の下級藩士の子で、少年の頃から書物を読むしか念頭になかった。父親は江藤少年を評して、美食粗食を弁ぜず「味覚なきもの如《ごと》く」と言っている。

佐賀藩には大晦日《おおみそか》の日、女中たちが城に入ろうとする者を胴上げしてからかう風習があり、家老であろうが何であろうがまぬかれることはできなかった。その女中たちが、ムッツリ顔で『孟子』を読みながら通り過ぎる江藤青年の、「蓬頭《ほうとう》粗服《そふく》」のすさまじさに手が出ず見過したという（的野半介『江藤南白』）。

当時佐賀藩には尊皇論者枝吉神陽を中心として、「義祭同盟」なる革新派のグループがあり、江藤は副島種臣（神陽の弟）、大木喬任、大隈重信と並んでその一員となった。彼は早くから開国、海外発展論者であったが、一方村落について、村役の執行部を村民の代表が監督するという改良案を考えた。つまり彼は早くから、民の権利が議会によって保証されねばならぬとする考えを持っていたのだ。

もともと佐賀藩は福岡藩と並んで長崎警備の役につき、海外への眼が開かれていたが、当主鍋島閑叟《かんそう》が英主として聞こえ、長崎に英学校を開き、熔鉱爐《ようこうろ》を築き大砲を製造するに至って、幕末動乱期には、薩長土と並んで活躍が期待された。しかし閑叟はすでに健康を害し意欲も衰えて、佐賀藩は中央政局での活動におくれを取ったものの、養成された人材が新政府に登用されるのは必然だった。

彼は政府に入ると、最初は内閣官房たる弁官に入り、いろいろと献策するところがあったが、彼の真骨頂が発揮されたのは司法卿の地位についてからである。廃藩置県後も、県知事は旧藩時同様裁判権を握っていたが、江藤はそれを知事の手から司法省に移し、各県に裁判所を設けた。彼の裁判所についての考えは、従来のように上《かみ》が下《しも》を裁くというのでなく、民が自らの権利を訴え出るところというのであった。つまり彼は政府内で随一の民権についての理解者だったのだ。

しかも彼に活躍の機会を与えたのは、長州閥による汚職事件の続発であった。まず山城屋事件があった。山城屋和助はもとは奇兵隊幹部で、山縣との縁で陸軍省に出入りし、公金六五万円を借り受けるに至ったが、生糸相場で失敗し、渡仏して再起しようとしたが、パリでの豪遊ぶりが本国に聞こえ、召還されて明治五年一一月陸軍省で自殺した。山縣の責任は重大であったが、西郷は徴兵制度実行に当たる山縣を庇《かば》い、やっと責任を免れたのである。山縣は更に、長州出身の陸軍省御用商人三谷三九郎の陸軍省公金三五万円費消事件にも関わっていた。

井上には尾去沢銅山事件があった。村井茂兵衛が経営していた旧盛岡藩の尾去沢銅山について、強引なイチャモンをつけて村井の所有権を取り上げ、井上の知人岡田平蔵にべら棒な安値で払い下げた。しかも岡田は隠れ蓑で、実権は井上の手に帰した。井上は銅山視察の際、同人所有の立札を建てさせたと言う。

江藤は早速この事件の調査に着手し、その結果、井上の私曲はほとんど明らかにされた。いまや井上は告発を待つばかりの形勢となった。

長州閥の今ひとつのスキャンダルは小野組転籍問題である。小野組は三井と並称される京都の豪商であるが、神戸並びに東京へ本籍の移動を府庁に申し出た。これは商取引き上の便宜もあったが、度重なる府庁からの御用金取り立てを免れたいからでもあった。しかし府庁はこれを認めぬばかりか、小野家代表を白州に引き据え断念を強要した。当時の京都府知事は長谷信篤であるが、実権は参事の槇村正直にあった。槇村は長州人で木戸孝允の子分である。

小野家はこの問題を京都裁判所に訴え、裁判所は府庁に対し転籍の手続きをとるよう命じた。府庁はこれを黙殺したので、裁判所は長谷と槇村に罰金を命じた。しかし、両人とも請書を拒んだので、裁判所は遂に両人の逮捕を正院に申請するに至った。

帰国した木戸は以上のような長州人の関わる諸事件を揉み消すために奔走せねばならなかったのである。政府復帰も頑として拒み続けた。

一方、大久保も政府復帰を拒み、関西方面へ湯治に出かけ、在京を避ける有様だった。これには折からの島津久光上京を避けたい気持ちもあったらしい。久光は帯刀、チョン髷《まげ》姿の家臣団を引き連れて上京、西郷は昔に引き戻せというわからず屋がよくも揃《そろ》うたものと嘲笑している。しかし、大久保は自分が西郷と並んで久光の憎悪の的であるのを知悉《ちしつ》しており、久光と顔を合わすのをいとった。

いずれにせよ、大久保・木戸は一年一〇カ月の留守の間に、今更政権にすんなり復帰しようとしても自尊心が許さない状態にあったのである。そこに降って湧いたのが「征韓論争」である。

江戸時代、幕府が将軍代替りごとに、朝鮮・琉球より使節を徴して、擬似的な朝貢体制を気取ったことはよく知られていよう。勿論、朝鮮には朝貢などという意識はなかった。朝鮮は交易・外交を対馬藩と行っているので、その間柄は対等と考えていた。

明治元（一八六八）年一二月、対馬藩は明治新政府の成立を告げる使いを釜山に派遣したが、朝鮮側は文書中「勅《ちょく》」とか「皇上」の文言があり、これは朝鮮を朝貢国扱いするものと疑って受理しなかった。朝鮮は鎖国体制をとり、一八六六年には潜入したフランス宣教師を殺害、フランス艦隊は江華島を攻撃したが撃退された。おなじ年にアメリカの汽船シャーマン号が大同江へ侵入したが、船は焼かれ、乗組員はみな殺しにされた。

朝鮮との国交が進展しないばかりでなく、明治四年一一月、琉球人五四人が台湾に漂着し、現地人に殺害されるという事件が起こった。そこで生じたのが、朝鮮は清の属国なのか、台湾は清の統治下にあるのかという問題である。外務卿副島種臣は明治六年六月渡清し、清国政府から、朝鮮は独立国であり、台湾の原住民は清の統治外にあるという言質を取った。もっとも文書化出来なかったのが傷で、清の大臣の言質などその場次第で当てに出来るものではなかった。

国交を拒む朝鮮の姿勢に対して、これに武力外交をもって対処しようとする「征韓論」は早くから行われた。木戸孝允はその最も早い論者の一人であって、明治二年に大村益次郎と計って征韓策を建てたが、大村の横死によって実現しなかった。

対馬藩が交易のため釜山に設けていた草梁倭館は外務省の所管するところとなっていたが、明治六年五月に至って駐在官吏から、朝鮮政府が交易に圧迫を加え、生活物資の供給も滞り、しかも草梁倭館の門前に、日本を西洋風俗を真似る無法の国とする掲示を張り出したと、外務省に報告があった。

これを受けた正院の閣議では、「陸軍若干、軍艦幾隻」を伴った問責使節を派遣するというものだったが、西郷隆盛は軍隊派遣に反対し、使節は「烏帽子《えぼし》・直垂《ひたたれ》」でなければならず、その任には自分が当たりたいと主張した。外務卿副島はまだ清国から帰国していなかったし、閣議は結論を保留した。

西郷の態度はこのように最初から戦争の危険を回避する平和交渉論であったのに、なぜ西郷が身分・俸禄を喪失した士族の不平を海外戦争にそらそうとしたという「征韓論」の通説が定着したのだろうか。またなぜ、大久保利通が今は外国と紛争を起こすべきではなく、内政専念の時期であると反対して、これを潰《つぶ》したという定説が成り立ったのだろうか。大久保は舌の根も乾かぬうちに討台の師を動かし、江華島事件を惹《ひ》き起こしたではないか。

通説に徹底的に反論し、西郷の意図があくまで平和交渉であり、「征韓論」に破れて下野した事実などないと主張したのは毛利敏彦である（『明治六年政変の研究』一九七八年、『明治六年政変』一九七九年）。毛利の説には学界ではいまだに異論があるようだが、私は彼の周到な論証に従いたい。

西郷を武力征服論者とする説は、彼が板垣退助に書いた二通の手紙を論拠としている。ひとつは副島が清から帰国した二日後の明治六年七月二九日付のもので、副島の帰国を受けて評議はどのようになっただろうか、まだ評議に至らぬなら、会議の日が決まれば「病を侵し罷《まか》り出で候」とあるから、彼はこの頃病床にあったらしい。

そして述べる。「兵隊を先に御遣わし相成り候義は、如何《いか》に御座候《ござそうろう》や。兵隊を御繰り相成り候は、必ず彼方《かなた》より引揚げ申し立て候には相違なく、其の節は此方より引き取らざる旨答え候わん。左候わばは初めよりの御趣旨とは大いに相変し、戦いを醸成候場に相当り申すべきやと愚考仕り候間、断然使節を先に差し立てられ候方宜敷はこれある間敷《まじき》や」（傍点筆者）。

ところが西郷はこの直後、前に書いたことと全く矛盾する行をつけ加える。「左候えば決って彼より暴挙の事は差し見え候に付、討つべき名も慥《たし》かに相立ち候事と存じ奉り候」。そして「何卒私を御遣わし下され候処、伏して願い奉り候」。

八月一四日にも西郷は板垣に書を送り、使節派遣すれば必ず戦う機会となる、西郷を死なせては不憫などと思うてくれるなと書き、さらに同月一七日にも板垣に書を送り、三条実美に向けて、「戦いは二段」になっていて、使節を派遣すれば必ず暴殺されるだろうから、開戦の名義が立つと論じたと知らせている。

一般にはこのような西郷の言動が、彼に征韓の意志があった根拠とされる。しかし、この西郷の理屈は大変おかしい。大使が暴殺されるなんて、誰が決められよう。常識から考えて朝鮮政府が「烏帽子・直垂」の西郷を殺すはずはなく、従って開戦の口実など全く生じないと見るのが常識であろう。たとえ交渉が不調に終わったとしても、西郷が無事にすごすご帰って来るまでのことで、開戦なんてナンセンスでしかありえない。どうしても戦争に持って行きたいのなら、兵を連れて行くのが最善である。それをしてならぬと言う以上、彼の真意は明らかではないか。

西郷はなぜこんな根拠薄弱の使節暴殺論まで吐いて、開戦の可能性を煽《あお》ったのか。毛利敏彦は熱心な征韓論者だった板垣の意を迎えるためだったと言う。当時、副島も自ら遣韓使節に当たらんとしており、西郷は自分が使節に任じられるには板垣の協力を必要とし、そのため征韓の辞を弄《ろう》したのだというのだ。毛利の説には説得力がある。

では西郷はなぜこうも遣韓大使たらんと望んだのだろうか。彼に清やロシアなど、東アジア情勢への関心があったのは言うまでもない。特にロシアの沿海州獲得には敏感であった。彼には朝鮮と結んで、ロシアの脅威に対抗しようとする強い意図があったものと思われる。彼はこれまでの彼の人生がそうであったように、誠の一字で相手に対すれば意は通じると信じていた。朝鮮に利権を得ようというのではない。ロシアの脅威の前に、手を組みたかったのだ。彼は「大義を四海に布《し》かんのみ」と言った横井小楠と同様、国際交流は道義に基づくべきだと考えており、その意味で展開しつつある近代的パワーポリティクスに不適合な人だった。西郷・横井・岡倉天心は「道義」という「東洋の理想」を、西洋の理想と融合させようとした一列の系譜である。

毛利敏彦も言うように、西郷隆盛は事に当たって最初は峻厳な態度を示し、最後は穏便に収める性癖があった。第一に第一次征長の役の際、武力征討して東国辺りに国替えさせよと主張しながら、実際には家老たちの首を差出すだけの寛大な謝罪条件で事を収めた。慶喜討伐の際もそうである。是非切腹せずにはおかないと言いながら、勝海舟との有名な会見で、江戸は平和裡の開城、慶喜は水戸にお預けになった。

庄内藩改めの時もそうで、寛大な降伏条件に感銘した庄内藩士は、引きも切らず鹿児島に退隠した西郷を訪ねた。有名な『西郷南洲言行録』は庄内藩士の筆になるものである。この度の韓国派遣も実現していたら、穏当な結果に終わったことは火を見るより瞭《あきら》かである。

ここで西郷のことを一言しておこう。彼が月照との自決から救われ、南島に流されたのは、幕府の追及から匿《かくま》うためだが、二度目の流刑は島津久光の上京に伴う草莽志士の扱いについて、久光の勘気に触れたことであった。この時すでに彼は朋友も殺され、馬鹿らしき忠義はやめたと言っている。つまり封建家臣国の意識をすっぱりと断ち切ったのである。従って二回目の南島体験は、民の存在の真髄に触れた深刻なものになった。幕末の政局に対応するため、再び登用されて京都で活躍した時も、これは時務を果たしたにすぎず、心は南島に在ったと後年述懐している。

戊辰戦争後、鹿児島へ帰ってしまったのは西郷伝の諸家が謎とするところだが、彼はそもそも最初からその積もりだったのだ。鹿児島での暮らしぶりは犬を連れて山野に出遊する毎日だった。自分もその成立に参画した新政府のあり様については、深く憂うるところあり、明治二（一八六九）年横山安武（森有礼の兄）が、集議院の門前に政府大官の驕奢《きょうしゃ》を罵《ののし》り、征韓論の非を鳴らした意見書を掲げて自裁した時も、安武を表彰する一文を書いた。庄内藩士に与えた一文でも、政府当局者を泥棒と呼んでいる。

一体に西郷は度量広く、寛仁の風ある人物と受け取られているが、実はそうではない。京落ちした七卿の一人東久世通禧は、平野国臣が所司代を斬ろうとか彦根城を抜くなどと壮語するのを、西郷は「ハイ〳〵と宜《よき》加減に挨拶をして」帰していたと言っているが、そういう懐ろの深さとは逆に、人物に対する好悪がはっきりしており、時として過激な言動に出ることがあった。岩倉使節団を乗せた船が出港するのを見送って、「沈没するとよい」と呟《つぶや》いたというし、井上馨に盃を差して、「三井の番頭さん、一杯いかが」とやった話は有名である。

明治三年引き出されて再び政府に連ってからの西郷は、明白に封建制解体の立場を支持した。廃藩置県の場合も、陰で不平を鳴らす藩があれば自分が兵を率いて討伐するという彼の一言が断行の決め手となったし、山縣有朋の徴兵制度推進も、自分の弟子の桐野利秋ら薩派将校の反対を抑えて擁護した。破裂弾中に昼寝しているというのは、この時の彼の感想である。

しかし一方、大官たちが広大な屋敷を構え奢《おご》った生活をするのに耐えられなかった。大久保利通が数十人の自宅使用人を抱えているのも気にいらなかった。朝鮮遣使問題が論議されている頃、板垣退助が西郷を訪うて政府官吏の驕奢ぶりを語ると、西郷の巨体はみるみる怒りに震動し、そのため坐する床も鳴動したという。

また彼は西洋文明の進んだ面を採るのに吝《やぶさ》かではなかったが、政府の建物を堂々と洋風化するような外面の洋化、産業の資本主義化や農地の私有化にも反対だった。鉄道の布設さえ時機尚早としたのである。彼の理想は資本制の反対物たる平等な農村コミューンであり、それを旧士族が武力をもって擁護するところにあったのだ。

この際、政府役人の法外な高給ぶりについて述べておこう。まさに政権を奪った貧しい田舎侍のつかみ取りだったのである。しかも、廃藩置県までは、公卿・士族は従来の俸禄を取りながら、太政官吏としての俸給を受けたのであって、いわば二重取りであり、さらにこれに賞與《しょうよ》録を加えると三重取りしていた。

明治七年の月給を見ると、一等官の参議・卿は六〇〇円、二等官は四〇〇円から三〇〇円、三等官三〇〇円、四等官から七等官までが二八〇円から一〇〇円、以下最低一五等が一二円である。当時の庶民の収入は、一家四、六円であったろう。官営富岡製糸場の一等工女の年給が二五円、月に二円強だった。つまり最低の政府官吏はその六倍、参議・卿に至っては三〇〇倍なのだ。今でいうと五、六千万というべら棒な月給を受けていたのだ。

明治六年八月一七日に開かれた閣議は、西郷の朝鮮使節派遣を議決し、三条実美は天皇に奏上し、天皇は了承しながらも、岩倉具視の帰朝を待ってさらに熟議するよう付け加えたという。岩倉は九月一三日に帰国した。西郷は三条・岩倉に改めて使節派遣を要求し、腹の決まらない三条・岩倉は、問題解決のため大久保の参議就任を強く要望するに至った。

前述したように大久保は大蔵卿であって、参議ではない。帰国してみると、留守中大蔵省を託した井上は失脚し、大隈重信が事務総裁として省を仕切っている。大久保が顔を出す余地はないのだった。大久保は参議就任を断り続けた。ひとつは島津久光の攻撃の矢面に立ちたくない気持ちも強かった。しかし、朝鮮使節派遣が戦争となるのを強く怖れた三条・岩倉は、とうとう大久保を口説き落し、彼は一〇月一二日参議に就任した。

この間、留守中に政府での居所を失ってしまった大久保・木戸の復権を策して駆けずり廻ったのが伊藤博文であった。吉田松陰はこの若き才子のことを「周旋の才あり」と評したが、その才が十分に発揮された訳で、今後伊藤が政府内で大をなし、大久保の後継者に成り上がったのは、この時の周旋による。外遊中悪化していた木戸との関係も、流涕《りゅうてい》しつつ心事を語って修復した。

一〇月一四日、閣議が開かれ、朝鮮使節問題が討議された。大久保は戦費の負担に耐えず、今は内政に意を用いるべきだと遣使に反対したが、これは遣使即戦争の前提に立っており、平和裡の交渉を唱えていた西郷への反論としては、ためにするところと言うべきである。何よりも台湾出兵、江華島事件とその後とった大久保の施策が、この時の彼の主張のそらぞらしさを証明している。一、二年のうちに内政整って外征が可能になったなど、ナンセンスの極みだ。大久保・岩倉の反対論について、その論理の矛盾を鋭く突いたのは江藤新平だった。江藤の論じぶりは常に論理性明確であるから、大久保はやり込められた印象を他に与え、これが彼の江藤への怨恨の原因となった。閣議は結論を翌一五日まで持ちこすことになった。

翌一〇月一五日の閣議に西郷は出席せず、「始末書」を三条宛に提出した。使節は兵を伴わぬ平和交渉のため派遣されるのであり、もし相手が暴挙に及べば、その時は出兵も考えるにしても、最初から暴挙を予想したものであってはならぬという内容で、彼の真意が後に伝えられたような「征韓」とは全く異っていたことの明証である。閣議では反対は大久保のみであり、その大久保も決定には異存なしとしたので、西郷の使節派遣はここに正式に満場一致で閣議決定を見たのである。毛利敏彦はこれをもって、西郷が「征韓論に敗れた」などと言うのは真っ赤な嘘と断じる。

大久保はいやがる自分を無理矢理参議に引き出しておいて、閣議で自分を擁護せず、西郷使節を承認した三条・岩倉に怒り心頭を発し、直ちに参議辞職・位階返上を申し出た。三条はショックを受け、さらに岩倉が大久保に同調するに至るや、どうすればよいか動転した。一方、西郷からは閣議決定を天皇に上奏するように迫られる。三条は心労の余り高熱を発して倒れ、人事不省の有様となった。

このような事態を受けて一策を案じ出したのは伊藤である。岩倉を太政大臣代理とし、閣議決定の天皇上奏の際、岩倉独自の見解を付して閣議を却下させると言うのだ。しかし大久保は伊藤の秘策にそのままは乗らなかった。長州閥に対する警戒心があったからで、彼は腹心の黒田清隆を通じ、同じ薩藩出身の宮内少輔吉井友実を説かせて、岩倉の太政大臣代理実現に動いた。一〇月二〇日、岩倉は太政大臣代理に任命された。

一〇月二二日、西郷・板垣・副島・江藤は一五日の閣議決定を上奏するよう求めた。太政官職制は参議による内閣が決定した事項は太政大臣は即座に上奏すべき規定がある。四参議はこの規定の実行を求めた。

ところが大久保は同日岩倉に書簡を与え、「つらつら往事を回憶《かいおく》すれば、丁卯の冬、御憤発一臂《いっぴ》の御力を以て基本を開かれ、終に今日に至り候ところ、豈図《あにはか》らんや此の如き難をじ」と言っている。丁卯の年というのは慶応三（一八六七）年一二月九日の王政復古クーデタのことを言っているので、つまり大久保は岩倉に二人で作った政府を、板垣、副島、江藤らに乗っ取られようとしているじゃないかと、発破をかけている訳で、ここに彼の西郷使節反対の真意が露呈されていると言うべきだろう。すなわち大久保は使節団で外遊中、留守政府に政権を乗っ取られ、自分が顔出しする余地がなくなっている状況を、朝鮮使節問題にかこつけて、一挙に逆転しようとしたのだった。これこそ「征韓論争」の真相にほかならない。

四参議に対して岩倉は、閣議決定に添えて自分の考えも上奏し、宸断《しんだん》を受けると答えた。このの ち西郷は岩倉と会い、閣議決定はよろしくないという自分の意見を奏上するつもりだとの岩倉の答を聞き、辞職を決意した。岩倉は使節派遣派の参議が天皇に直訴するのを怖れて、宮内卿徳大寺実則に阻止するよう指示している。

「秘策」の実行に参与した黒田清隆は大久保宛書簡で、恩義ある西郷に対して顔向け出来ぬことをしたと恥じたが、大久保は板垣・副島・江藤らを追い落とす際、西郷も巻きこむのも仕方ないと決意していた。西郷・大久保の仲は世に言う長年の友情というようなものではなく、第二回流島の際決定的な罅《ひび》がはいっていたと見るべきである。

西郷に続いて板垣・副島・後藤・江藤も参議を辞任し、替りに名実共に大久保・岩倉政権が発足。大隈・大木は大久保政権に在留した。頭角を現わしたのは伊藤で、参議兼工部卿となった。この政変は太政官制に規定された政府運営を無視したクーデタそのものだった。そしてその受益者は、再び政権中枢に返り咲いた大久保のみならず、毛利敏彦の言うように、井上馨の尾去沢鉱山事件、槙村正直の処罰問題を免れた長州派であった。

西郷は辞職後すぐ鹿児島へ帰ったが、板垣・後藤・副島・江藤は明治七年一月、人民の権利と自由を謳《うた》った愛国公党を組織、同月一七日「民撰議院設立建白書」を左院に提出した。これは自由民権運動の発端となる事柄だから、その反応も含めて後述したい。

江藤は一月一三日に離京し、二月末佐賀へ入った。彼の帰郷に際して、板垣、大隈らはその危険を説いたが、江藤は肯《がえん》じなかった。当時佐賀には憂国党、征韓党の士族結社があり、しきりに反政府の気焔《きえん》を上げていた。江藤は征韓党の首領、憂国党の指導者は島義勇であった。

通説では佐賀の反乱は二月四日、反政府の士族が小野組の預る官金を略奪したことから始まったとされる。大久保は軍令、司法の広大な特別権限を与えられ、即座に兵を率いて鎮圧に乗り出した。しかし、小野組の官金が略奪されたというのは全くの誤認で、当の小野組は官金は県に預けて無事と報じているのである。この事実を明らかにしたのは毛利敏彦で、彼は『佐賀戦争、百三十年目の真実』で、通説を完膚なきまでに打破した。

大久保はすでに一月二八日、佐賀県の権令に岩村高俊を任命していた。岩村は長岡戦争の際、家老河井継之助の提案を拒否して戦争を引き起こしたことで有名な人物で、木戸孝允があいうキョロマを派遣してはと気遣うと、大久保はキョロマだから適任だと答えたという。大久保は岩村に熊本鎮台の兵を率いて佐賀へ赴かせた。佐賀の反政府党はまだ反乱を起こしてはいなかった。岩村が兵を率いて佐賀城にはいり、江藤・島らを呼び出したことによって戦争となったのである。戦争は全く大久保の挑発によるものだった。

敗れた江藤は鹿児島に逃れ、西郷に会ったが、これは西郷としても庇《かば》いようはなかったろう。江藤はさらに四国へ逃れ、土佐・阿波の国境で捕らえられた。裁判は四月八・九日、形式だけ行われた。弁護も上訴もない軍事裁判で、結論はそれ以前に既にきまっていた。江藤は斬首・梟首《きょうしゅ》。この梟首というのは一年前に実施された改定律令には存在せず、廃止された旧法の最高刑である。すでに廃止された刑を適用したのだから無茶苦茶と評するしかない。それほど大久保の江藤への憎悪は深かったのだ。大久保は「江藤醜躰笑止なり」と日記に記した。江藤が取調書に判を捺さなかったのを言うのであろう。しかし、醜体をさらしたのは大久保自身と言うべきである。

大久保の江藤への憎悪はどこから生じたのだろうか。一〇月一四日の閣議で、江藤から朝鮮遣使反対の論拠を逐条論破されたのは確かに屈辱であったろう。だが根本的には、この男を生かして置いては、大久保が樹立を期する絶対主義的政治体制の、最大の敵対者となるという直覚ではなかったか。

第十四章　立身出世

立身出世とは文字通り解せば、身を立て世に出ることであって、いつの世にも人の目指したところである。江戸時代においても、小僧は番頭に、番頭は独立して店主になりたかったのだし、百姓は御家人株を買って幕臣となった。

だが明治初期に流行語となった立身出世とは、やはり特殊の意味合いがあって、一個の人格として生まれた以上、自分の個性を最大限に伸ばし、自分の名が世に知られるようになりたいということで、言うなればクラーク博士の言の野望（アンビシャス）そのものであった。そして、野望は福沢諭吉の論じる如く、学問を身につけることで達成されるのである。

こういう立身出世意識は、明治初期に始まり、戦前昭和の少年雑誌にまでみられたところで、例えば私は小学五年生の時（昭和一六年）、将来の志望を述べるよう教師から求められた。こういう場合、少年たちの答えは決まっていて、総理大臣、陸海軍大将というのが普通だった。私は変わり者だったので、答えは「航空機設計者」。つまり世界一の戦闘機を設計してやろうと思っていたのである。

明治初期の立身出世といえば、政府の役人になるのが早道と考えられる。しかし、農家出身で政府役人となり、これまで何度か名の出た尾崎三良《さぶろう》の場合を見ると、立身出世などという贅沢な考えから役人になったのではなく、何とか喰わんとした成り行きが、たまたま役人にたどりついたのだということがよくわかる。

これまでに、当時の「家庭」というものが、今日のように両親の下に三、四人の同父母兄妹がいるといったものではなく、両親ともに離婚歴があり、兄妹といっても片親の子でなかったり、養子であったり、複雑なものだったことをさんざん述べてきたが、三良の家も例外ではない。

天保一三（一八四二）年三良が生まれた家は、山城国西院村の代々村長を出す農家だった。父の後妻の子で、兄弟四人、姉妹三人がいた。父が嘉永四（一八五一）年に死んだあと、先妻の子盛栄が家を継いだ。次男は他家の養子となり、三男三良の下に二人の弟が生まれたが、いずれも夭折《ようせつ》。姉二人は嫁して家を出、妾腹の妹が一人いた。父が死んだあと、家を継いだ盛栄は三良を使用人のように酷使するに至った。本を読もうとすると、学者が金持ちになったためしはないと取り上げる。

三良は一一歳の時、京都の商人の養子となったが養母に忌まれ、ひと月余りで離縁。高槻にある姉の婚家を頼ったが、ここも長続きせず、京都に戻って、京都の比丘尼《びくに》御所の玄関番となった。ここに在ること二年余、今度は西本願寺の従臣の養子となったものの、養父母とうまく行かず離縁、この時一六歳だった。

彼の身が一応落ち着いたのは、一七歳にして烏丸大納言家に勤仕するに至ってからだ。しかし年間給与は三両、暮らしはきびしかった。何よりも彼は学問がしたかったのに、夜は燈の油さえ乏しかった。かくて三年を経、彼は藤堂藩の斎藤拙堂に学ぶ決心をして伊勢国津へ旅立った。これは彼にとって、束の間の立志と言ってよかった。文久元（一八六一）年七月より九月まで、津に在って入門の許可を待ったが得られず、その間旅費は費《つか》い果たし、飲まず食わず、全身シラミにたかられて帰京する羽目となった。

帰京して仕えたのは冷泉家である。在ること半年、縁あって三条家の家臣の養子となった。時に二一歳。折から文久二年一〇月、三条実美は攘夷催促のため江戸へ使し、三良もこれに従った。翌年実美は薩会に追い落されて長州へ落ちる。いわゆる七卿落ちで、三良もこれに従い、次第に実美の股肱たるに至るのである。

鳥羽・伏見の一戦により新政府成立するや、実美の世子公恭《きんあや》の伴として慶応四（一八六八）年三月、英国留学に出発、ロンドン滞在中、岩倉使節団が条約改正をワシントンで行おうとしていることを知り、その危険を告げに渡米したことは先に記した。木戸との縁はその時に出来た。明治六（一八七三）年帰国して、内務省の制度取調御用役となったのはその縁による。

以上長々と尾崎三良の履歴を述べたのは、彼の青春が全くその日喰わんがために過され、立身出世などは贅沢な夢に過ぎず、政府への就職も成り行きであったのを示すためである。明治初期に青年の間に湧き起こった立身出世欲は、新時代が拓《ひら》けつつあるという明るい展望に即した新しい野望なのだった。

それを示すには、徳冨蘆花の『思出の記』（明治三四年）という小説に拠《よ》るのが最も便利だろう。この小説は表題とは違って、蘆花自身の青春を叙したものではない。小説では主人公は菊池の出身となっているが、菊池は蘆花の妻愛子の出身地であり、彼自身と兄蘇峰は水俣の大庄屋徳富一敬（淇水）の子弟だった。この小説は自分や兄の経歴の一部を利用しつつも、決して自伝ではなく、当時の立身出世欲に燃える一青年像を描いたフィクションなのである。

蘆花の母は久子といって、熊本県上益城《かみましき》郡津森村杉堂の矢島家の四女である。矢島家も大庄屋で、久子の兄で当主の直方《なおかた》が、徳富家の当主一敬と横井小楠門下の相弟子であるところから、久子が一敬に嫁いだのである。この矢島家の姉妹は多彩で、三女がこれも小楠門下の竹崎茶堂に嫁ぎ、熊本女学校を起こした順子、五女が小楠の後妻となった津世子、六女がキリスト教婦人矯風会で名高い楫《かじ》子である。

『思出の記』の主人公の伯父のモデルは矢島直方だと言われる。中野好夫の『蘆花徳冨健次郎』によると、小楠門下中、最も有望視され、明治新政府の太政官左院の議員に挙げられたりしたが、「性狷介《けんかい》、ことごとに上司と衝突ばかりした揚句《あげく》、早く辞官して故郷に隠退、空《むな》しく逸材を埋もれさせ、明治十八年には六十三歳で死んでいる。甥蘇峰の譚《たん》を借りれば、『英雄ではないが、先づ半熟の英雄と云ふべきであらう』とある」。

また、主人公が学ぶ西山塾も、兄蘇峰が学んだ兼坂止水の漢学塾を模したことが明らかである。にもかかわらず、『思出の記』は蘆花自身の「思い出」ではなく、当時の青年にとって立身出世が持っていた意味を明瞭に浮き立たせた普遍的な物語なのだ。ディケンズの『デイヴィッド・コパフィールド』をお手本にしたというのも、なるほどとうなずける。

『思出の記』の主人公菊池慎太郎は、「妻籠」の里随一の豪家と言われる造酒家の一人息子として、何不自由なく育ったが、一一歳の時家業は破産して、家屋敷も人手に渡り、失意の父も死んで、母子二人の貧しい暮らしに突き落とされた。

この妻籠というのが自然描写からして、蘆花の妻愛子の里、熊本県菊池郡隈府《わいふ》（現菊池市）を指すことは明らかである。ただし蘆花はこの小説執筆時点、まだ隈府を訪れたことはない。蘆花の生家は熊本県芦北郡水俣（現水俣市）で、家は造酒家などではない。幼時家が破産したこともない。すべてフィクションで、ただ主人公の生地として妻愛子のそれを利用しただけである。

慎太郎は下層の子と遊ぶようになり、小学校の成績も低下する。母は子を父の墓前に連れ出し、短刀を突きつけて改心を迫る。慎太郎は必ず家を復興することを誓うが、これはまだ立身出世の野望ではない。一人息子の家に対する責任を自覚させられただけの話だ。

母子は明治一二（一八七九）年、熊本城下町西郊に住む母の姉の夫野田大作の家に寄寓することになる。野田大作のモデルは、蘆花の母久子の兄矢島直方である。「藩中第一の人物たる某先生」（むろん小楠）門下の俊秀と言われたが、中央政府に出仕し、上官と衝突して辞職隠棲という筋書。慎太郎は中西西山先生の塾にはいった。

西山のモデルは兼坂止水で、ここに学んだのは蘆花ではなく兄の蘇峰で、蘆花は兄の経験を借りたのである。兼坂止水は漢学者であり、教育も漢学を出ることはなかったが、「帰農したばかりでなく、極めて平民主義を実行し」、「予は先生によって、自治といふこと、平民主義といふことを教えられた」と蘇峰は言っている。

蘆花の西山塾描写には、こういう特色も描かれてはいるが、漢学塾一般の生活が娯《たの》しみの兎《うさぎ》狩りなど含め万遍《まんべん》なく書きこまれている。このように、主人公の特殊な体験を叙述するのではなく、漢学塾なり洋学校なり、言葉が連想させるような一般的様相を網羅するのは蘆花の作風で、この点ディケンズに学んだとは言え、彼の個性ある描写にははるかに及ばぬ説明に堕していると言ってよい。これは彼の文学全体に及ぶ弱点であり、また一般受けのする所以《ゆえん》でもあった。

主人公は西山塾で松村という親友を得、彼の郷里を二人して訪ねる。その郷里というのが、地名は出してないものの明らかに水俣なのである。松村には可愛い妹がいた。

主人公は西山塾を去って育英学舎に入る。これは熊本実学党が設立した共立学舎がモデルである。ここで彼は教師駒井哲太郎に出会い、深い影響を受ける。この駒井は馬場辰猪、あるいは池辺三山をモデルにしているが、両者とも共立学舎で教えたことはない。

しかし、やがて駒井は学校を去り、彼の影響で政治小説を読みふけり、エパミノンダスやラファイエット、ローラン夫人、パトリック・ヘンリーに憧れ、「吾に自由を与えよ。然《しか》らずんば死を与へよ」などと口づさむようになった慎太郎は、東京に出て学んでいた松村の誘いに乗って上京を決意する。その時の伯父野田から「志…目的は、如何《どう》する積《つも》りかの」と訊《き》かれての答え、「僕の目的は政治家、修むる所は政治学である」こそ、まさに当時の立身出世の理念型を示すものだろう。

慎太郎は書籍などを売り払ったわずかな金を懐《ふところ》ろに、母・伯父に書き置きして学舎の寄宿舎を出た。別府まで徒歩で旅し、そこから船で東上の積りだ。ところが別府で、旅館に預けたなけなしの金を、慣れ慣れしく近づいて来た男に詐取され、仕方なく高知県にいる駒井先生を訪ねるため宇和島に渡ることになる。

その宇和島では、土佐を目指す降雪中の旅で気を失って倒れ、助けてくれた金貸しの家で働く羽目になるが、英語が出来ることを県会議員兼頭《けんとう》一道に知られ、その尽力で英学校を開くことになった。やがて身も落ちついて母へ詫《わ》びの手紙を書くと、早速返事が来て文面にこうあった。「母が世の中の望と申ては只々《ただ》其許《そこもと》の立身出世これ一つに候へば」云々。

兼頭氏の縁で慎太郎は神戸の関西学院に進学することになった。むろん、蘆花が学んだのは京都の同志社であるが、その時の体験が関西学院という架空のミッション・スクールに移されているのである。と言っても、慎太郎の学院生活は、蘆花自身の同志社での体験とほとんど関係なく、ミッションスクールでは一般に学生はこういう出来事に出会うであろうと言った、いわば典型的な叙述にとどまっている。これは西山塾、育英学舎の場合と同様である。

ただ、いわゆる立身出世概念には、それなりの深化がみられる。それは単に有力な社会的地位に就き、名を挙げるという通俗的なそれではなく、内面的な精神の自覚・成長の過程に昇華されるのである。兼頭一道の息子で、慎太郎の親友たる道太郎が、慎太郎と二人比叡山に登り、落雷に搏《う》たれて道太郎が死ぬ出来事が設定されたのは、浮薄な立身出世概念を打ち砕く、人生の真相の発露としてであろう。

慎太郎はすでにキリスト教の洗礼を受けていた。「此《この》新しい光で見れば、昔僕が眺めくして居た目的の青雲も実は浮雲の果敢なきよりも果敢なく、名誉の光、黄金の花、学位、勲章、地位、勢力、所謂《いわゆる》富貴利達なるものも、子供の玩弄《おもちゃ》の線香花火より空しく思はれ」る。

菅という変わり者の教師が慎太郎に説く。「人間の第一職分は、自家の天職を探究するのが第一で、其天職を何處《どこ》までも遂行するのが第二の本分である」。菅は慎太郎の天分は文学者たることにあると言うのだ。

萱はやがて学校から逐《お》われて上京。慎太郎も萱のあとを追って上京、新聞の配達人となり、在京の駒井先生の家に出入りし、帝国大学に入って卒業し、松村の妹と愛し合うようになる経過については、最早《もはや》詳述するまでもあるまい。私たちは立身出世概念が深化する過程の一例をこの小説によって知ればよいのである。

蘇峰は蘆花より五歳年上である。しかし長子であるから特別に大切にされ、自分では蘆花のことを弟というより子か甥っ子のように思っていた。五歳ではなく一五歳位の差に感じていたのだ。後に彼は弟から何度も絶交を喰らわされる羽目になるが、これは何も彼が弟を憎んだり苛《いじ》めたりしたからではなく、兄だけ大事にされて自分は冷遇されているという、弟のひがみから来たことだった。蘇峰自身、弟に対して自分が悪かったとすれば、彼の才能に気づかず、彼に対して敬意を欠いていたことにあると、卒直に認めている。

蘇峰が長子として尊重されたのは、家の後嗣を特別に遇する地方名望家の慣習によるが、ひとつは母久子が四人まで女子を産み、諦めかけたところに産まれた男子だったからである。一説によると、実家矢島家へ帰っていた久子の許に、夫一敬の弟江口高廉が離縁状を持って訪れたところ、男子が産まれていたので、懐中の離縁状も取り出し様がなかったという(早川喜代次『徳富蘇峰』)。

徳富一家は明治三年、熊本市に移住した。というのは同年、熊本藩庁が改革され、知事細川韶邦は引退、弟護久が知事、さらに末弟護美がこれを助けることになった。護久・護美は小楠に影響されており、実学党の竹崎茶堂、徳富一敬が要職を占めたのである。蘆花は熊本には維新は明治三年に来たと言い、藩庁の布告の一節に、百姓の苦労に「われ深く恥ぢ思ふ」の一句があったと述べる。この布告の筆者は一敬であった。

熊本へ出た蘇峰は、いろんな学塾に学ぶが、兼坂止水の西山塾はそのひとつである。ここで平民主義を学んだというのは蘇峰自身の言である。彼は藩が建てたジェーンズの洋学校に入り、有名な花岡山での「奉教の誓い」に参加したが、これは先輩たちに追随したまでで、彼自身「奉教」の自覚などなかった。

彼は当時すでに、新聞記者になろうという志望を抱いていたのである。当時熊本ではいくつかの新聞が創刊されていた。花岡山奉教事件は、それに参加した子弟の家々で大問題になり、結局蘇峰は洋学校を退いて上京した。東京英語学校に入学したものの面白くなく、洋学校時代の先輩が大挙入学していた京都の同志社に移った。横浜から船に乗る時、写真屋で当時の有名人を取り揃えた写真を購《か》い、「せめて他日は、其中に伍《ご》する様になりたいものと考えた」。すなわちこれが数え歳十四のときの「立志」である。

同志社へは弟も入学させた。校長新島襄の人格には心服したが、学校の雰囲気、講義内容には不満だらけで、結局新島にそむく形で退学した。しかし新島からは「人間は大なる目的の為に生活するものであり、人間の価値は奉仕する心の純潔と熱誠とに依って定まる」ことを教えられた。

蘇峰が同志社を去って再び上京したのは明治一三年五月、一一月には熊本へ帰った。その間名士訪問も試みたが、最も会いたかった福地桜痴には遂《つい》に会ってもらえなかった。もちろん福地は彼がなりたかった新聞記者の代表的存在である。彼は自伝で新聞記者たらんとす志は、熊本にいた頃からあり、同志社在学中の明治一〇年初めには確立していたと言っている。そして記者たらんとするのは、それが世の中を望ましい方へ導く捷径《しょうけい》だと信じたからだった。

明治一五年三月には、自宅で大江義塾を開いた。二十歳であった。義塾は繁昌し県外からも留学生が来るようになった。しかし蘇峰は、地方の私塾の主宰者たるに甘んずる者ではない。あくまで東京へ打って出る準備期間であり、この夏には上京して板垣退助など名士に会っている。

当時熊本には幕末来の学校党（藩主流派）、実学党（小楠派）、相愛社（勤皇党より分派せる民権派）の三党派あり、明治一〇年戦争には学校党は池辺吉十郎に率いられ、熊本隊を結成して参戦、相愛社も宮崎八郎に率いられ協同隊を名乗って参戦、蘇峰の父たる一敬ら実学党は政府側についた。

戦後、学校党は佐々友房に率いられ同心学舎を設立（のちの済々黌）、実学党は共立学舎を設けたが振るわず、蘇峰が大江義塾を設けるに至って、同心学舎と対抗し得るに至った。両校の学生にはお互い敵愾心《てきがいしん》があり、同心学舎の学生はしばしば大江義塾を襲撃し、石合戦が戦われたと言う。

一方相愛社は一〇年戦争で指導者宮崎八郎を失いはしたものの、山田武甫、高田露、宗像政ら錚々たる人物を抱えていた。この一派は元来、指導者八郎の家が、官は泥棒の異名、謀反は正義と教えるような家柄であって、彼らが創った植木学校は、ルソーの民約論を講ずる一方、戦闘での負傷者の手当てを教える「一種奇怪の学校」（松山守善）であった。

八郎の弟滔天は大江義塾に学び、初めは校内に漲《みなぎ》る自由民権の気風に感動したが、そのうち蘇峰も学生たちも、世のため国民のためと称しながら、実は自分の出世を計るものではないかとの疑いを生じ、やがて義塾を去ることになる。

蘇峰は東京へ打って出るために、まずパンフレットを出版、これが『東京経済雑誌』を主宰する田口卯吉（鼎軒）の目にとまった。次いで明治一九年『将来之日本』を田口の経済雑誌社から出版、これが世評を得たことによって、徳富家一家を挙げて上京したのが同年の一二月であった。

『将来之日本』はまず「腕力世界」と題して一九世紀が武力抗争の時代であったことを詳論し、転じて「平和世界」と題して、武力抗争の結果の悲惨に対して、平和な産業振興・貿易による富国主義がいかに民衆に幸福をもたらすかを説いて、日本の取るべき進路をコブデン・ブライト流の自由貿易による繁栄と主張するものであった。相愛社流の武力反乱志向の厳しい拒否も、その主張の一部である。

出京した蘇峰が民友社を設立、雑誌『国民之友』、次いで『国民新聞』を創刊して、ジャーナリズム世界を制覇する勢いを示したことは周知の如くである。つまり、新聞記者となり時流を導こうという彼の立志はみごと実現したのであるが、やがて彼は言論人としてではなく、政界そのものの黒幕として政治を動かそうとするに至り、手痛い蹉跌《さてつ》を蒙《こうむ》るに至る。

後藤新平は安政四（一八五七）年、陸中国胆沢の水沢の町に生まれた。蘇峰より六歳年上だ。父は水沢藩の小姓頭で家臣中で上級に属した。水沢は伊達氏の一門留守《るす》家の所領だった（一万六千石）。この小藩から高野長英、箕作省吾、後藤新平、斎藤実を出したことを、『正伝後藤新平』の著者鶴見祐輔は「人をして奇異の感を抱かしむる」と言っている。

八歳の頃から漢学塾に通い、学業は群を抜いていたが、腕白で気骨が高く、十一歳にして奥小姓として君側に仕えた際は、挙動粗暴というので、よく主君から叱られた。

維新に至って、水沢藩主も削封され、家臣は北海道移住か帰農かの二途に立たされたが、後藤家は平民の地位にくだるのを選んだ。新平は後日、士籍を喪った時ほど辛いと感じたことはなかったと回想している。明治二年には藩校立生館生となり、四年まで学んだ。

水沢は胆沢県の県庁所在地となり、大参事として安場保和《やすかず》、小参事として野田豁通《ひろみち》が着任した。二人とも肥後人であり、柴五郎の世話をした人として先に触れた。

新平は安場家の書生となり、さらに安場の部下の阿川光裕に預けられた。その際安場は、この子は将来参議にもなるべき素質の少年だと阿川に言ったといわれる。阿川は安井息軒門下で、新平の向学心を培うに足る人物だった。前述したように、明治三年七月、横山安武が集議院に上書・自決したが、新平はこの事件に感動し、横山の建白書を写し取って懐中していた。

新平は何とかして上京したかった。折から安場に代わって胆沢県大参事に赴任した嘉悦氏房（肥後人）が、官用で上京することになり、新平は彼に従い、明治四年二月憧れの東京へ出た。東京では太政官小吏荘村省三の家に書生として住み込んだ。荘村がジョセフ・ヒコの新聞の数少ない定期読者だったことは先に述べた。

だがひと月ばかりで荘村家を飛び出した新平は、野田と相談の結果、ひとまず帰郷することになった。かくして明治五年春から六年五月に至る一年余、彼は悶々として郷里で過ごしたが、当時福島県庁に転じていた阿川から、福島県病院医学所を設立したから、来学しないか、その志あれば学資を給するという手紙が来た。新平は医者という「小技」に一生従事する気はなかったが、学資が出るというのに断る途はない。須賀川の阿川の官舎に着いたのは明治六年五月一六日だった。

だが須賀川の医学校は不整備で、授業は訳書に拠《よ》っていた。新平は阿川と相談の末、本格的に西洋医学を学ぶには原書に拠るべきであり、そのためにはまず福島洋学校に入って英語を学び、東京大学東校で医学を学ぶがよかろうということになった。

福島洋学校は福島小学第一校の付属校で、その別科と称していた。新平は阿川から月三円を給されたが、その額では暮らすのがやっとで、彼の破れ袴《はかま》に歯の磨《す》り減った下駄という異様な姿は評判になった。しかし当時の彼の愛読書は、初志を守り抜いた者こそ成功すると説いた、かの『西国立志編』であった。彼は二冊購《か》い、一冊は弟に贈った。長谷川如是閑によれば、『西国立志編』は福沢諭吉の「『西洋事情』がアウト・オブ・デートになった後までも長く行われていた」。

新平は一時数学の面白さに捕まって、阿川の不興を買ったりしたが、結局須賀川の医学校へ進学した。それにしても、安場や阿川が赴任先の有為の少年を育成しようとした熱意には驚かされる。新平にはそれだけの才能が輝いていたということでもあろう。

須賀川病院は東京以北では有数の大病院であった。明治四年町民の熱意で白河県の県立病院として設立されたが、白河県が福島県に合併されるに至って、私立となり存続も危ぶまれた。それを救ったのが、明治五年県令として来任した安場保和であった。彼は県立に復するとともに病院を拡大新築し、明治六年四月開院式を挙げた。新平が病院付属の医学所に入学したのは翌七年二月である。

鶴見の『正伝』は言う。「彼のぜんぜん予期せざりし新刺激が、突如としてその眼前に展開した。それは「科学」というものであった。彼は医学校において初めて物理学・化学・解剖学・生理学というような、近代科学の諸部門にぶつかって、全人の血の踊るがごとき感激を覚えた」

彼は非常な勢いで勉強に集中し、学級もトントン拍子で上級に移った。その一方、阿川から給せられる学資は月に二円内外にすぎず、服装の粗末は町の評判となるほどだった。須賀川は一本の本通りを中心とした街だが、妓楼《ぎろう》が立ち並ぶその本通りを、破れ袴に片足は下駄、片足は草履という異装で、昂然《こうぜん》と頭を抬《もた》げて散歩する。彼は人目を惹《ひ》くような美男であったので、異装が特に目立つ。妓楼の女たちは二階からわいわい騒いだ。「下駄はちんばで着物はボロよ心にしきの書生さん」という唄まで出来たという。

この頃の彼の心境を尽くしているのは、明治八年一月の父宛の書簡である。いわく「天下の書生挙《あげ》て各自英雄豪傑にならんと、一身投没奮発の場合に候えば、中々区々然として辺僻《へんぺき》の土地に送光候位《ぐらい》にては、未々人の沓《くつ》を取り候外《ほか》、他事なき事に候。故に英断果決を以て奮励する人は、即ち英雄となり、容易の奮発家は容易の人となる外、他事なく候」。

明治八年七月、阿川は大蔵省紙幣寮へ転任となり、新平もこれを頼って上京する所存だったが、ちょうどその時、医学校寄宿舎の副舎長に抜擢《ばってき》され、月三円給与されることになった。翌年には舎長に昇進、給与も八円に上った。このとき彼はわずか二十歳。

新平には見習い医師として技倆《ぎりょう》を発揮した逸話が数々あったが、須賀川医学校で学んだのは二年半、これが彼が受けた高等教育の全てだった。これは同時に彼の青春でもあったのだが、美男ゆえ彼に思いを掛ける女性も少なくなかったのに、一切反応することはなかった。当時の若者の習いである遊郭登楼も一度もしたことがなかったと伝わる。

明治九年八月、彼は招かれて名古屋の愛知県病院に就職した。名古屋県庁には安場保和が県令として、阿川光裕は十一等出仕として来任していた。彼が他の病院が二十五円出すというのを蹴って、月給わずか十円の愛知県病院を最初の職場に選んだのは、このことにも関係があろうが、名古屋が三都に次ぐ大都会であったからだろう。「大都に遊学の念小時モ止マズ」と自伝で言っている。

後藤新平の例で明らかであるように、立身出世の第一歩は東京へ出ることであった。幸田露伴の弟で、経済史家として名を成した成友は、代々江戸城の表坊主を勤める家柄に生まれたが、維新によって徳川家が静岡七十万石に封ぜられた際、「祖父や父が断然江戸改め東京に踏留《ふみとど》まったのは、彼等子孫をして容易に明治の新文化に浴するを得せしめた」と回顧している（幸田成友『凡人の半生』）。

成友には、自分が東大予備門の学生だった頃を回顧して、当時の立身出世意識を論じた一文があり、長文だが是非一読に供したい。

「東京に生まれ、東京に育った自分は、始めて地方の話を、その地方に生まれ、その地方に育った人々から聴き、得る所少からざると共に、自分も奮励一番、決して人後に落ちざるべしとの決意を固めた。同室の諸君は皆一県一郡の俊才で、その父兄に対し、県の学務課・中学校長・又郡長から、本郡のため本県のため、否日本のために、是非貴家の子弟を東京へ遊学せしめらるべしと、切なる勧誘があったと知った。また稀にはわが子わが弟に各位の言はれる通の天分がありとするなら、先祖伝来の田畠山林を売飛ばして東京へ出しませう。幸いに大学を卒業し得たら、御先祖の御叱《おしかり》もあるまいと、父兄方の異常の決心で学費を賄ってゐる二三子のことを知った。要するに地方から上京せられた人々の決心は非常に固い。学若《も》し成らずんば死すとも帰らじというのは、決して口先ばかりで無く、従ってそれ等の人々の勉強振りは物凄かった。さういふ諸君を相手として五分々々の太刀打《たちうち》を為し得るまでには、自分も十分覚悟せねばならぬと決心した。これが寄宿舎生活の第一の賜物《たまもの》であったと確信する。

然《しか》らば生徒の決心は何か。早く学業を成就して天下有用の材になりたいというのに止まり、それ以上は出ない。学業の成就と、天下有用の材とは必ずしも直接の連絡ありとは言へまいが、兎《と》に角《かく》我にはさういふ風に単純に考えたのである」

むろんこういう東京留学熱は、明治新政府が明治六年、小学より大学に至る公的教育制度の大風呂敷を拡げ、特に後日東京帝国大学となる、予備門、東校、南校などを設置したことから生じたのである。例えば小学校の設置など革命的と言うべく、明治六年生まれの幸田成友は数えの六歳で東京師範付属小学校に入学した。同級には華族の子あり巡査の子ありといった風で、成友は「士農工商又は華士族平民といふ社会的区別は教育の前には無勢力だったことが知られる」と言っている。

ここで多少脱線するが、教育というものについての考えが、旧幕時代と新時代では大きく違っていたことについて、長谷川如是閑の説を聴こう。如是閑は明治八年の生まれである。

「わが封建時代の人間陶冶《とうや》の方法に、『他人の飯を喰わせろ』ということがあった。自分の子を幼時に社会に抛《ほう》り出すということだが、両親の慈愛が人間を損《そこな》うという考え方で、そこに封建教育の峻烈《しゅんれつ》さがあった。……男子ならば、今の職業学校の学生生活に相当する『年期奉公』で、女子ならば女学生生活にあたる『行儀見習』であった。……そういう封建的の性格と職能との陶冶が目的を達するには、おのおの家が、他人の子弟を人間にする教育の『場』でなければならなかった。商家の旦那や職人の親方は、他家の子弟を人間的に、また職能的に、育てあげる『教育者』で、家そのものが教育の場であり、店や職場の生活一般が『教育する』雰囲気であり、環境であり、『教育される』内容だったのである」。如是閑は「封建時代の古い体制が崩れて、家も社会も人間陶冶の『場』ではなくなり、……むしろよろしく国家任せにするほかはないことになった」のが、明治時代だと言うのだ。彼の主張がイヴァン・イリイチの説を三十年先取りしたものであることに注意したい。

如是閑によれば、明治初期にはまだ数多く残っていた家塾なるものも、他人の子を預かる点では、商人や職人の子弟の「奉公」と変わらないという。如是閑自身、明治一四年深川の明治学校に入学しながら本島学校という私塾に移され、一七年には兄松之助とともに本郷の坪内逍遙の家塾に入っており、ここから本郷小学校へ通って卒業しているのだ。なお兄の松之助とは、明治の特異な文人山本笑月である。『やまと新聞』を皮切りに『東京朝日』の社会部長にまでなり、著書に『明治世相百話』がある。

東京へ出ると言っても出方というものがある。ずっと先に述べたように、田岡嶺雲は高知から大阪に出、中学校に入ったが、体をこわして帰郷、四年間の闘病のあとまた上京を志したが、家人を説得するため、水産伝習所に応募することにした。水産なんてどうでもいいので、ただ「国を出る口実」であった。水産伝習所の夏休みの実習に、指導講師として内村鑑三が来た。彼の「偽君子になるな」の一言は、「予が水産講習所の一年年中における最大の獲物」だったと嶺雲は述懐する。この後彼は帝大文科大学選科に入り直すのだから、水産伝習所は全く上京の「口実」に過ぎなかったのだ。

後の政界の古老古島一雄は但馬国豊岡藩の藩士の子として、慶応元年に生まれた。一五歳の時、同藩出身で文部官僚として名を成していた浜尾新を頼って上京、神田の共立学校に入った。これは高橋是清が校長で、ここへは幸田成友も早稲田大学創立者の高田半峰も学んでいる。しかし、陸奥宗光の嗣子広吉が「のさばっている」というので殴って退校。中村敬宇の同人社にやらされたが、英人教師がラシャメン持って威張っているというので、襲撃してまた退学。

杉浦重剛の塾にやらされて、彼の「古今東西英雄の話」が面白くうまく行っていたが、ある日浜尾に呼ばれた。「お前は何になるつもりか。人間は志を立てるのが大事だ。それがなくて学問してもだめだから目的を立てろ。日本で今一番大きな仕事は鉄道だ。それをやれ」

これは大変なことになったと一雄は思った。鉄道技師にされてはたまらぬというので、浜尾の家を飛び出したが、結局つかまって連れ戻され、浜尾から「貴様のような奴はよう世話せんから国へ帰れ」と怒鳴りつけられた。じゃ帰りますと本当に帰国した。家の実権を握っている祖父から何と叱られるか怖かったが、祖父はただ一言「既往は咎《とが》めず」と言ったのみだった。この古島一雄の場合など、「立身出世」の最も平凡化世俗化した一例であろう。

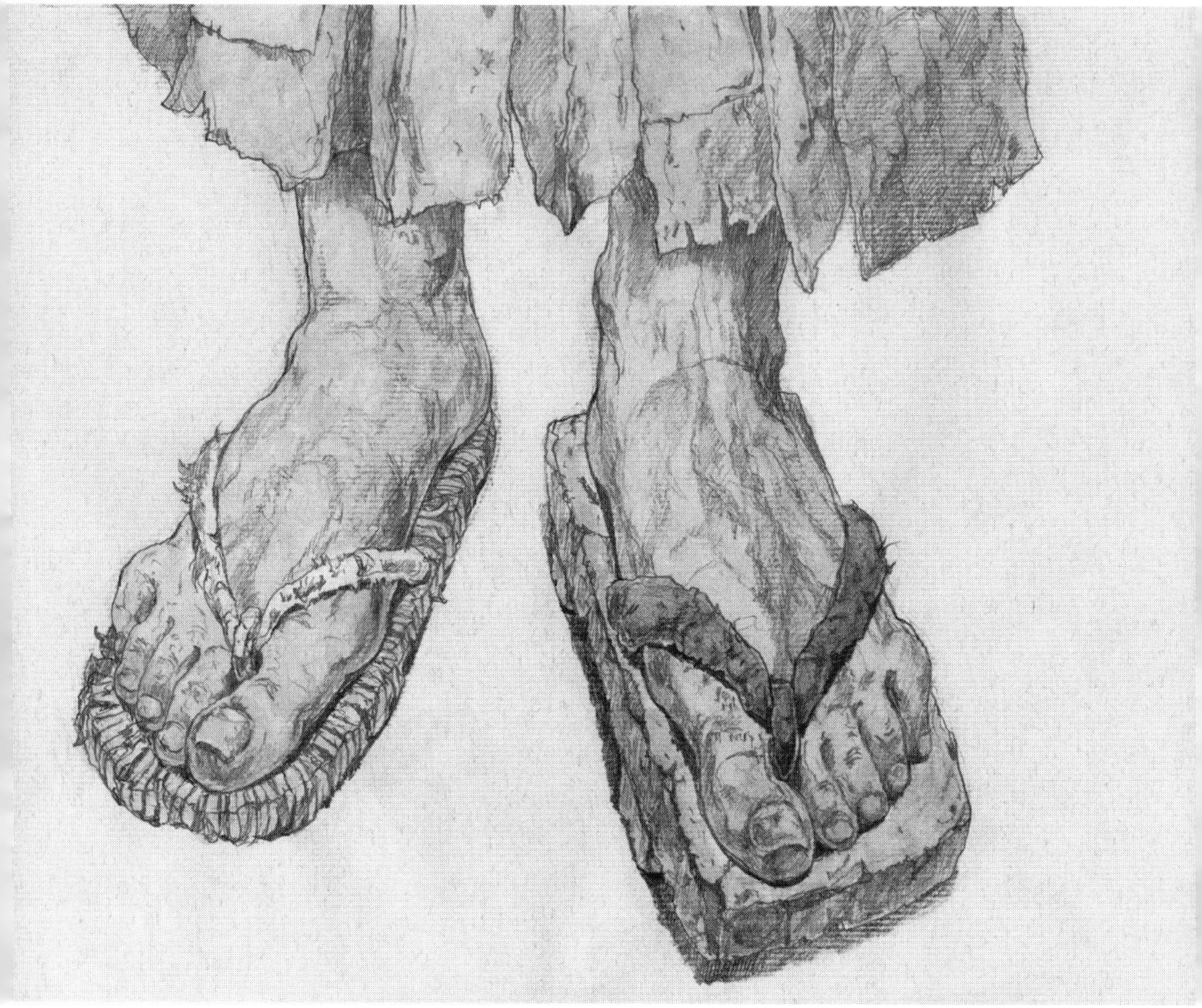

第十五章　明治一〇年戦役

西南戦争については、詳細を語るまではあるまいと思っていたが、思い返せばやはり時代を劃《かく》する大事件であり、一応その経過も述べなくてはなるまい。また、西南の役を論ずるというのは、西郷を論じるに等しい。西郷論という難題をこなさざるを得ぬのである。西郷には若い頃一度取り組んでみたが、その時の観方をそのまま通す訳にも行かぬ。

なお私は、この戦役を明治一〇年戦役と呼びたい。幼い時に、姉達が唄っていた手鞠唄《てまりうた》が、心に焼きついているからである。それは「遙か彼方を眺むれば／一七、八の娘御が／両手に花持ち線香持ち／明治一〇年戦役に／討死なされしお父様／西郷《さいご》の娘でございます」というので、この唄は石牟礼道子さんも知っていた。ただし節は私のと違っていて、短調・長調の違いだと、聴いた友人豊田伸治君が判定してくれた。

西郷は「征韓論争」における大久保のやり方の汚さにショックを受けた。両人の仲について、友情は最後まで変わらなかったと論じる人は多いが、もし大久保の方でそうであったとすれば、それは彼の生き方がいかに西郷と異質であるかを証するだけで、西郷自身の心事は、一〇年の一挙の名義を大久保の暗殺指令の糾問《きゅうもん》に絞った一事で知れる。彼は長井村で囲まれるまで、暗殺指令を認めた中原尚雄の告白書を懐中していた。

また大久保も明治六年政変の後、すねてごねる木戸に対しては何度も頭を下げ、説得の労を執った。蘇峰は二人の関係を仲の悪い夫婦にたとえている。仲は悪くても夫婦なのである。だが大久保は西郷に対しては一度も和解の手を差し伸べず、私学校挙兵を知った二月七日付の伊藤博文宛書簡には、「この節事端を、此事を発《ひら》きしは誠に朝廷不幸中之幸と、竊《ひそか》に心中には笑を生《しょうじ》候位に有之候」と書いた。

遣朝使節問題で鹿児島へ引きこんだ西郷は、そのまま意を政治に断って、悠々と田舎暮らしを楽しんでもよかったはずである。そもそもこの人は上野戦争で東京の平定の任を了《お》えるや、早々と鹿児島へ帰郷してしまった。新政府に加わる気はなかったのである。これは元治元（一八六四）年許されて沖永良部島より帰り、上洛して長州藩兵の出京を粉砕、明治新政府を樹立、江戸攻めの主任参謀として無事東京を手に収めた人物としては、異様の身の処し方と言っていいが、彼自身としてはこの間の活躍をひとつの勤務としか感じていなかったことは、「謬《あやま》って京華名利の客と作り、斯の声（松籟の声）を聞かざること已《すで》に三年」の詩句でわかる。これは明治六年一一月の作というが、明治元年帰郷時の作としてもおかしくない。一貫して彼には、無名の人として底辺の民に紛れこみたいという強い衝動があった。むろん南島流謫《るたく》のうちに育った心情である。

帰郷直後また呼び出されて、九月庄内藩を処置、一一月帰郷、翌明治二年五月箱舘へ派遣されたが、五稜郭はすでに落ちていて、一一月には帰郷、明治四年二月東京に呼び出され、木戸とともに参議となり、留守政府を預るに到ったのである。この経過を見ても、基調は鹿児島に隠棲することにあったことが了解される。もっとも帰郷した西郷は帰還兵士たちの藩政改革運動に担ぎ上げられ、城下士・外城士の差別を撤廃し、俸禄を平等化した改革の「尻押し」をしたと、島津久光から深く憎悪されることになった。

それにしても西郷は、帰郷してなぜ私学校を興したのだろうか。彼にはひとりになって、人がこのコスモスのうちに生きる真義を悟りたいという根深い衝動があり、しかも月照始め数多くの同志が非命に倒れるのに自分だけ生き残ったという自覚がもたらす死の願望があった。詩に「時来らば牲犢応に烹に遭う」とうたった通り、革命家は革命の成る時、真先に犠牲に供せられると観じた人であった。そういう者が何のためにおのれの党派を組織することがあろう。

これは全く、西郷とともに軍を去って帰郷した多数の将兵（一説には六百人にのぼる）のための措置であったに違いない。私学校は帰郷した将兵の裡から会合の場を欲する声が出て、西郷が桐野利秋・篠原国幹・村田新八と議して、明治七年六月に旧藩御厩の遺跡に設立された。監督は篠原、授業は午前のみ。主として六韜《りくとう》・三略・孫子・呉子などの軍書、並びに春秋左氏伝が講じられた。教師は漢学者今藤勇。遠足等、運動の行われたのは言うまでもない。

私学校は厩跡を本校とし、市内に十二の分校、郡部にも随所に分校が置かれた。また本校の隣に砲隊学校を設け、村田が監督し、さらに元陸軍幼年学校生徒のために賞典学校を起こし、外人教師も雇った。この他鹿児島市の東北三里にある旧藩牧場に「吉野開墾社」を設け、元教導団生徒百四、五十名に昼耕夜読の生活を送らしめた。ここには西郷自身よく訪れたと言い、彼の理想がどこに在ったかを証している。すなわち、自ら農耕に携わり、有事の際は剣を執って立つ武人こそ、彼の理想とする「護民」のための戦闘者だったのである。

私学校が西郷に殉じて辞職帰郷した将兵たちのために設けられたにせよ、一旦国家が兵を必要とする刻に応えるべき兵力を養う意味があったことは言うまでもない。

桐野は「西郷並びに野生の見る所」として、日本国の進路を「進んで海外を伐《う》つにあり、退いて此国を守る可らず」と言う。しかし西郷はのちに実現を見るような韓国併合、満州国樹立と言った路線を考えたことは一度もなかった。その意味では明治六年の遺韓使節論を「征韓論」と俗称するのが、そもそもおかしい。桐野は蘇峰によれば、西郷にとって篠原や村田とは違って、いわば「外《と》様《ざま》」の雄だったという。

彼が旧庄内藩士に語った語録『西郷南洲遺訓』にはこうある。「予嘗《かつ》て或人と議論せしこと有り。西洋は野蛮ぢゃと云ひしかば、否な文明ぞと争ふ。否な野蛮ぢゃと疊《たた》みかけしに、何とて夫《そ》れ程に申すにやと推せしゆえ、実に文明ならば、未開の国に対しなば、慈愛を本とし、懇々説諭して開明に導く可きに、左は無くして、未開曚昧《もうまい》の国に対する程むごく残忍の事を致し己れを利するは野蛮ぢゃと申せしかば、其人口を莟《つぼ》めて言無かりき」

大久保政府が明治九年江華島事件を惹《ひ》き起こした時、西郷は「一向彼を蔑視し、発砲いたし候故、及二應砲一候と申すものにては、是迄の交誼《こうぎ》上、実に天理に於て可レ恥の所為に御座候」と批判した。木戸はさすがに前年台湾征討に抗議して参議を辞したが、青木周蔵が慰留しようとした際、木戸は激して火鉢を抛《ほう》り投げ、炭火室内に散乱するに至ったという。木戸はすでに平常の心理状態にはなかった。


明治七（一八七四）年一月、前年参議を辞した板垣退助・副島種臣・江藤新平・後藤象二郎の四参議は、『民撰議院設立建白書』を左院に提出した。これは板垣の発議で、後藤が最近英国より帰朝した古沢滋、小室信夫が議院設立の意を持ち、また議会制にも通じているので、二人に相談せよと板垣に奨《すす》め、古沢がその草案を執筆することになったものである。提出に当たっては四参議に加えてこの二人と、さらに維新新政府の財政に当たった由利公正（越前）、大蔵大丞《たいじょう》を勤めた岡本健三郎（土佐）が名を連ねた。

まず「方今政権の帰する所を察するに、上《かみ》帝室に在らず、下《しも》人民に在らず、而《しか》も独り有司に帰す。

…而も政令百端、朝出暮改、政刑情実に成り、賞罰愛憎に出づ、言路壅蔽《ようへい》、困苦告るなし」と、大上段に振りかぶった。当時世間に弥漫《びまん》した「有司専制」の声を代弁し、「夫《そ》れ人民政府に対して租税を拂《はら》ふの義務ある者は、乃《すなわち》其政府の事を与知可否するの権利を有す」と人民の政権関与の根拠をおさえ、そのためには人民に見識がなければならぬが、人民をしてその域に進ませるには民撰議院を設立するに如《し》かずと結論する。まさに鮮やかで強力な立論だった。

建白書は明治七年一月一八日付の「日新真事誌」に掲載され、当時宮内省に奉職していた加藤弘之が反論、それに対して板垣・後藤・副島の名で古沢執筆の答弁あり、「今夫レ斯議院ヲ立《タツ》ルモ亦《マタ》遽《ニハカ》ニ人民其名代人を擇《エラ》ブノ権利ヲ一般ニセント云フニハ非ズ、士族及ビ豪家ノ農商ヲシテ獨リ姑《シバ》ラク此ノ権利ヲ保有シ得セシメン而已《ノミ》」と後退を示した。

当時元老院の書記官だった大井憲太郎は馬城台二郎の筆名で加藤に鋭く反論し、加藤またこれに応え、大井さらに反論するところがあった。森有礼も論評に加わったが、建白書に「朝出暮改政刑情実ニ成リ賞罰愛憎ニ出云々。此文蓋《ケダ》シ誤テ加入セル者ナラン。建言諸氏ノ如キ有名ナル識者ヨリ発セシ言と萬々思ハレス」と言うのは、評者自身の正体を現している。この超ハイカラさんはこの点ですでに超国権主義者だったのだ。だが、西周もまた、建白書の同箇所を指して、政府を「退く数月にして顧みて之を以て政府を責む、亦自らその面に唾するが如きのみ」と言う。これに対して津田真道は建白書を支持した。森、西、津田の論は「明六雑誌」に掲載された。

板垣は西郷隆盛が政変に憤って辞職帰郷する際、今後も行動を共にしようと提議した。その時の西郷の反応を次のように語っている。「西郷大笑して曰《いわ》く、君と予と協力せば、天下に敵するもの無けん。これ実に、政府に対するに於て、策の得たるものに非ず。故に予は啻《ただ》に君の予を助けざるを望むのみならず、予に反対するも亦憾《うら》む所にあらず。願くは予の事を以て念《おもい》と為す無く、予を放棄して其為すまゝに一任せよ。爾後《じご》の事、予の方寸に在り」。

板垣は「之を聞て、西郷の慢心茲《ここ》に至るか」と「長大息」したという。しかし、これは慢心というより、強烈な自恃の言だろう。むろん自省と刻苦なき自恃は慢心となる。だが西郷は自省にも刻苦にも欠くる所のない人だった。西郷は独り往くと言っている。佐賀の乱ののち彼を頼った江藤に応じなかったのは、この独往の心事からであろう。

しからばその独往してなさんとする所、すなわち「予の方寸」とは何か。

この時板垣が「民撰議院の設立を以て畢生《ひっせい》の業と為すべきを以てしたるに、西郷は鼓掌して之に賛した」という。とすれば彼は板垣と変わらぬ民撰議院論者だったのだ。しかし彼は語を継いだ。「予は言論を以て此目的を達し得べしと信ぜず、如《し》かず自ら政府を取て、然る後ちにこの未曽有の盛事を行わんには」。

これを以てすれば、彼が四参議らの「設立建白書」に署名しなかった理由は明らかである。注目すべきは自分はもう一度政権を取ると言っていることだ。これが鹿児島へ帰り私学校を興した真意だったのか。

西郷が鹿児島に帰着したのは明治六年一一月一〇日であったが、翌七年一月には土佐の林有造らが彼を訪問した。林は岩村通俊の弟、岩村高俊の兄である。高俊が河井継之助や江藤新平を陥れた「キョロマ」であるのは先に説いたが、明治七年愛媛県令となった高俊については、同県の県庁勤めをしていた内藤鳴雪が「平民主義者」であり自由民権論者であったとし、その教育制度への熱心を賞讃したのを忘れてはならない。県令を辞めさせられて、内務省へ「祭り込ま」れたのもそのせいだと言う。鳴雪はその後高名な俳人となった人である。

林は親しい樺山資綱を通じて西郷の意を聴こうとしたが、意外にも西郷は自ら会ってくれた。林が先生は重職に在りながら「瓢乎《ひょうこ》として帰国」して罰されぬのはなぜかと問うた。西郷は林の直言が気に入ったのだろう。次のように答えた。

「木戸氏我を悪《にく》むこと久し。然るに今生我土佐と合せば、木戸氏決して我を討つ能はず。故に君には板垣氏に説き、木戸氏を煽動して、我を征討せしめよ。政府先づ手を下して我を撃つ、我乃《すなわ》ち怒る。薩摩国中の志士怒って防戦せん。戦に至りては即ち我略已《すで》に定まれり。戦端開けし後には、君と事を共にする可なり。君が或いは政府を助くるも亦可なり」。

蘇峰は「西郷の言は、聊《いささ》か林を揶揄《やゆ》したるが如し」と言っているが、確かに彼には素直に自分の考えを言わず、狂言綺語《きょうげんきご》を弄《もてあそ》ぶ癖があった。韜晦《とうかい》癖と言ってもよい。しかしはっきりと、政府側に戦端を開かせ、逆にこれを打倒すると言っているのだ。これは果たして彼の本意であったろうか。

島津久光の腹心内田政風は明治九年二月、西郷に意見書を送り、久光を戴《いただ》いて現政府を倒さんことを説いた。これに対して西郷は「私共素志におひては、唯国難に斃《たふ》るのみの覚悟に候えば、別に思慮無之、勿論《もちろん》退去の節、今日の弊害を醸来《じょうらい》可レ申は見居《みすえ》候事にて、今更可レ驚可レ歎次第に無レ之候」とにべもなかった。

明治九年一〇月、熊本神風連の乱、秋月の乱、萩の前原一誠党の乱と反乱が続いたが、西郷は一一月桂久武宛書簡で「両三日珍しく愉快の報を得申し候」と萩の乱について述べ、続いて「此の末、四方に蜂起致すべしと相楽み居り申し候」、しかし壮士たちが騒ぎ立ててはまずいので、自分の挙動は見せぬようにしているが、「一度相動き候わば、天下驚くべきの事なし候わん」と書いている。さすれば、いつの日か政府を実力を以て打倒するのは彼の本願ということになる。果たしてそうか。

「一度相動き候わば、天下驚くべきの事なし候わん」という西郷隆盛の真意はどこに在るのだろうか。現実に明治一〇（一八七七）年一月、政府が船を派して鹿児島の銃器制作所、火薬庫より火器弾薬を搬出せんとし、私学校生が憤激してこれを奪い返した。これが現実に明治一〇年戦役の発端となったのであるが、この報を大隅半島の小根占で遊猟していた西郷に、弟の小兵衛が小船を仕立てて伝えると、西郷は思わず「しまった」と声を立てたと伝わる。また、鹿児島の自宅に帰ると、私学校生たちに「おはん達は何たることを仕出かしたか」と叱った。当時家に在った十七歳の菊次郎（愛加那の子）は後年、「あの時ほど父が大声で、人を叱り付けたのを聞いたことはない。少年であった私は隣室から襖《ふすま》越しに聞いたのだが、ただ恐ろしうてならなかった」と語っている。

とすれば、西郷の「天下驚くべきの事」とは武装反乱ではなかったことになる。この辺の西郷の心事は甚だわかりにくい。彼が私学校で若き兵を養ったのは、内乱ではなく他日、ロシアなり何なりと事を構えるためというのが彼の建て前だったはずだ。しかし林有造には、たとえ冗談めいていても、政府が我を撃てば薩摩の志士皆怒って防戦せん、戦略はすでに成っていると豪語しているのだ。

人の心事を推するのはむずかしい。人は当然矛盾した行動をとることがある。西郷には当然、大久保政権への根本的批判があった。時期が来れば、輿望《よぼう》を担って政権を担う抱負もあった。しかし一方、万事放擲《ほうてき》して隠棲したい衝動がなかったとは言えない。

問題は彼がいかなる経綸《けいりん》を行おうとしたかにある。ということは、根本的には彼はいかなる人格だったかにある。彼に、特に何ともいえぬ愛嬌があって、それが人をひきつけたことは確かだ。巨《きょ》躯炯眼《くけいがん》、一目で尋常の人物に非らざるを感じしめたのも、おなじく確かだ。増田宋太郎が中津隊を率いて参戦したのは遅く三月も末である。宮崎県長井村で薩軍が包囲され、熊本隊、協同隊以下いわゆる党薩諸隊が投降した時、増田は一人、西郷以下五百の死士の可愛嶽突破（八月十七日）に加わり、鹿児島に入って九月四日戦死した。その彼が投降して再起を促す同志にこう言うのである。

「余城山に入りて初めて西郷先生に接し景慕の情禁ずべからざるものあり。一日先生に接すれば一日の愛あり。十日接すれば十日の愛あり。故に先生の側を去るに忍びず、先生と共に其生死を同うせんことを誓へり」。増田が城山に入ったのは九月一日である。さすれば西郷に接したのは四日を出なかったのだ。

村田新八に至っては、一月訪薩した熊本学校党の領袖池辺吉十郎に、「吾満天下の人傑を通観するに西郷の右に出るものなし。天下の人西郷を以て徒《いたずら》に豪胆の武将と為す。我薩人と雖も亦皆一様の看を為す。独り吾は西郷を以て深智大略の英雄と為せり」と言い、更に「西郷をして首相の地位を得せしむ、此れ吾輩今日の任なり」と語を継いでいる。さすれば天下の大乱を待つというのは、武装反乱ではなく、西郷を首相とせずには収まらない事態ということであったのだ。

西郷の寛宏《かんこう》な度量を語る挿話は多い。たとえば薩長盟約が成った時、禁門の変を初め薩藩への恨みをしつこく言い立ててやまぬ木戸孝允に対して、西郷が一言も反論せず、ごもっともと終始肯くのみだったのは名高い話である。だが彼はその一方、自分の嫌う人物は決して許さなかった。薩人で後に歴史家として名をなした重野安繹《しげのやすつぐ》が言っている。「彼は兎角《とかく》相手を取る性質がある。そして相手をばひどく憎む塩梅《あんばい》がある。西郷という人は一体大度量のある人物ではない。謂《い》わば度量が偏狭である」。これも確かに彼の一面であるだろう。さあればまた彼は「人を相手にせず、天を相手にせよ」と説いたのであろう。すなわちこれは彼の自戒の弁であった。

家近良樹は上野戦争の際西郷が、人夫の手当に至るまで肌目《きめ》細かい指示を与えていることなどを取り上げ、「豪傑肌の人物とはとうてい思われない、細かいことにまで目の行き届く一面」が見られるという（家近良樹『西郷隆盛』）。「いやはや恐るべき緻密な神経の持ち主であった。西郷は世間一般の人々が彼に対して抱く、のほほんとした無頓着な人物ではとうていなかったのである」。

西郷が心がけたことは「天下後世迄も信仰悦服せらるゝものは、只是一個の真誠也」という『西郷南洲遺訓』の一節によって知れる。「事大小となく、正道を蹈《ふ》み至誠を推し、一事の詐謀を用ふ可からず」。ただしこれには注釈がつく。「唯戦に臨みて作略《さくりゃく》無くばあるべからず。併し平日作略を用れば、戦に臨みて作略は出来ぬものぞ」。江戸藩邸を根拠として騒乱を作り出そうとしたのは、戦の作略だと言うのであろう。

さらに「已れを愛するは善からぬことの第一也」と言うのは、万人の心底に届く言葉である。また「人は道を行ふものゆえ、道を蹈むに上手も下手も無く、出来ざる人も無し」と言う。もっともこれは彼の心掛けである。彼といえどもこの心掛け通りには行かなかったことは言うまでもない。ただ人としてあるべき心掛けをここまで徹底して言った人は、イエスを別にすれば他に見ない。

しからば天下についてはどうか。「文明とは道の普《あまね》く行はるゝを賛称せる言にして、宮室の荘厳、衣服の美麗、外観の浮華を言ふには非ず」。「草創の始に立ちながら、家屋を飾り、衣服を文《かざ》り、美妾を抱え、蓄財を謀りなば、維新の功業は遂げられ間敷也。今と成りては、戊辰の義戦も偏《ひと》へに私を営みたる姿に成り行き、天下に対し戦死者に対して面目無きぞ」。

具体的には「租税を薄くして民を裕かにする」ことだ。電信・鉄道等西洋の文物の移入は漸を以てすればよろしい。常備の兵数も会計の制限により、「決して無限の虚勢を張る可からず」。

このような西郷の経綸はさまざまな経路で世に伝えられたが、中でも力あったのが海老原穆《ぼく》の『評論新聞』である。


海老原穆は薩摩藩士、戊辰の役、奥羽に転戦、近衛大尉となり愛知県出仕に転じ、明治六（一八七三）年西郷一党とともに下野した男である。八年『集思社』を結んで『評論新聞』を刊行、九年末に発行を禁止されるや、『中外評論』と改題し、西郷派の立場からしきりに政府を攻撃した。

その攻撃の猛烈であったのは、『圧制政府顚覆すべきの論』『暴虐官吏は刺殺すべきの論』等、掲載論文の表題によって知れる。宮崎滔天の兄で熊本民権党の創立者宮崎八郎もまた、記者の一人であった。なお海老原は一〇年戦役の後、禁獄一年に処せられ、『西南記伝』によると、出獄後「江湖に浪遊して志を得ず明治三十四年横浜の寓居に歿す。年七十一」という。

蘇峰は『評論新聞』の働きについて次の様に言う。「その一つは世間に向って西郷等の消息を伝へ、世間の不平党をして、屈指して其の蹶起の日を待たしめた。即ち内乱を挑発する役目としては、十二分に其の効果があった。他面には私学校一味として、政府が今にも瓦解するかの如き感想を懐からしむるに資料と、刺戟《しげき》とを与へた。私学校をして、反対派を過小評価し、その為に一大失敗を来たさしめたる者は、必らずしも評論新聞の記事のみと云はざるも、それに与《あずか》りて力大に居りしことは、断じて疑を容れない」。

私学校をして遂に起たしめたのは、弾薬奪取事件とともに西郷暗殺問題がある。これはほとんど同時に起こり、特に後者は私学校のみならず西郷自身起つに至る原因をなした。

事の起こりは大警視川路利良が中原尚雄ら二十数名の部下に、私学校内部の分裂を計り、出来得べくば桐野利秋、篠原国幹らの幹部を亡き者とする任務を与えて帰郷させたことにある。彼らは一〇年一月上旬より中旬にかけて鹿児島に帰着した。

鹿児島士族には城下士と外城士の別があり、両者は甚だ不仲だったが、西郷は近衛兵に城下士を献じた時、外城士を警視庁に入れた。当時の文献に巡査が「オイ、コラ」など薩摩弁を使う者として描かれるのはそれによる。川路自身は足軽の出身で、西郷に従い庄内藩を征した軍功で士斑に列せられたのである。つまり西郷は彼の恩人であったが、明治六年政変以降は大久保の股肱《ここう》となった。

警視庁少警部中原尚雄は加世田の外城士で、青年時代常に城下士と大喧嘩を惹き起こし、そのため彼と同行する者がいなくなったと伝わる。川路の中原ら派遣は大久保の意を受けたものであるが、この両人が西郷暗殺を指示したとは到底思われない。しかし私学校の徒は中原らを捕え、残酷な拷問を加えて、西郷暗殺を指令されたという自白を引き出した。

所が厄介な話だが、中原は私学校に捕えられる以前、西郷と会って議論が合わぬ時は、刺し違える覚悟だと知人に語っているのだ。これはいわゆる「暗殺」ではないにせよ、殺意は十分あったことになる。

弾薬庫掠奪と西郷暗殺問題によって、私学校は蜂起に踏み切り、西郷も政府に尋問の筋ありとて出馬することになる。その心事については従来様々な解釈が行われているが、勝海舟が琵琶湖でうたった「唯身ひとつをうち捨て／若とのばらに報いなむ」というのが、結局一般の結論であろう。

アーネスト・サトウの日記には、二月一一日、西郷が医師ウイリスを訪問した時のことが次のように録されている。「西郷には約二十名の護衛が付き添っていた。かれらは西郷の動きを注意深く監視していた。そのうち四、五名は西郷が入るなと命じたにもかかわらず、西郷に付いて家の中へ入ると主張してゆずらず、さらに二階へ上がり、ウイリスの居間へ入るとまで言い張った。結局、一名が階段の下で腰をおろし、二名が階段の最初の踊り場をふさぎ、もう一名がウイリスの居間の入り口の外で見張りにつくことで、収まりがついた」。「日記」の訳者萩原延寿は「ここに描かれている西郷の姿は、あたかも『虜囚』のそれに似ている」と評している。

しかし、仮に西郷が私学校を傀儡化していたとしても、彼自身上京して大久保・川路を問い糾《ただ》したい強い意志があった。というのは中原らの暗殺意図を彼は堅く信じたからである。しかしそれなら、桐野ら腹心を数名連れて行けばよいのに、大兵を随伴して上京する挙に出たのは、やむを得ぬ勢いとはいえ、筋が通らない。随行する万余の薩摩健児は戦さをするつもりである。途中には熊本鎮台があり広島鎮台がある。それなのに西郷は大山県令に「二月下旬か三月上旬迄には大阪に達すべき積りなり」と語っているのだ。

つまり西郷は、唯一人の陸軍大将である自分が軍を率いて上京するのは合法行為で、政府がこれを反乱とみなすはずはないと考えていたらしいのだ。これは何とも奇怪な思いこみだが、それにはまたいささか根拠もあった。西郷は明治六年、参議・近衛都督を辞したが、陸軍大将の地位は譲らなかったのだ。現に政府は西郷にその俸給を払い続け、その金は熊本鎮台に積み立てられていた。

当時は現役・退役の区分など確立していないから、西郷は現役の大将たる自分に政府軍が抵抗するはずはないと信じていたらしく、大山に「大将の任たるや全国の兵を率ゆるも、天皇陛下の特許にして、即ち大将の権内なり。時機次第鎮台兵をも引率すべし」と語っている。さすがに大山の名を以て沿道の県庁・鎮台に出した文書中、「其台下通行の節は、兵隊整列指揮を受けらるべく」の一句には気を病み、その取り消しを命じたというが、各県庁・鎮台以上に、政府が自分らの行動を反乱と認めて鎮定に乗り出すのを考えなかったのだろうか。自分の輿望《よぼう》の高さからすれば政府も敢《あ》えてそれはすまいと考えていたとしたら、まさに「慢心」ここに至ると言わねばならぬ。

二月一三日、歩兵七大隊、砲兵二小隊の編成を終り、一四日から出動を開始した。総数約一万二千という。出動した兵士たちの多くはそれなりの信念に基づいたのであるが、中には「自分儀私学校生徒ニハ之ナク候ヘドモ空シク在宅罷《まか》リ在リテハ、臆病者杯《など》彼是嘲笑ヲ受ルノミナラズ、後難ヲ恐ルルヨリ止ムヲ得ズ出軍ニ意ヲ決シ」た者もいた（『西南の役薩軍口供書』）。


ここでいわゆる「党薩諸隊」について述べて置こう。党とは党《くみ》する、即ち同調するの意である。その際たるものが熊本隊と協同隊であった。

熊本にはもともと学校党、実学党、勤皇党の三派があった。学校党は藩校時習館の名を取っているが、実体は××連と称する熊本城下町の地区的士族連合の総称であり、旧藩士の主流である。幕末はむろん藩の方針通り佐幕派だった。実学党は横井小楠門下生で、学校党から「横井平四郎さんは実学めさる。学に虚実のあるものか」と俗謡調でからかわれる存在であり、尊皇派であった。勤皇党は林櫻園という特異な国学者の弟子であり、これから更に敬神党（神風連）と民権党という対立的な二派が生じた。

維新以後、勤皇党と実学党は新政府支援者となり、学校党・敬神党・民権党は反政府的であったが、敬神党は明治九（一八七六）年一〇月蹶起《けっき》して自滅した（神風連の変）。学校党は池辺吉十郎を首領とし、池辺が党内の若手の切れ者佐々友房を伴って一〇年一月訪薩したように、西郷と事を共にする気分は十分にあった。佐々が池辺に語ったという一言、「戊辰の役肥人優柔不断笑を天下に胎《のこ》せり、今日に当て又為す事能《あた》はざれば、将《は》た何の面目ありて天下に立たんや」は、よく彼らの心事を尽くしている。

以来一党は西郷に与《くみ》して起《た》つや否やをめぐり、議論百出、薩軍先鋒が二月二〇日川尻に着いてもなお結論が出せず、池辺をして「肥人議論を好むの弊此《ここ》に至る乎《か》」と嘆かせたが、二二日健軍神社に会してやっと参戦を決定、一九小隊を編成、隊長に池辺、一番小隊長に佐々が任じられた。総兵数千五百余名。池辺の檄文にいわく。「姦臣政ヲ擅《ホシイママ》ニシ、外国ニ頼リ以テ国内ヲ脅制シ、国体ヲ隳《き》損《そん》シ、以テ彼ノ意ニ媚シ、四民ヲ苛斂《かれん》シ、以テ彼之欲ニ適《カナ》ヒ、既ニ其心ヲ得タリ、懼《オソ》ル所特ニ本邦忠烈之気ノミ」。右翼反対派の面目躍如たるものがある。西郷の抱く所信と似て全く異なるのを知るべきだ。

熊本隊は宮崎県長井村で薩軍及び党薩諸隊の大部分とともに投降した。池辺は斬首刑に処せられた。子は池辺三山。佐々は出獄して熊本政界を制覇し、国会開設後、政界の一方の雄となった。

熊本民権党はこれに対して、早くから薩軍に呼応する意志を固めていた。専制政府を打倒し民権を伸ぶの一点で一致しうると見ていたからである。松山守善は宮崎八郎に「君は西郷西郷と常にいうが、西郷は武断帝国主義にてお互いの主義理想とは相容れざるが君は如何に思うや」と問うた。宮崎は「然れども西郷の力をかって政府を壊倒し、しかる上第二に西郷と主義の戦争をなすの外なし」と答えた。松山は「余は余り感心しなかった。宮崎は右のごときことをいう男であった」と、宮崎の言を綺語《きご》の如く解しているが、もともと松山は確たる思考の持ち主ではなかった。宮崎の論こそまさに前途を見据えた正当な戦略なのである。しかも西郷の思想からすれば、宮崎は西郷と第二の戦争を行う必要はなかった。あるとすれば、西郷に与《くみ》して起こった各地の右翼反動派に対してだった。

宮崎八郎、有馬源内、平川惟一、高田露ら民権党は二月二〇日保田窪神社に会し、協同隊を結成、川尻の薩軍本営へ向かった。総勢四十数名、隊長平川惟一、本営付参謀宮崎八郎。沿道の民歓呼して迎えたという。宮崎が書いた檄文は言う。「断然暴政府を覆し内は千載不抜の国本を確立し、外は万国対峙の権利を回復し、全国人民と共に真成の幸福を保たんと欲す」。宮崎は書き了《お》えて「今日の事は大概是位《これくらい》が丁度よかろふ」と言い、西郷は一読微笑して「ヨク出来ました。是は西郷が御モライして置くとてカバンの中へ入」れたという（宮崎滔天『熊本協同隊』）。

熊本県ではこの年一月、全県にわたっていわゆる戸長征伐が起こった。戸長の給料増額や地租改正による民費増徴に抗議するもので、特に民権党の地盤だった山鹿・鹿本地域が激しく、村民は区・戸長のもとへ押しかけ要求を述べ立てたが、その際民権党員の広田尚・堀善三郎の両人が、各村から代弁者として「雇入れ」られたのである。また野満安親も農民を煽動するところがあった。彼らは農村に居住してよく農民と親しんでおり、特に広田は植木で学塾を開き、その講義ぶりは「敢《あえ》て其為すに任す」を肥後弁で「ワンガフージャー、サセテウッチョケ」と訳すなど、講談より面白かったと伝わる。

明治一〇年戦役における問題点のひとつは、西郷側に明治初年より新政府に対して不信を抱きつづけた農民を、反乱にとりこむ意志があったかどうかである。少なくとも協同隊にはその意志があり、山鹿町で民会を開こうとした。それは一種の学芸会の如きものだったと言えないことはないが、当初四十数名の隊員がのちには四百余名に膨れ上がったのだから、農民からの参加者もあったと見るべきだろう。

だが、反乱軍にその意志があったとしても、農民にとっては、お役所に集団抗議することはあっても、軍事反乱を起こすのはあくまで士族であり、自分たちの仕事ではなかった。当時は士族と平民の差はそれほど大きかったのである。蘇峰は明治一〇年戦役のもたらした大きな変化として、百姓町人出の鎮台兵がよく士族反乱軍と対抗することによって、士族・平民の差が一挙に縮まったことを挙げている。

農民から募兵しようとしても障害があったのは『西南記伝』の次の記述でわかる。「協同隊木山を去って御船に入るや、檄を沿道諸村に移し、連《しき》りに募兵の策を強行したり。村吏其煩累《はんるい》に堪へず、来りて之を訴う。永山之を聞きて大に驚き、之に諭して曰《いわ》く、以て憂と為すこと勿《なか》れ。民を苦むるは決して吾人の志に非ず。由来勝敗は兵家の常のみ、敗るれば則ち死せんのみ、何ぞ必ずしも募兵を用いんや」。薩軍三番大隊長永山弥一郎はこの日戦死した。

協同隊は隊長平川惟一が山鹿で、本営参謀宮崎八郎が八代で戦死したのち、病身の先輩崎村常雄を隊長に迎えた。崎村は輿《こし》に乗って陣中に入り、すでに勝敗は見えているが、諸君も事を起こした以上覚悟するところ在ろう、自分はただ統率に任じ、戦闘は有馬、高田両君に任すと告げた。戦局が不利極まると、崎村は隊員に除隊したい者を自由に任せ旅費を給すと宣言したが、応じたのは三人にすぎなかった。協同隊は熊本隊と共に最後迄力戦し、宮崎県長井村に囲まれて、熊本隊同様投降した。崎村はこの時「陣上虜」の語を以って投降を恥ずべきではないと説いた。懲役五年に処せられ、獄中で没した。歳三一。協同隊は一時四百余名を数えたが、投降して生還した者は五十数名に過ぎない。勇戦、以て知るべきである。


党薩諸隊には、熊本県下でも他に龍口隊、人吉隊があり、宮崎県下では佐土原隊、飫肥《おび》隊、延岡隊、高鍋隊、福島隊、都城隊があった。宮崎県には旧藩が多数分立し、それぞれの旧藩士が薩軍に応じて挙兵したのである。

宮崎諸隊中、最も頭角を表わし勇名をはせて、協同隊と並称されたのは飫肥隊である。早くも二月二五日には熊本の戦場に到達している。佐土原隊も二月一九日進発しているから、飫肥隊と前後して戦場に着いたであろう。延岡隊の熊本着は二月二七日。

高鍋隊の編成は、薩軍の貴島清が来たって募兵したのに応じたのであって、熊本の戦地に入ったのは三月一四日だった。福島隊も同じく貴島の募兵に応じたものである。都城隊が募兵に応じて熊本に着いたのは三月一日である。

大分の中津隊の挙兵は最も遅かった。すでに薩軍が田原坂方面で敗れたのちの三月末である。増田宋太郎は慶応大学にも学んだ民権主義者であり、中津に「共憂社」を設け、「田舎新聞」を刊行したが、一方佐賀の乱以降、各地の不穏の動静に関心深かった。にも関わらず、同志後藤純平らと挙兵したのは三月三一日に至ってであった。後藤は博労の出身で明治三（一八七〇）年大分県農民騒擾《そうじょう》の中心人物である。その日の夜、四〇名の同志とともに中津支庁を襲撃、銃器弾薬を得た。檄文に「人民天賦の権利を回復し」とあるのは、協同隊檄文と面目を等しくするものである。

四月二日、中津隊は大分城を攻めたが抜くことができず、路を阿蘇に取って、五日、二重の峠の薩軍と合することができた。薩軍、宮崎県長井村に囲まれるや、西郷らの可愛嶽《えのだけ》突破に加わって鹿児島城山に籠るに至り、宋太郎は九月四日、貴島清の決死隊に属して米倉を襲撃、戦死した。

一方熊本鎮台の兵力は第一三聯隊一九〇四名、本営付一四六名、砲兵隊三二八名、工兵隊一〇六名に併せ、二月一九日小倉の第一四聯隊第一大隊左半大隊三三一名、二〇日には警視隊六〇〇名が来援し、合計三五一五名、大砲二六門だった。司令官谷干城少将、参謀長樺山資紀中佐、参謀児玉源太郎少佐、第一三聯隊長與倉知実中佐、同第一大隊長奥保鞏《やすかた》。偶然とは言え、凄いメンバーが揃ったものだ。言うまでもなく、児玉は日露戦争で満州派遣軍参謀長、奥は第二軍司令官にあった。

うち與倉は戦死した。

二月一九日には天守閣が焼けた。失火と認められる。貯えていた食糧も焼け、再び買いこむのにひと騒ぎした。天守が焼けたからと言って、天下の名城たる熊本城の本領は何層にも連らなった堅固な城壁にあるのだから、防備に事欠くことはないが、問題は守兵の士気であった。樺山が書いている。

「当時は恰《あたか》も神風連の騒乱の後であるので、鎮台の軍情は、唯戦々兢々《せんせんきょうきょう》として、暗夜の歩哨の如きは、犬がさがさと云っては、若《も》しや敵が襲来したのではないかと発砲したり、夫《それ》は実にだらしのない骨頂であった。…余等が下宿から馬に乗って兵営に出勤する途中などに、町の子供等が、竹の棒などで馬の尻をぺた〳〵叩いては『くそちん、くそちん』と冷笑したものだ。『くそちん』とは糞鎮台と云ふ意味だ」。

熊本城西郭の段山《だにやま》は激戦地となったが、この方面には、神風連の襲撃を受けなかった第三大隊と警視隊を配備したことを以てしても、城兵の士気を察するに足りる。それでも遂に落城しなかったのは、何よりも城郭の比類ない堅固さと、谷長官以下の戦略のお蔭だった。

谷は出撃して薩軍と野戦するのを避けた。士気の落ちた兵士たちを率いて野戦で一敗すれば、収拾すべからざる事態になると怖れたのである。そして堅固な城に籠って、専心防備に徹した。この方針が功を奏したのである。

一方、薩軍は熊本鎮台など屁とも思っておらず、攻めればすぐ落ちると思っていた。熊本隊の池辺は薩軍の川尻に着くや、赴いて別府晋介に会い攻城策を問うたところ、別府は「台兵我行路を遮らば唯だ一蹴して過ぎんのみ。別に方略なるものなし」と答えて、池辺を唖然《あぜん》たらしめた。

薩軍は熊本隊・協同隊の嚮導《きょうどう》を得て、二月二二、二三日と熊本城を力攻したが、その甲斐なく、二四日に至って熊本には城兵を抑えるため攻囲の兵をとどめ、主力は北下する官軍を邀撃《ようげき》するため植木・鹿本・高瀬の方面へ出動した。いわゆる田原坂の戦いはその過程で生じた激戦である。

薩軍には確たる軍略がなかった。勿論《もちろん》、長崎へ出るとか、大分方面に活路を見出すとか、いろいろ策を出す者はあったが、大方はひたすら熊本・福岡さらに中国地方を進めば、さしたる困難もなく大阪に達すと盲信していた。そもそも西郷自身が軍略家ではなかった。彼の骨頂は一軍の上に座して微動だにせぬ胆勇を示すことにあり、これまでも軍略の才を示したことは一度もなかった。西郷自身は戦略に口出しせず、軍議の際も隣室で昼寝していたと言われるが、実際には度々口を出している。しかし決定的に軍議を左右したのは可愛嶽突破の時だけであった。彼の幕下に在って最も軍略にたけていたのは野村忍介のように見受けられるが、彼は全軍を差配する地位にはなかった。

篠原国幹は三月四日、吉次峠で戦死した。『西南記伝』はその指揮ぶりについて言う。「身常に士卒に先ち《さきだ》、自ら矢石を冒し、銃を提げて射撃するのみ。一言の号令も出さざるも、発縦指示、意の如くならざるはなし」。西郷の弟小兵衛も二月二七日、高瀬川の戦いで斃《たお》れた。

政府は三月に入って、勅使柳原前光、副使黒田清隆を発して、久光を説かしめんとした。春日を始め五隻の船が五百の兵を擁して鹿児島に入ったのは三月八日。島津久光はもともと西郷大嫌いであり、説諭する迄もなかったが、鹿児島に在る薩軍の砲台を破壊し弾薬を収めたこと、更には県令大山綱良を拉致するを得たのは大収穫と言うべきである。

大山は県下随一の剣客であり、寺田屋の討手となったようにもともと久光の寵臣《ちょうしん》であった。だが県令となるに到って西郷並びに私学校と協調せざるを得ず、結局は西郷一派と同様になり、西郷出兵に当たってはその兵站《へいたん》を一手に引き受けたのである。その大山を拉致されたのは薩軍の痛手であった。

任務を果たした黒田は政府に、薩軍の背後すなわち八代方向に「衝背軍」を派遣せんことを建議した。

かくしていわゆる「衝背軍」の編成が行われ、熊本鎮台と連絡すべく、八代方面より北上するに至って、薩軍は植木・山鹿方面の兵を引き、熊本城の囲みも解いて、熊本市から東南に当る木山・御船方面で雌雄を決せんとして敗れた。

以後薩軍は宮崎県境より人吉へ入り、人吉に敗れて、宮崎県の都城、高鍋、美美津、延岡と追い詰められ、豊後境《ざかい》の長井村で包囲されるに到った。八月一七日、薩軍の大部分は党薩諸隊も含めて投降したが、西郷は桐野利秋、村田新八、辺見十郎太、貴島清ら五百名を従えて可愛嶽《えのだけ》を突破、長駆して九月一日鹿児島に入り、城山を占拠した。まことに壮挙と称すべく、「孤軍奮闘囲みを破って還る」と謳《うた》われた所以である。西郷はこの時初めて陸軍大将の軍服を脱ぎ、懐中の中原自供書も破棄した。

薩軍の敗勢明らかになるにつれて、勇名を馳せたのは辺見と貴島であるが、貴島は私学校に属さないため、出兵時西郷に参加を拒まれたのである。桐野の招きに応じて、植木方面の戦いに参加したのは三月一三日に至ってからである。彼の本領は宮崎へ入って発揮され、一隊の長として奮戦し名を成した。最後は西郷に従って鹿児島へ帰り、九月五日、米倉の官軍を襲撃し戦死した。

城山に籠った西郷の兵は三七二名に過ぎず、銃器を有する者一五〇名内外という。九月二四日官軍総攻撃の日、西郷は首を別府晋介に授けた。桐野・村田・辺見らみな闘死した。

明治一〇年戦役間、世間では一般に西郷を応援する気分が強かったようだ。山川菊栄は母千世がお茶の水女子師範の学生だった頃の話として、「お茶の水の寄宿舎でも西南戦争は興奮の渦をまき起し、毎朝の新聞は奪いあいで、『西郷さんに勝ってもらわなければ』、『西郷さん負けたらどうしよう』という声が高かったものです」と伝えている。

三月三一日、アーネスト・サトウは勝海舟を訪ねたが、勝は「政府側のつたえる政府軍勝利はみんなでたらめだ。熊本城はこの二七日に西郷軍に明け渡された。…野津（鎮雄、第一旅団司令長官）

は戦死し、谷干城は切腹した」と語り（むろん誤報）、内乱を終結させるために必要なのは大久保と黒田の辞職だとつけ加えた。サトウは四月二八日にも勝を訪ねているが、その時はさすがに勝は沈痛な表情であまり語ろうとせず、わずかに将官たちが山縣有朋の命令を受けることを嫌っていると告げ、薩軍の日向へ向かっての「見事な退却ぶり」が二人の話題となった。

しかし一方、そのような西郷への同情の声は、一旦政府によって西郷党が逆徒と宣せられると、言論界の表面には現れ難くなった。代って、政府の御用紙と一般に目された『東京日日新聞』が、主筆福地桜痴を戦地に特派して、連日その戦報を掲載すると、大義名分をかざして西郷を叛徒《はんと》ときめつける論調は、表面上は言論界を支配するに至った。『東京日日』がこれで紙数を伸ばしたことは言うまでもない。その政府を利したことは一、二箇旅団に相当すると、蘇峰が言う所以である。

それまでの激烈な政府批判は全く鳴りを鎮め、福沢諭吉は当時『丁丑《ていちゅう》公論』を稿したが、明治三〇（一八九七）年まで筐《きょう》底に秘めねばならず、蘇峰の言う所では「勝海舟の如きも、西郷に対する一片の氷心は、才《わず》かに人の知らざる、若《も》しくは知られざる木下川《きおろし》の別墅《べっしょ》に、記憶碑を樹《た》て、独り自ら其の知己の魂を招くことを以て、満足とした程だ」。

さて、その福沢の『丁丑公論』の言う所を聞こう。西郷は明治七年十二月に大山巖宛に「福沢著述の書難レ有御礼申上候。篤と拝読仕候処、実に目を覚し申候。先年より諸賢の海防策、過分に御座候へ共、福沢の右に出候うも有レ之間敷《まじく》と奉レ存候」と書いているのだ。

『丁丑公論』は前記したような、政府側もしくは政府寄り言論の西郷断罪の主張に対する全面的な反論であって、冠頭《かんとう》「世界に専制の行はるゝの間は、之に対するに抵抗の精神を要す」と断言し、抵抗の方法は一様ではなく、文を以てすることもあれば、武によることもある。「近来日本の景況を察するに…、抵抗の精神は次第に衰退するが如し」。西郷は抵抗に当たって武を用いただけであって、自分の考えとは少し違うけれど、「結局其精神に至ては間然すべきものなし」。福沢は議論の大前提として、武力による人民抵抗権を高唱したのである。

さらに、西郷は「武人の巨魁《きょかい》」であり、「彼をして得せしめなば、必ず士族に左袒《さたん》して益《ますます》人民を奴隷視するに至らん」と危惧する者があるが、廃藩置県が彼の一言で断行されたのを見ても明らかなように、西郷が士族を重んずるのは「唯其気風を愛重するのみにして、封建世禄の旧套《きゅうとう》に恋々たる者に非ず」と論じ、「西郷は決して自由民権を嫌ふに非ず。真実に文明の精神を慕ふ者と云ふべし」と断言する。

「開国以来日本の勢は立憲の民政に赴くものにして、其際には様々の事変故障もあれども、大勢の進で止まざるは時候の次第に寒冷に赴き又暑気に向うが如くにして、之を留めんとして留む可らず」。いかに西郷を以ってしても大勢に逆らうことはできず、また彼は逆らうような人物でもないというのだ。

ひと度西郷の反乱を是とすれば、不平の徒の反乱が今後続発するだろうという危惧に対しては、西郷が企てているのは政府の名を改めることではなく、政府の一部を変動するのみで、その企てが成功すれば「人心も亦《また》これに帰して」、天下太平になろうと言う。

しかも福沢は「人民の気力の一点に就《つい》て論ずれば、第二の西郷を生ずるこそ国の為めに祝す可きことなれども、其《それ》これを生ぜざるを如何《いかに》せん。余輩は却って之を悲しむのみ」とまで言う。明六社解散を主張した時の、政府の言論抑圧への憤懣《ふんまん》がいかに深かったか察せられる。

政府を立てて法を定めるのは「人民の安全幸福を進《すすむ》る」ためであり、その実のない政府は「之を顚覆《てんぷく》するも義に於て防げな」いのである。「明治七年内閣の分裂以来、政府の権は益々堅固を致し…些末《さまつ》の事に至るまでも一切これを官に握って私に許すものなし。人民は唯官令を聞くに忙《せ》はしくして之を奉ずるに遑《いとま》あらず」。罰金を払う段になって、ようやくそのような法の在るを知るに至る有様である。

西郷にしても私学校の徒をもっと善導すればよかったのかも知れない。しかし間接に暴発を誘導し、「之を死地に陥れたるものは政府なり」と断じて、福沢は筆を収めるのである。

西郷の死は追討に当たった薩摩出身の将官にとっても痛恨事であった。弟の従道は明治六年政変の際、兄に命じられて政府に残ったのだが、城山が落ち兄が死んだことを東京の自宅で知り、「大変に泣きまして、もう自分は何にもかも今日限りだ。今日限りですべて役を罷《や》めるから、早速荷物を片附《かたづ》け明日は目黒（別邸）へ送れと申しつけて、其晩目黒へ引込んで仕舞いました」と彼の妻が語っている。

彼女の話では、従道は「大久保さんには親でも及ばぬ程に親切な御世話にな」っていたそうで、目黒に引込んだ翌日大久保利通が訪ねて来て説得に努めたが、従道は「私は如何なる事でもあなたの御言葉には背きませぬけれども、今度ばかりはお許し願いたいと御断り」し、大久保は一旦その日は帰ったが、翌日また来訪し、言葉を尽くして説得した結果、従道は「此上《このうえ》は何でもあなたの仰せに従ひますと、再び永田町の宅に帰ることにな」ったという。

前田連山は従道を「融通自在」「清濁あわせのむ」と評し、さらに「彼の能力といえば、底知れぬ大酒を飲んで、ドドイツを上手に歌うというほかに聞いたことがなかった。ところが、その能無しが彼の能であったから不思議である」と評しているが（前田『歴代内閣物語』）、これもまた兄隆盛を死ぬに任せた悲哀の結果だったかも知れない。

また大山巖は「手八丁口八丁の才気者」だったが、西郷の死後「まったく無口で自分を殺した人物に変貌した」（上田滋『西郷隆盛』）。黒田清隆は普段はごく好人物であるのに、酒が入ると人格が変ったような酔狂ぶりを発揮して怖れられたが、彼が大酒するようになったのも西郷死後のことという。

さらに西郷の死を深く悼んだ一人に明治天皇がいる。女官に取り囲まれて育った彼に、乗馬その他男らしい訓練を課したのは西郷であり、西郷への彼の愛慕は深かった。明治二二（一八八九）年、憲法発布とともに西郷の罪が大赦され、位階を復されたのには、天皇の意志も預かったとされる。

私学校が蹶《た》つに当って、各地で動揺が起こったが、その最たる者が土佐であったのは言うまでもない。既説したように、西郷は下野に当たって自分独自の道を往くと板垣に告げており、林有造が訪ねた折も同じ意を示したが、土佐の政府反対党にとって、西郷の反乱に与《くみ》すべきか否かは大問題だった。

薩軍に応じて蹶つべきだと率先主張したのは林有造である。林は兄は岩村通俊、大久保の親任厚く、大山に替り鹿児島県令に就任したばかり、弟の例の「キョロマ」岩村高俊は愛媛県令に在った。ところが有造だけは大久保の専制政府反対で、何らかの手段でこの際、政府を革新しようとした。

彼はまず後藤象二郎を説いて政府に加わらしめようとし、大江卓とともに後藤を伴って、当時政府が出張滞在していた京都へ赴き、木戸孝允・三条実美を説いて、後藤を入閣せしめんとした。この計画には時の元老院幹事陸奥宗光が参与していた。

しかし林が意図したことの主筋はこの一件にはなく、実は武装反乱のための銃器入手が彼の主眼目だったのである。折しも土佐白髪山の山林を政府で買い上げることになっており、その代金をもって、外商に依頼して上海で銃器を入手しようというのである。彼は三菱会社を訪ねて岩崎弥太郎に会おうとしたが、岩崎は熱海入湯中で会えなかった。林は三菱の金と船を利用しようとしたのだが、果たして岩崎にその気があったものかどうか。林の同志岡本健三郎に銃器入手の具体策を依託し、岡本は竹内綱（吉田茂の実父）を通じて、ポルトガル人ローザーからその約を得た。

林の同志大江卓は、明治五年マリア・ルス号事件で名を売った人である。ペルー船マリア・ルスが二三一名の中国人苦力を収容して横浜港に入港、苦力が逃亡して事件化したが、大江は神奈川県令としてこの事件を裁いた。また、この事件を機会に「娼妓解放令」が発令された。

林、大江の策では、当時大阪鎮台には二箇中隊しか駐在せず、二、三千の同志で襲撃すれば落城は必至というに在ったが、一方、岩神昂らに大久保以下の政府大官暗殺を依頼した。ところが岩神の一派に川村矯一郎なる者がいた。増田宋太郎の親友と称していたが、実はこれが政府密偵で、林らの策動は一々政府の知るところとなった。

林は高知へ帰り、三月一日立志社で協議が行われ、林の議が入れられたという。立志社は板垣が『民撰議院設立建白書』を提出した後、明治七年四月に土佐へ帰って設立したもので、社長に片岡健吉が就いた。しかし、板垣はもちろん片岡もまだ挙兵の意を固めた訳ではなかった。のちに片岡は林に再々念を押され、挙兵に反対はしないと誓言したが、真意は建白書の提出にあった。土佐にあって挙兵に熱心だったのは立志社というより、古勤皇党であった。当時実戦に耐える人数を数えると、立志社五百に対して、古勤皇党千百名だったという。

政府は田原・植木方面の戦闘に苦しみ、八代方面に上陸せしめた衝背軍もいまだ熊本城に達せず、しきりに兵を募ったが、土佐でもこれに応じて募兵を行おうとした。これはもちろん、政府応援の名を以て兵を集め、明智光秀の「敵は本能寺に在り」の故智に学んで、逆に政府を討とうとしたものである。しかしこの策も、四月一五日、官軍と熊本城の連絡が成り、薩軍が敗勢を示すに至ったので放棄された。

林の銃器調達は遅々として進行しなかった。ローザーによって上海に三千の小銃を準備したが、代金に当てるべき白髪山払下げ金がなかなか降りない。やっと降りたのは官軍の熊本城連絡の成ったあとで、これらはすでに機を失っていた。

一方、片岡健吉ら立志社主流の真意は挙兵にはなく、建白書の提出であった。この建白書はすこぶる長文のもので、其の一「内閣大臣誓約の叡旨《えいし》を拡充せず、公議を取らずして専制を行ふ」から、其の八に至るまで政府の秕政《ひせい》を糾弾するが、詳論に過ぎて却って迫力を失い、前年の『民撰議院設立建白書』の生彩に比すべくもない。

片岡は六月九日京都行在所《あんざいしょ》へ出頭、太政大臣三条実美に会うことを求めたが、応接に出た尾崎三良は一旦受け取ったのち、一二日片岡を呼び出し、「文中不都合の廉あるを以て却下すべし」と告げた。片岡は「建白書は天皇陛下に呈したものである。陛下はご覧になったか否か」と喰い下がったが、尾崎は「陛下と政府は一体にして、大臣の命は陛下の命なり」と相手にしなかった。もとより尾崎の私見ばかりではなく、閣議決定に拠るものである。

土佐の反乱計画に一枚噛《か》んだのが、時の元老院幹事の陸奥宗光であった。このことを述べる前に、陸奥の人物について触れておかねばならない。

宗光は紀州藩士伊達宗広の子であるが、この宗広というのが、当時の紀州藩の財政を一手に掌握した大物であった。そればかりではない。この人は文人としても聞こえ、著述『大勢三転考』はのちに内藤湖南によって、『神皇正統記』『読史余論』等と並ぶ五大史書のひとつと評価されている。

宗広は伊達家の先代の娘綾子の婿養子であるが、綾子を喪《うしな》い後室政子を迎えるに当って、綾子との間になした長女五百子に婿養子宗興を自分の相続者として迎えた。これは伊達家の血を絶やさないための措置である。宗光が後に伊達家を出て陸奥家を起こすのは、この義兄のあったためである。宗興もまた才人で、重職についた。

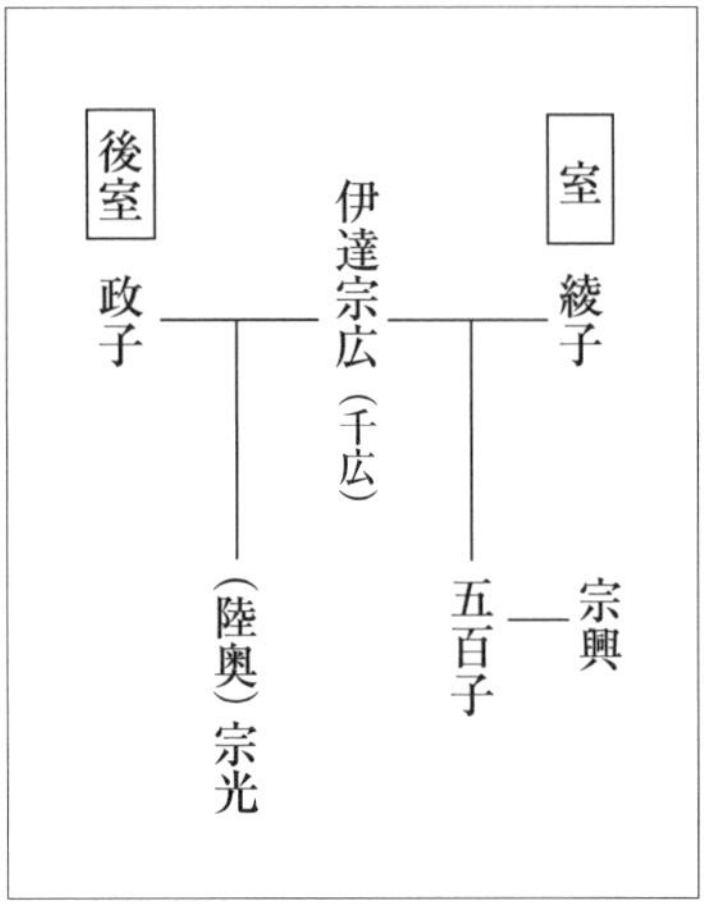

宗広の目覚ましい出頭は藩主徳川治宝《はるとみ》のひきによるもので、治宝は藩主の地位を退いた後も嘉永五（一八五二）年一二月に死ぬまで藩政を掌握し続けた。
一方、江戸藩邸には家老水野忠央《ただなか》を首とする治宝反対派がいて、治宝が死ぬとすぐ国許《くにもと》の治宝派の追放が始まり、

宗広は一切の職を奪われて田辺城主にお預けとなった。宗興もまた和歌山城下から十里外へ追放された。この時宗光はまだ一〇歳。水野忠央はこのあと大老井伊直弼と組んで、第一四代将軍に紀州藩主慶福《よしとみ》を迎えた男である。

宗光は安政五（一八五八）年、一五歳の時江戸へ出た。その後の消息はよくわからないが、文久元（一八六一）年頃は昌平黌で学んでいた。文久元年六月、藩内政争によって処罰された宗広らに恩赦令が出た。処罰されて九年近くが経っていた。

文久二年一一月、宗興は宗広を伴って脱藩して京都へ出た。宗興はこの時幕府に直訴状を呈出している。脱藩の趣旨は、墨夷来《ぼくいきた》って世情騒然、雄藩は京都に出て時局に対応しようとしているのに、紀州藩ひとり何の反応も示さず収まり返っている、脱藩して京都にて諸有志と意を通じ、紀州藩の眠りを醒《さま》そうというのである。ただし宗広は老齢でもあり、宗興に伴って出京したのも、すでに心を寄せていた歌学と仏学を更に深めるためだったろう。宗興はこの後江戸へ出て、薩摩藩邸に潜んで当時の幕府総裁松平春嶽に拝謁、大久保利通、桂小五郎（木戸孝允）、板垣退助らと相知るに至った。

宗興は文久三年三月、帰藩を許され、京都駐在の紀州藩代表として活動するが、元治元（一八六四）年五月には帰国を命じられ父宗広とともに出閉の身となった。許されたのは慶応三（一八六七）年一二月、つまり王政復古の大号令が出る頃であった。

宗光は文久三年の初頭京都へ出、坂本龍馬と知り合い、彼のすすめで勝海舟が神戸で営んでいた私塾に入った。勝自身の話では少し違っていて、彼自身が紀州の殿様に頼まれて、わざわざ紀州に出向いて同藩の「猪武者」二五名を預ったが、宗光はその中の一人だったという。

この頃、坂本は越前藩士に宗光を預ける相談をし、「余りに才弁を弄《ろう》して浪士共に憎まるゝより、或《あるい》は殺さるゝやも知れず」と語っており、一方勝は勝で「身の丈にも似合はぬ腰の物を伊達に差して、いかにも小才子らしい風をして…塾中では、小次郎（宗光）の評判は、甚だわるかった。みなのものは『嘘つきの小次郎』と言っていた」と語っている（『氷川清話』）。

そもそも江戸に在学中、宗光は自分は痩身卑弱なので武術で人に勝つ見込みはない。だからひたすら「逃げる稽古」をしていると友人に語っていた。弁舌と論理で押し通そうとする合理主義的才質はすでに露わだったのだ。

勝の塾が閉鎖され、龍馬が長崎へ下り、慶応元（一八六五）年亀山社中を起こすと、宗光もその一員となった。亀山社中の最初の活動は、折から征討の対象となった長州藩のために武器を購入することだった。慶応元年八月にはグラバーから購入した銃七千三百挺を薩摩の藩船で下関へ届けた。

慶応三年四月、坂本龍馬と中岡慎太郎は帰藩を許され、同時に設立された海援隊・陸援隊のそれぞれ隊長となる。宗光は海援隊においては専ら「商法の事」（坂本書簡）に当った。

坂本と中岡は慶応三年一一月一五日、京都守護職直属の見廻組に襲われて殺されたが、紀州藩の公用人三浦安が暗殺を唆《そその》かしたというので、陸奥を含めた一六人が三浦を襲撃した。結局は三浦を負傷させただけで終ったが、この襲撃者中には大江卓、岩村高俊の名が見える。

慶応四年一月中旬、すなわち鳥羽伏見の戦いの直後、宗光は新政府の外国事務御用係に任命された。この時二五歳である。以後会計官権判事、兵庫県知事等を歴任するが、明治二（一八六九）年一〇月、和歌山県の藩政改革に参与するため帰郷した。

この藩政改革は藩主の信任を得た津田出《いづる》が遂行したもので、常備軍四大隊、交代兵二大隊の近代的軍隊を創設することに眼目があった。服務期限は常備軍は終身、交代兵は三年である。兵は士農工商を問わず、満二〇歳の徴兵検査により徴募した。全く明治六年の政府の徴兵令を先取りしたものである。軍事顧問もプロシアから招かれた。津田の抱負は兵制に留まるものではなく、これに必要な禄制・職制の改革が行われ、近代的産業の振興にも及ぶものだった。

紀州へ帰った宗光は、大阪で何礼之の英学塾の塾頭をしていた星亨に目をつけ、大阪蔵屋敷に英学塾を設け、星に講義させた。また宗光の斡旋により幕臣の林董、長州出身の鳥尾小彌太等、後に政府の外交・軍事で名を成す人物も、津田の改革に参じた。

しかし、宗光自身は明治三年三月には和歌山県欧州執事の肩書で渡欧した。帰国したのは明治四年五月で、渡欧中の事跡は明らかではないが、プロシア軍事顧問の件が任務だったのは確かだ。彼の在欧期間が普仏戦争の戦後処理の時期だったことも注目される。興隆するプロシア帝国の雄姿を彼は見て来たのである。

帰国した宗光は津田のあとを受けて、「戍兵《じゅへい》都督心得」の地位に就いたが、同年七月の廃藩置県によって和歌山独自のこの軍隊も解散させられ、宗光はその任に当った。かねて廃藩置県を建議していた宗光の心中は複雑だったことだろう。宗光は明治五年一月に神奈川県知事に任じられ、六月には大蔵省租税係となった。


陸奥宗光が神奈川県令時代に前述したマリア・ルス号事件が生じた。彼はこれを機に租税頭に専念、県令を大江卓に譲った。大江がこの件で名を挙げた所以であるが、宗光自身はこの件を取り上げるのに気が進まなかった。国内有事の折から、この様な国際紛争に至る怖れのある事件に関わらぬ方がよいというもので、政治的リアリストと評される彼の一面を示している。

彼はかねて旧来の田租《でんそ》の改革に志あり、折から議に上った地租改正について熱心に献議したが、大蔵省で大隈重信の下に在ることに強い不満があった。井上馨が予算問題で辞職した時も同情は井上の上にあったのである。明治七（一八七四）年一月、彼は意を決して辞職したが、その時草した『日本人』と題する論文には、薩長閥による政府独占への批判とともに、民衆は政府に統治されるだけでなく、政府に対して幸福・安全の権利を要求できるという論理が明示されている。彼の板垣一派との接近はこれを根拠とするものであった。

明治八年、大久保が木戸・板垣と大阪で会談、この両人を政府へ引き入れた結果、将来立憲議会を設立する詔書が下され、議会の稽古場というべき元老院が設置され、宗光はその一人に選ばれた。元老院は政府立案の法令を審議する趣旨で、宗光はその実を得るべく急進論を吐いたが、元老院は結局は形ばかりの実権を欠く存在となった。

明治一〇年戦役が起こるや、宗光は討伐を強く唱えた。これは薩長閥の一角を崩す狙いからである。しかし同時に彼はこれを機に後藤象二郎を政府に入れ、憲法を制定し立憲政体を樹立しようとした。米国にせよ仏国にせよ憲法の成ったのは動乱の只中だったではないか。だが、後藤の政府入りは実現しなかった。

また彼は紀州で兵を募って征討軍に加えようと計った。これは西郷敗れた時は功績となるし、逆に西郷が勝勢を示せばそれに合流してもよい。そういう含みのある募兵策だったが、政府はそれを一顧だにせず、当時大阪にあって政府軍の兵站《へいたん》を担っていた鳥尾小彌太を和歌山に派し、鳥尾は宗光の仇敵《きゅうてき》たる三浦安と計って、さっさと募兵してしまった。これが宗光の頭に来た。『西南記伝』によると、「是に於て陸奥は、政府の所為陰険《いんけん》にして光明俊偉を欠き、表裏反覆常なきを憤り、激《げき》昂《こう》すること甚しく」、遂に林有造ら土佐派の反乱計画に加わるに至った。

四月上旬、陸奥は大阪で林と会い、林から挙兵の誘いを受け、やるなら早くやれ、自分がこの地にいる間にやれば協力するが、計画が「破れた時は倶《とも》にせぬぞ」と釘を差した。林から土佐では三千の兵が得られるが、紀州は如何と問われ、宗光は政府軍募兵のあとでも三千は得られようと答えている。

しかし林、大江らと宗光の挙兵計画は、上海で購入した銃器の到着を待つうちに機を失し、遂に実現をみなかった。林は八月拘引され、大江は翌一一年四月、陸奥は六月に捕縛された。刑は林・大江が禁獄一〇年、陸奥は同じく五年であった。

福岡で薩軍に応じようとしたのは、越智彦四郎と武部小四郎の一党である。そもそも福岡藩主黒田長溥は進歩的な開国論者で、同時に佐幕派だった。その下で藩論を尊攘派へ転じようとしたのが中老加藤司書で、彼は第一次征長時に寛大な措置を進言、三条以下五卿の大宰府移転にも貢献し、家老となり一時藩政を掌握したが、藩主と多数派の佐幕派重臣の反感を買い、慶応元（一八六五）年十月切腹させられた。武部小四郎の父武彦もこの時切腹を命じられた一人である。

長溥はぎりぎりになって新政府の側に立ち、戊辰戦争にも出兵した。越智はこの時従軍して、東北の地を転戦している。越智・武部らは佐賀の乱に当って、名を政府軍協力に借り、その実佐賀の反乱者に与《くみ》しようとして、部隊四五〇名を編成したが、うまく連絡がつかぬ内に乱は平いでしまった。越智はその後鹿児島へ赴き、西郷と会って深く傾倒した。

明治八年板垣が大阪で愛国社を創立すると、武部は大阪に板垣を訪うて大いに共鳴する所となり、帰郷するや、越智、箱田六輔、頭山満、平岡浩太郎、進藤喜平太等と結んで矯志社《きょうししゃ》を設立、会長となった。

矯志社に集った青年たちの多くは、高場乱《おさむ》の家塾の塾生だった。高場乱は眼科医の娘で、父の業を継ぐとともに、漢学塾を開いたのである。彼女は八歳の時、父から今日から男になれと命じられ、以降服装から動作、言語に至るまで全く男子として過した。漢学は亀井南冥の孫暘州に学んだ。塾生たちは彼女のさっぱりした気性と、鋭い機鋒に得るものがあったようだ。

萩の前原一誠派の不穏な形勢が伝わると、矯志社の若者にはこれに応じようとする気運が高まり、兎狩と称して野山で戦闘訓練を行なう者が現われた。そして帰途警官隊と口論となり逮捕者を出し、さらに家宅捜索で大久保刺殺云々の不穏文書が発見され、箱田六輔、頭山満、進藤喜平太など九名が獄に下った。明治九年秋のことである。彼らはのちには山口の獄に送られ、釈放されたのは明治一〇年戦役の終結したあとであった。つまり彼らはいわば神隠しに逢ったように、越智、武部一党と滅亡を共にすることを免れたのである。

明治一〇年戦役が起きて、福岡が山縣有朋参軍以下官軍司令部の本拠となるや、越智、武部らはそれを襲撃せんとしたが、防備は固く思い止まった。しかし官軍が植木・田原方面の激戦地に投入され、福岡本部の守りが手薄になると、三月一九日福岡郊外に同志会合し、越智、武部を大隊長とする部隊編成を決議した。八百の募兵が見込まれたという。檄文には政府が「人民の疾苦を顧みず言路を壅蔽《ようへい》し…苛税重斂《かぜいじゅうれん》至らざる所なし」と謳《うた》った。

二八日兵を挙げ、県庁及び福岡城を攻撃したが、思うように兵も集まらず、官軍に圧迫され郊外に逃れてなお戦わんとしたが、越智は四月五日に捕われ、五月一日に斬られた。武部は五月二日縛され翌日斬首。一党のうち戦死者五四名、死刑五名、懲役刑四百余名に上った。

明治一〇年戦役の反乱者たちには様々な動機があった。民権主義的動機もあれば国権主義的な動機もあったが、それが未分化に有司専制への反対という一点で結束したのが実情である。だが、その結束の矛盾は敗北後次第に明らかとなる。例えば熊本隊の佐々友房が、刑期を了えたのち紫溟《しめい》会を組織して、純然たる国権主義者として立ち現われたのはその一例である。一方、協同隊の有馬源内や高田露は相愛社に拠《よ》って民権主義を掲げ、激しく佐々らと対立した。

第十六章　土佐派の面々

いわゆる自由民権運動は、そもそもの端緒を板垣退助・後藤象二郎・江藤新平・副島種臣の四前参議の「民撰議院設立建白書」に発するが、江藤が計らずも討殺されるに及んで、まずは板垣以下の土佐立志社の面々の活動の形をとって、展開するに至った。従ってこの章ではその主だった面々について、ざっと述べておきたい。

板垣は旧姓乾《いぬい》で、天保八（一八三七）年土佐藩御馬廻の家に生まれた。土佐は長宗我部氏が滅び山内氏が入国して成立した藩であるから、郷士となった長宗我部旧臣と藩士との間はもちろんのこと、山内家臣団内部においても上下の区別は厳しかった。御馬廻は家老・中老に次ぐ上士中級に当たる。

山内容堂（豊信《とよしげ》）は嘉永元（一八四八）年藩主の地位を継ぐと、ペリー来船を機に吉田東洋を起用し藩政改革に当らせた。東洋は門弟の後藤象二郎・福岡孝弟《たかちか》・岩崎弥太郎らを登用、安政年間に確固たる業績を挙げた。容堂は将軍後嗣問題で慶喜派だったので、大老井伊の安政の大獄により退隠させられ、豊範が継いだが、実権が容堂に在ったのは言うまでもない。

吉田藩政に対して、尊攘派の声をあげたのは郷士出身の武市《たけち》半平太（瑞山）である。武市は江戸藩邸勤務中に水戸派・長州の尊攘派の影響を受け、文久元（一八六一）年土佐勤皇党を結成した。武市は吉田東洋に自説を説いたが、佐幕開国派の東洋に斥《しりぞ》けられ、文久二年四月、輩下に東洋を暗殺させた。勤皇党の画策により藩主豊範は入京、土佐は勤皇藩の地位を得たが、容堂の真意は朝廷・幕府の和親にあり、文久三年八月の政変で長州が失脚するや、武市以下の勤皇派を投獄、慶応元（一八六五）年には武市を切腹せしめた。

板垣は東洋執政時より登用され、勤皇派とは距離があったが、後藤象二郎が坂本龍馬の「船中八策」に基づいて、容堂を説いて幕府に大政奉還を建議せしめると、それに反対して武力討幕を主張した。三役のひとつ仕置役（中老より任命）に挙げられ、銃器を備えた西洋式の大隊「迅衡隊《じんしょうたい》」を編成する。この迅衡隊が東山道先鋒総督府に所属して甲府を占領、江戸へ入ることになる。迅衡隊は兵員六〇〇、司令板垣、左右の半大隊長が片岡健吉と祖父江可成、軍監が谷干城である。

その後迅衡隊は下野《しもつけ》の今市で大鳥圭介の幕府脱走兵と戦い、さらに会津攻めに加わる。板垣が武将としての才能を示したのは、この一連の戦闘指揮においてである。幕臣沼間守一は幕府の軍制改革により、フランス将校に学んで騎兵将校となり、大鳥圭介に属して板垣と戦った人であるが、板垣が若松城に向ったその迅速ぶりを、義経の「鵯《ひよどり》越《ご》への逆落《さかおと》し」に例えて賞賛した。板垣は平城攻略の際も、城兵が逃れて城門に入ろうとするのに尾して城内に入った。すなわち「付け入り」の戦法で一挙に平城を陥したのである。会津若松攻めの際も、板垣はこの付け入りを行い、城兵は辛うじて城門を閉ざすを得た。

板垣自身、「自分は帥に臨むと、奇妙な感覚を惹起《ひきおこ》すことがある。今敵がどこにどうして居る、又どの路を急いでくると云ふ感覚を惹起して、其の兵隊の多少まで、歴々として見ゆるが如くであるが、実際果して然りで、誠に妙じゃ」と語っている（佐田白茅『征韓論の旧夢談』）。

実際板垣は政治家となるより将帥となった方がよかった人なのかも知れない。明治三一（一八九八）年近畿での陸軍大演習の際、参謀総長川上操六は板垣に向かい、「閣下がもし身を軍務に投ぜられたならば、今日の閣下はまず元師でしょう」と言ったと伝わる。政治家としては彼は、これから見るように決して成功者ではなかった。

蘇峰は明治一五年板垣を訪ねた時の印象をこう書きとめている。「彼の容貌は如何にも男らしく気高く、その額は広いとは言わぬが、かなりに秀《ひい》で、眼は窪《くぼ》んで、ぱっちりと開き、鼻は高く、両頬《ほほ》は削《そ》げていたが、顔の道具は一切大きく、且鮮明に揃《そろ》うており、一見人格者であるかの如き感を与えた。曽って中江篤介が『ミゼラブルという言葉の標本は板垣の顔である』と評したことを聴いたが、成程どこかに一抹の淋《さび》しきところがあって、よく言えば悲壮とでも云おうか、平たく云えば何やら貧相」云々。

彼はまた情に厚い人で、少年の日乞食の親子を憐れんで、姉の晴着を与えたことがあった。姉はなじったが、母は何と思いやりある子か、わが家の名をあらわすのはこの子であろうと喜んだという。

大江卓の評すところでは、板垣は気風は貴族的で若い者を乾分のように見下すところがあり、気概のある男はどうしても反発する場合が多かった。馬場辰猪の場合は、それが極端にわたった例である。

馬場は明治三年、藩庁に命じられて英国留学の旅に出るが、四人の同行者、なかんづくその長とされた真辺戒作を「一行中一番無学にして魯鈍《ろどん》な男」と嫌い、真辺を長に推した板垣について、「この人物は、その後の閲歴で、他人の才能を見出すとか選抜するとかいうことには全然不適任であることが明らかになった」と『自叙伝』に述べている。

真辺だけではない。馬場はあとの三人についても、「彼等は不幸にも最も不適任なる位置に向って選ばれたものであったことが明らかになった」、彼らは自分の脳力には難しすぎる教育を受けるため「欧州へなど送られなかったら、日本で幸福な生涯を送」れただろうと言う。

四人のうち、深尾貝作が留学中死亡したのは事故によるもので、国沢新九郎は洋画を身につけて帰国後画塾を拓き、日本洋画界の草分けとなったのだから、馬場の言うように留学不適とは言えぬが、明治一〇年に早逝、松井正水は帰国後消息を絶ち、アメリカのオークランドで老残の生を送ったと言うし、真辺は帰国の翌年憂鬱のため病を発し自殺した。馬場は特に戊辰の役にも従軍した古武士然たる真辺と悪く、在英中決闘騒ぎを起している。

馬場は帰朝後自由党の結成に関わり、『自由新聞』の経営に当ったが、この頃の板垣についても「総理板垣は気質が変り易く、気むづかしく、いつもつまらぬ事まで口出しした。それればかりではない。板垣は、いつも自分で全く理解していない問題まで論じていた。そして誰か、彼の支離滅裂な道理に合わない話を謹聴しないといつも怒った」。自叙伝を書いた時馬場は、外遊後の板垣を見限っていたのだし、また逆に馬場自身の執拗な性格を示してもいるが、板垣の人物評価上、見逃せない論点を提示している。


土佐に凱旋した板垣は家老格に昇り、版籍奉還とともに県大参事となった。版籍奉還により従来の身分制もまた改められたが、のちに宮中にはいり保守の大立者となる佐々木高行が、士族と平民に二別し、士族は差別なく一級とするように主張したのに対して、板垣は士族を五等、卒族を三等にわかつことを主張、これが容れられた（明治二年一一月）。彼は後年、士族が武職を解かれぬ以上、軍隊としての運用上差を設けるのは致しかたなかったと弁解しているが、自由民権の観念が当時の彼の頭脳に兆していなかったのは明らかだ。

後年彼は会津戦争の思い出話を好み、その際、会津藩が滅じるのに民衆が何の関心も寄せぬのを見た時、民権の重要さに思い至ったと語ったが、それは蘇峰の言うように、当時の所感ではなく、いわゆるあと知恵の類いであろう。

しかし、明治三（一八七〇）年一二月、板垣が権大参事福岡孝弟とともに発令した「論告」には、「夫《そ》れ人間は天地間活動物の最も貴重なるものにして……固《もと》より士農工商の隔もなく、貴賤上下の階級に由《よ》るに非ざるなり。……人々に自由の権を与へ悉皆《しっかい》其志願を遂げしむるを庶幾《しょき》するのみ」とあり、すでにこの時点で彼の民権思想が成立していたことが知られる。

明治三年末、政府は勅使岩倉を鹿児島に派して島津久光・西郷の出京を促し、西郷は岩倉に随行した大久保・木戸を誘い、高知へ赴いて板垣と会った。課題は政府の常備軍として、薩長土から献兵することにあった。板垣は彼らとともに上京、明治四年二月九日の会議で親兵設置が決定、土佐からは歩兵二大隊・砲兵・騎兵各二小隊を献兵した。

続いて七月一四日廃藩置県の布告あり、政府も三条・岩倉を除いて公卿・大名出身者はすべて辞任、西郷・木戸・板垣・大隈が薩長土肥を代表して参議となった。板垣はこの時初めて政府要人となったのである。

板垣は明治六年政変で下野し、他三参議と共に「民撰議院設立建白書」を提出する数日前に、愛国公党と称する政党を結成し、その綱領を「本誓」と称して公表していた。しかしこれは名目だけのものにとどまり、下野以降の彼の立場固めは、明治七年四月一〇日の立志社設立として具体化した。

立志社は自由民権運動の中で簇生《ぞくせい》する地方民権結社の魁《さきが》けをなすものだが、実質は廃藩置県で家禄を失った士族救済の性格もあったようである。会長には片岡健吉が就任、片岡は会津攻めを行った迅衝隊の左半大隊長、林有造と並んで板垣の左右の腕と称された人物である。土佐藩馬廻り役の家に天保一四年に生まれた。長じて藩主山内豊範の側小姓、近習物頭など順調に出世している。

戊辰戦争後、藩の軍政に従事し、明治四年藩命により洋行するに至り、五月渡米、七月には英国に渡り、明治五年一二月まで滞在し、学習・見学に努めた。この間馬場辰猪から英語の手ほどきを得たという。

片岡は落ち着いた温厚な君子で、人望があった。立志社会長に推されたのも当然である。立志社は事業の第一として学舎を設けたが、その設立・運営を主導したのが片岡であった。大石正巳、尾崎行雄、犬養毅、奥宮健之など、自由民権運動の闘士はこの立志学舎に学んだのである。

立志社はまた法律研究所を設け、前司法大丞の島本仲道にこれを主宰させた。さらに商局を設け、林有造らの手に委ねて、製茶所を開くなど、県下物産の販売に意を用いた。

林有造は家老伊賀氏の所領宿毛《すくも》の家臣岩村英俊の次男として、天保一三（一八四二）年に生まれた。片岡よりひとつ年長である。英俊の長男が通俊、三男が高俊で、有造は幼少時に林家の養子となった。この岩村三兄弟は幕末から明治初年の政局のドラマティックな場面に顔を出す面白い存在である。

伊賀氏の臣として宿毛に生まれたのは、岩村三兄弟の他に竹内綱、大江卓、小野梓がいる。彼らは土佐藩主に対しては陪臣であるから、藩士たちからは差別される存在であった。

有造は一五歳の時、伊賀氏の嫡男陽太郎の近侍となった。竹内綱もおなじく陽太郎の近侍であったから、二人は同僚となった訳である。有造は陽太郎の伴をして度々高知城下町へ出たので、武市・板垣・後藤らと相い識ることになり、時勢の急なるを知ったのである。

戊辰戦争において、宿毛から一隊を派して北越戦争に参加したが、有造もその中にあった。宿毛隊が越後の戦場に着いたのは、官軍が長岡をやっと確保した頃で、庄内藩攻めに加わり、鼠《ねずみ》ケ関で有造も奮闘した。竹内も小野もこの戦いに参加している。

有造は明治三年八月、大山巖（薩）、品川弥二郎（長）とともに普仏戦争の戦況調査のため欧州へ派遣された。板垣が行く筈だったのが、不都合が生じて彼が替わったのである。通訳にはジョン万次郎がついたが、ロンドンで足を痛め帰国したのは先述した通りだ。

一行はアメリカ、英国を経てベルリンへ入りメッツ、ストラスブルグの戦跡を見学した。帰国したのは明治四年五月である。

帰国後有造は高知県権大参事として県政に携わり、翌五年一一月外務省出仕となった。明治六年政変により板垣に従って辞職。その後板垣の依頼で鹿児島の西郷を訪ねたことは先に述べた。また明治一〇年戦役に際して、種々画策したのも先述の通りだが、このような彼の履歴をみるといかにも策士の感があるが、実は「朴訥《ぼくとつ》無策の好々爺」と評されるような人柄であったと言う。

田中貢太郎の『林有造伝』は言う。「有造は策士ではなかった。伊東巳代治と結び、陸奥宗光と親しみ、伊藤博文に接近して、藩閥と自由党の連絡には当ったけれども、それは策士流に動いたのではなく、有造の持つ円満、真摯、朴訥の人格が発達した理性と相俟《あいま》って、党内にあっては衆望を負い、対外接衝の要務を余儀なくせられ、いつか世人をして、有造を策士の如く誤解させたのである」。


明治一〇年戦役に当たって、林有造と反乱を画策するところがあった竹内綱は、天保一〇年、宿毛・伊賀家の家臣の家に生まれた。長じて伊賀陽太郎の近侍となったのは先に述べた。同役の林有造より三歳年長である。

時勢急なるに及んで文久三（一八六三）年、岩村通俊と共に高知城下町に出、後藤象二郎と武市半平太に会った。後藤は第一に朝幕間を融和し公議による政府を樹立すべきこと、第二に産業を起こして貿易を盛んにすべきこと、第三に南洋の未開地に移民を送り国勢を張るべきことを論じて、大いに綱を感銘せしめた。

武市は例のごとく攘夷論を説くので、綱はそれではオランダまで追い払うのかと尋ねると、無論のこととの答えである。然らば我国で産出せぬ薬品、毛皮、銃砲はどうするのかと反問すると、武市は答に窮した。ここにおいて綱は攘夷論の根拠なきを確信したのである。板垣とは病中で会えなかった。

慶応二（一八六六）年伊賀家領の仕置役となり、翌年大阪に出、商人たちと宿毛物産の販売を協議、輸送のために五百五十石積みの帆船を購入、宿毛蔵屋敷も設けた。

明治元（一八六八）年、宿毛隊の出兵に従い、秋田県境の鼠ケ関で戦い、翌二年はまた大阪に出て二五〇〇トンの汽船を購入、大阪、神戸と丸亀間の旅客貨物の輸送を開始、好成績を挙げたものの、土佐藩の命により回送業はもとより、蔵屋敷の廃止を命ぜられた。綱は蔵屋敷の負債三万円の返済に苦しんだが、種々工夫してやっと解決を見た。さもなければ伊賀家重役から腹を切らされる処だったと言う。

明治三年二月、大阪府七等出仕を命ぜられ、警察の創設、浮浪の徒の処分、町村会の設置、河川改修などを行った。この項目を見ても、綱の本領が実業のみならず行政に在ったことが知られる。

明治六年一二月、陸奥宗光に招かれて大蔵省六等出仕となったが、木戸の依頼を受けて当時起訴された京都府の槙村正直を擁護しようとして、調査委員長大木喬任と衝突、明治七年四月大蔵省を辞任するに至った。綱は後藤象二郎の所説に感心して以来、その子分と言ってもよかったが、伊藤博文から政府に長崎の高島炭鉱を払い下げる意があることを教えられ、後藤に奨めてこれを買い取らせた。

高島炭鉱の経営は専ら綱に委ねられ、明治七年一二月以降長崎に在って専念したが、明治九年七月、坑内にガス爆発が生じ海水を導入したため、業務停止に至った。業務を再開したのは明治一〇年三月、綱はこの間、高島近くの三つの鉱山を手に入れた。

後藤は明治三年、蓬莱社と名づけて銀行業を行なって来たが、多額の負債を生じ、また明治八年の大阪会議（後述）によって元老院議員になったため、綱が後任の社長となり、負債の処理に当たった。しかし明治一〇年の役に際して、岡本健三郎の依頼により、英国一番会社より小銃八〇〇挺買入れの周旋をしたという罪状で明治一一年四月に逮捕され、やがて高島その他の炭鉱も岩崎弥之助の手に渡ることになった。

それまでの履歴からして、綱が林有造らの反乱計画に関わったのは不自然とも感じられるが、これは林らの計画の初めには、後藤を入閣させようとする策があったのだから、綱もその関係で林の依頼に応じたのだろう。綱は釈放後、後藤の改進党設立を推進する。あくまで後藤の参謀だったのだ。

大江卓も宿毛伊賀家の家臣である。生まれは弘化四（一八四七）年、林有造より五歳年下だった。土佐藩士たちから陪臣扱いされるのが癪の種で、長州では伊藤俊輔（博文）が大先輩の桂小五郎を「桂さん」と呼ぶ、土佐ではそんなことは思いも寄らぬと不平満々であった。

生まれつき正義感が強く、しかも思った通りしか言えぬ男だった。板垣に初めて会った時、彼が「大江君、しばらく」と言うのにこだわった。自分は初めて会うというのだ。板垣が「いや、会合で見かけているからね」と答えると、「その程度で知人ということはない」と喰い下がる。こうなると単に正義感というのではなく、とんでもない理屈屋ということになる。評伝を書いた三好徹は「叛骨の人」と呼んでいる。

大江は陸援隊との関係から、鷲尾隆聚《わしのおたかつむ》の高野山挙兵に参加した。鷲尾は岩倉具視に命じられて、紀州藩への抑えとして高野山へ兵を進めたのである。中岡慎太郎の死後、陸援隊は田中光顕の支配するところで、大江はこの田中が虫が好かず、結局は成り行きに巻きこまれたという結果に終わった。

大江は先に武器買付けのため長崎へ行ったことがあり、その時海援隊の中島信行と知り合った。中島は鷲尾の高野山挙兵に参加したが、彼も田中光顕と合わなかった。新政府成立後は兵庫県権判事となっていたが、大江を説いて神戸外国事務所に判事補として出仕させた。ところが土佐藩は、大江のような陪臣が政府の職に在ることを不快に思い、政府に大江召喚を要求して来た。

この時も救いの神は中島だった。これまで土居卓造と称していたのだが、これを機に大江卓と改め、洋行を命じられた中島の従者となって上海へ渡った。明治二年八月である。だが結局帰国の羽目になり、宿毛に禁慎させられたあと、明治三年やっと東京へ出た。

東京で大隈と会い、かねて念願する被差別民解放を説き、「賤称廃止」の建白書を二回にわたり提出した。これを機に民部省に出仕することになり、同年八月、「賤称廃止」の太政官布告が出た。

明治四年一〇月、陸奥宗光に招かれて神奈川県に移った。マリア・ルス号事件が起きたのは翌五年の六月である。県令の陸奥はこの件には手を出さぬ方がよいとの考えであったが、彼の辞職後県権令となった大江が、みごとに問題を裁いたのは先に述べた通りだ。

マリア・ルス事件の際相手に突込まれたこともあり、大江は司法卿江藤を説いて「娼妓芸妓解放令」を出させた。明治七年一月、神奈川県権令の地位を逐《お》われたが、これは高島炭鉱一件でパークスの反感を買ったからである。このあと大江は竹内綱との縁から、後藤の事業を手伝うようになり、明治一〇年には林有造らの挙兵謀議に加わって、翌五月逮捕され、一〇年の刑を宣告された。まさに「叛骨の人」の面目躍如というべきだろう。


中島信行は弘化三（一八四六）年、土佐国高岡郡（現土佐市）の郷士の家に生まれた。大江卓より一歳年長になる。一三歳のとき土佐勤皇党の間崎哲馬の漢学塾に入った。元治元年一一月、尊攘の念に駆られて、従兄中島与一郎、親戚の細木元太郎と脱藩したのは、間崎の影響によるものだろう。脱藩の途上与一郎は自決、残る二人はようやく長州の長府（現下関市）に入ることができた。

信行は高杉晋作の挙兵に参加し、さらに幕府の第二次長州攻めの際も各地で戦っている。慶応三

（一八六七）年の初めには坂本龍馬の亀山社中の一員となっていた。亀山社中はやがて海援隊となるが、信行は龍馬の秘書的な仕事に携わっていたと言う。陸奥宗光とは海援隊で知り合い、以後深い関係が続く。

龍馬が暗殺されたのを知ったのは、用務で兵庫についた時で、佐々木高行宛の書簡で「仰天伏地、心事忘却」と述べ、「龍の心事 聊《いささか》 継ぎ申度《もうしたく》」と誓っている。信行が板垣、片岡、林らと行き方が違ったのは、結局海援隊で龍馬の薫陶を受けたせいである。信行は鷲尾隆聚卿の高野山挙兵にも加わったが、すぐ除隊した。

王政復古成るや、一月に外国事務御用係、五月には外国官権判事に任命されたのは、海援隊の縁で長州の木戸や伊藤に知られていたからだろう。信行は民権派であったが、基本的には新政府の開明性を信じており、政府の一員として、おのれの志を遂げようとした。彼は外国官に採用された直後、新設の兵庫県権判事にも任命されている。知事は伊藤博文であった。外国官との兼任である。

明治二年一月、信行は上京して「国是綱目」を政府に呈出した。伊藤、陸奥と協議してまとめたものだと言うが、「万民ヲ視ルニ上下ノ別ヲ以テ軽重ス可ラズ、人々ヲシテ自在自由ノ権ヲ得セシム可シ」と民権主義を闡明《せんめい》している点に信行の面目が見られる。伊藤もまだこの頃はこういう考えに異を唱えてはいなかったのだ。

信行は明治二年一一月、大蔵省通商正に任命された。陸奥の妹初穂と結婚したのはこの年の暮れである。初穂は明治五年久万吉を生み、明治一〇年に病死した。久万吉はのちに財界人として名をなした。

明治三年、貨幣改造の調査のために米国に派遣され、九月に出港、ヨーロッパ各地を歴訪した。林有造と知り合ったのはロンドンにおいてである。翌四年三月、米国へ到着、種々調査を了《お》えて九月に帰国した。

信行は帰国早々、紙幣権頭、租税権頭兼横浜運上所長官に任じられた。要するに横浜税関を預かった訳で、種々のトラブルをめぐって外国公使との折衝に当たった。その間弱小国の悲哀を痛感、民権と同じく国権を重んじる彼の基本的態度が確立した。

明治七年一月には神奈川県令に補された。職員や戸長に訓告するに、政庁は「人民の公益」のためにあると説くのは民権家中島の面目であるが、同時に政令は人民の公益のために出されるのだから、人民はまたそれに従う義務があると説くのも彼の一貫した姿勢だった。しかし、明治八年二月大阪で大久保が木戸、板垣を招いて協力を乞うた時、中島は大久保に伴って下阪し、初めて板垣と議論を交わす間柄となった。五月台湾事件が起こった時、彼が辞表を呈出したのも大久保離れが始まったことを示していよう。辞表は容れられず、六月より開催された第一回地方官会議では幹事に選ばれた。地方官会議を開くのはかねて彼の持論だった。会議では彼は戸長、民会の公選を主張して戦っている。

大阪会議の結果、立法を荷《にな》う機関として元老院が設けられ、明治九年三月、信行は元老院議員に任じられた。元老院は当初は政府起案の法律を審議して却下する権限を持つとされていたが、やがて単に審議するだけのものとされ、有名無用の存在と化したのである。信行は元老院では国憲取調委員として、国憲案の作成に携わった。出来上がった国憲案は明治憲法に較べると全権民主的なものだったが、伊藤は欧州の模倣に過ぎず、国情を全く顧みざるものとし、岩倉具視とともにこれを葬り去った。信行が元老院議員を辞めたのは明治一三年一〇月である。この間、明治一〇年には、林や陸奥による大阪鎮台占拠の企てがあった訳だが、信行は一切関与していない。元老院議員を辞めたあと、板垣との交わりが深まり、共に地方遊説に出るようになった。これが彼の自由民権運動参加の第一歩であった。

田中光顕は天保一四(一八四三)年、土佐藩家老深尾家の家臣浜田家の子として生まれた。名は辰弥。米の飯が喰えるのは年に二、三度という貧乏暮らしで、文久元(一八六一)年高知へ出て武市半平太の道場に入って剣を学んだ。武市の勤皇論の影響を受けたのは言うまでもない。

文久二年四月八日の夜、叔父の那須信吾が訪ねて来て言うことに、「自分は今夜吉田東洋の首をとるつもりだ。もし事なったら、東洋のために幽閉されている深尾鼎《かなえ》公に知らせてもらいたい」。辰弥は早朝現場へ行って東洋の死を確認、ただちに鼎公に告げた。

文久三年二月、辰弥は鼎公の許しを得て京へ出た。京では同志平井隈山宅に寄寓、坂本龍馬、中岡慎太郎、高杉晋作、桂小五郎ら諸先輩に知られるようになった。当時京はいわゆる天誅が盛んで、辰弥とその仲間も何かやらかしたく、等持院の足利氏の木像の首を晒《さら》しものにしようと計画したが、他の浪士たちに先を越された。上京中の将軍家茂が東帰するという噂を聞き、怪しからぬ、要撃しようということにもなったが、主人深尾鼎から命があって帰国のやむなきに至った。

帰国後は謹慎を命じられ、土佐勤皇党の領袖たちが続々処刑されるのを見過ごすしかなかったが、元治元（一八六四）年八月脱走して長州三田屋に着いた。このあと大坂城焼打ち計画に奔走したりしたが、結局は大宰府の五郷との連絡に従うことになった。田中光顕を称し始めたのはこの頃である。

光顕は高杉晋作に入れこみ、全くその子分になったが、やがて陸援隊の中岡慎太郎に知られた。第二次長州攻めの際は高杉の下で奮戦。その年の八月上京して陸援隊に入った。中岡暗殺ののち、陸援隊の指導者となり、鷲尾隆聚卿の高野山旗上げに参加、隊長面して大江卓、中島信行に嫌われたのは前述した通りだ。田中はこの後宮中の実力者として重きをなし、多々の醜聞の主となった。

後藤象二郎は天保九（一八三八）年、馬廻組の家に生まれた。板垣退助の一歳年下で家も近く、彼とは幼友達の仲であった。しかし象二郎は叔母が吉田東洋の妾、即ち彼自身は東洋の甥であるところから、幼時より東洋から素読を授けられ、さらに東洋の「少林塾」に学んだ。福岡孝弟、岩崎弥太郎とは「少林塾」の塾生仲間である。

安政五（一八五八）年東洋が藩政を掌握すると幡多郡の郡奉行に任ぜられ、翌年近習目付、即ち藩主の側近となった。しかし、文久二（一八六二）年東洋が暗殺されると藩中の雲行きが変わり、後藤も辞任した。

翌三年、後藤は航海見習生として江戸へ出て幕府の開成所に学び、併せて戸塚静海の塾で蘭学を学んだ。元治元（一八六四）年帰国、大監察に抜擢された。当時彼が抱いていた考えは、竹内綱に語った所として先に紹介した。

大監察として彼が当たった任務は、前年逮捕されていた武市瑞山の審問である。東洋暗殺の自白を引出すべく拷問も加えた。武市は後藤を高師直と呼んだ。武市の審問を容堂は襖の蔭でしのび聴いたと言う。慶応元（一八六五）年五月武市が自刃せしめられたのは容堂の意志による。

後藤は慶応二年、事実上の首班である参政に昇任、発足したばかりの開成館の事業に携わった。開成館は汽船や銃砲の買付け、国産品の専売・輸出を行うもので、後藤は慶応二年七月、開成館の業務を推進するため長崎へ出張し、翌月には上海へ渡って汽船二隻を購入した。その後さらに汽船二隻、洋式帆船二隻等を購入、土佐藩貸殖局長崎出張所の事務所も設けた。

当然投入された藩費は莫大であり、国許では後藤が公金で豪遊しているという噂が立った。外国商人との交際がそのような印象を生んだのだが、わざわざ谷干城が調査のため長崎に派遣された。

しかし谷は後藤と会って彼の活動の実態を知り、帰国後後藤の弁護に努めた。

後藤が坂本龍馬と初めて会ったのは慶応三年二月のことで、いわゆる「清風亭会談」として名高い。清風亭とは料亭である。龍馬はこの時薩藩の援助を受けて「亀山社中」を設けていたが、更に飛躍のために、あえて師武市の仇である後藤を通じて土佐藩に伝手を求めたのであろう。一方後藤としては、龍馬によって薩長同盟が成ったことを知っていて、彼を介して土佐藩を全国的潮流に参じさせたいと考えたものと思われる。

龍馬は会談後次のように感想を洩らしている。「土佐に一人物を現出せり。かれとは元来仇敵なるも、更に片語の既往に及ぶなし、その識量の非凡なることを知るべし。又、かれが座上の話柄を常に己の方に移らしむる才弁は侮るべからず。とにかく一人物なり」。

ここで後藤の人柄について述べると、没後福沢諭吉は「尋常一様の規矩《きく》外に逸」する「非常に大胆の人物」と言い、陸奥宗光は「その談論の快壮なる、その不諱《ふき》無頓着なる、その放胆にして事を難しとせざる、その気宇《きう》の開朗にして沈鬱の色なき、何人もこれがために魅せらるるを避くる能わざるべし」と評している。

その後土佐藩から、またもや大監察の福岡孝弟が後藤の素行調べに派遣されたが、これが機となって、龍馬の海援隊と中岡慎太郎の陸援隊の設置が決まった。いずれも藩の「出崎官」に属し、費用は不足の場合のみ出崎官が拠出する。隊員は土佐藩士以外、志ある者の入隊を許した。

慶応三年六月、後藤は龍馬と共に藩船夕顔で京都へ向かったが、船中龍馬が後藤に示したのが有名な「船中八策」である。政権を朝廷に奉還させること、上下議政局を設け、万機よろしく公議に決すべきことが主要眼目である。この「船中八策」は龍馬と後藤の討論で生まれたものと言われる。

後藤は京都で薩藩の西郷、大久保らに、この幕府による大政奉還策を説いたが、あくまで武力倒幕を考えていた彼らも、一応後藤の策を認めても、最終的に武力倒幕の機はあると読んで、ここに薩土盟約が成立した。後藤はこののち、芸州藩、岡山藩、鳥取藩の家老たち、更に島津久光、松平慶永（福井藩主）、伊達宗城（宇和島藩主）に自説を説き、高知へ帰って容堂に、大政奉還の建白書を幕府に提出するように進言、容堂は喜んでこれを容れた。建白書が提出されたのは慶応三年一〇月三日、慶喜が諸藩重役を二条城に召集し大政奉還を告げたのが同月一三日である。

このあと一二月九日のいわゆる薩長のクーデター（小御所会議）によって、慶喜を排除して辞官納地を命じ、王政復古が宣言された。翌四年一月四日、鳥羽・伏見の戦いによって局面が武力倒幕に移るのは周知の通りである。

後藤は新政府の参与に名を連ねていたが、七月には初代大阪府知事となり、翌明治二（一八六九）年解任されて上京、五月の官制改革で大久保、木戸らと並んで参与となった。しかし七月のまたもやの復古色の強い官制改革で政権から排除された。この反動は永くは続かず、明治四年六月、復古派は追放されて大久保、木戸に実権が帰し、後藤も工部大輔に任じられた。工部卿は欠員だったから、実質的に工部省の長である。九月には左院議長に移った。明治六年に至って参議となり、留守政府の中枢の一員となった。

彼が西郷に与して参議を辞任した真意はよくわからない。板垣から国会開設の相談を受けると早速賛成し、イギリス帰りの古沢滋と左院議院小室信夫を紹介し、民撰議院設立建白書を作らせ、自らも署名したのであるから、この頃は確信的な民権論者になっていたのだろう。

しかし一方、彼には実業界に入って政治資金を蓄えようという考えがあり、明治六年には大阪の特権的商人と結んで蓬萊社という商事会社を設立していた。精糖、製紙に手を出し、高島炭鉱の経営にも携わったが、結局はうまく行かず、ジャーディン・マセソン商会とは訴訟を引き起こし、九〇万円もの巨額の負債を負い、結局明治一四年、岩崎弥太郎に炭鉱を買い取ってもらい救われた。この間彼は明治八年、新設の元老院議員に任ぜられたが、この状況では活躍の仕様もなかった。これが自由民権運動に再び身を投ずる時の彼の状況である。


三菱財閥の開祖たる岩崎弥太郎は天保五（一八三四）年土佐国安芸郡井ノ口村に生まれた。後藤象二郎より四つ年上になる。士族の最下級、農民の最上級である「一領具足」の家柄である。もともとかなりの資産家だったが、父の代から傾きかかっていた。しかし赤貧というのではなく、幼い時から塾で学び、一四歳で藩校の試験で賞を受けた。一方、大変な餓鬼大将で、次々と塾を変えたという。

十代の後半は別に志を立てるということもなく遊び暮らした。安政元（一八五四）年一九歳の時、奥宮という留守居組の侍が江戸詰となる際、頼みこんでその従者となり江戸へ出た。学問して身を立てる気にやっとなったのだ。江戸では安積艮斎《あさかごんさい》の塾に入った。長身で眼光鋭い学生だったと伝えられる。意外にもこの人には詩文の才があり、漢詩に佳品を残している。

しかし、安積塾での期間は短かった。父が安政二年末に紛争を起こして重傷を負う事件が生じ、帰国を余儀なくされた。

弥太郎の父は庄屋と対立して庄屋の手の者から暴行を受け、重傷を負った。弥太郎は出訴したが、一領具足の身分で庄屋を訴えるなど不遜とされたばかりか、判決を非謗《ひぼう》したというので七カ月獄に打ちこめられ、あげくは居村から追放の身となった。

弥太郎は八カ月の追放が解けると、家に戻って家政を整理し、安政五年には高知に出て吉田東洋の「少林塾」に入り、後藤象二郎、福岡孝弟らと学友になった。産業立国という弥太郎一生の志向はこの時形成されたのだろう。藩政を掌握した東洋のもと、安政六年六月、御廻役という藩職に就き、八月に長崎出張を命じられた。二六歳であった。

しかしこの長崎行は藩費を遊郭で使い果たすような漫然とした結果に終わった。長崎で接した「西洋」に対してどう身構えるべきか判らなかったのだ。およそ五カ月で空しく無断帰国し、免職になった。文久二（一八六二）年になって藩主山内豊範の上洛に伴うことになったが、これも途中失策があったとかで帰国を命じられた。このように二十代末の弥太郎は、自分の往く道も定かでない状態にあった。

その後約三年、弥太郎は家に在って、木材の取引きなど商売に従事した。つまりこの激動の時機に、彼は志士として立つ経験を一切持たなかったことになる。彼が自分の途を見出す機会はやっと慶応三（一八六七）年三月に来た。藩の仕置役福岡孝弟から、長崎出張の同行を求められたのである。福岡は坂本龍馬と中岡慎太郎に脱藩の赦免状を届ける役目を帯びていた。この二度目の長崎行は弥太郎の運の開き始めだった。後藤象二郎の信用を得、彼が長崎を離れる際に「長崎出張所土佐商会」を任されたのである。

商会の業務は武器、船舶の買入れや、海援隊がらみの紀州藩との紛争や、土佐藩士への外人殺傷事件の処理など、多事多端でグラヴァー始めとする外国商人、さらには英公使パークスとの交渉が重なり、弥太郎の視野は大きく広がり、自分に対外交渉の能力があるのも初めて自覚した。藩内の身分も新留守居組、すなわち上士の末席に連なることになった。

長崎商会は閉鎖され、明治二（一八六九）年一月、弥太郎は大阪に設けられた土佐藩開成館出張所へ移った。ここでも銃器、艦船の購入などに手腕を発揮し、経済官僚としての地位を確立した。弥太郎が藩の設立した九十九《つくも》商会の運営などを通して三ツ川商会を設立、明治六年三月、弥太郎の個人事業として三菱商会が発足する経過は省略する。三菱発足時、会社は藩の払い下げ二隻の他、五隻の船を所有し、東京・大阪、神戸・高知、神戸・博多の三航路を開いていた。

当時日本の海運で支配的地位にあったのは、アメリカのパシフィック・メイル社である。日本政府は当然海運支配を取り戻そうとして帝国郵便蒸気船会社を設立したが、経営は無気力で、パシフィック・メイルとの競争に打ち勝ったのは、弥太郎の三菱だった。明治七年三菱は千トン以上の大型船を大量に購入、航路を新設して国内海運を支配するに至った。国内の帝国郵便蒸気船会社との競争にも打ち勝ち、政府も三菱の経営効率を認めて助成金を出すに至った。

明治七年夏、台湾出兵に際しても、政府は局外中立を宣言した英米の船を傭《やと》うことが出来ず、やむなく兵員の輸送を三菱に託した。三菱手持ちの船では足りぬので、政府は新規購入するなど一三隻の船を貸与し、結局払い下げた。三菱はこれによって一躍会社規模を拡大したが、この間、従来言われてきたような政府高官との贈賄関係などなかったというのが今日の定説である。信頼して任せられる商社が三菱しかなかったということなのである。

兵員輸送のための政府助成は、西南戦争の際大規模に繰り返された。政府の助成金により新たに七隻を購入、莫大な輸送料を得た。この点についても、従来言われていたような政府高官との醜《しゅう》関係などなかったというのが今日の定説である。政府からすれば実力のある海運業者は三菱の他なかったのだ。

三菱の経営に当たって、弥太郎はあくまで各個人の会社という態度をとり、合資経営を拒否した。これについては挿話があって、ある時弥太郎は渋沢栄一と芸者を交えて会食したが、その際渋沢が会社経営は合資であるべきだと説くのに反対し、あくまで個人経営を主張したと言う。しかし彼は、このように個人経営を守りつつ、優秀な人材を集めて適所に配置し、その創意を採用するにやぶさかではなかった。特に福沢諭吉との交際から、彼の優秀な教え子を傘下に加えている。

弥太郎は明治一四年、後藤象二郎が経営していた高島炭鉱を引き受けた。意は進まなかったが、弟の弥之助は後藤の娘と結婚しており、更に福沢の懇請もあって、渋々引き受けたのである。さらに明治一七年には長崎造船所の経営も引き受けるに至った。

こうした三菱の隆盛に対して反感が生じるに到ったのも無理からぬ時流であったが、それについてはしかるべき所で後述しよう。

第十七章　愛国社と国会開設運動

明治七（一八七四）年一月、愛国公党を結成しながら、板垣退助がそれを放置したのは、地元立志社の設立に忙しく、さらに明治八年大阪会議で、大久保に木戸とともに引き出されて政府の参議となったからであろう。

しかし板垣は、参議就任と同時に愛国公党再興に着手、大阪に同志を集めて愛国社を設立した。明治八年二月、集まったのは土佐立志社の面々のほか、加賀の島田一郎、陸義猶、筑前の越智彦四郎、建部小四郎、豊前の増田宋太郎、肥後の宮崎八郎、阿波の小室信夫等で、すでに見たように、このあと明治一〇年の役に斃《たお》れた者が多く、島田は大久保の暗殺者である。すなわちこの時点では、地方の民権結社は微々たるものだった。

板垣は参議在任時に、政府が新聞条例・讒謗《ざんぼう》律を出して言論抑圧の姿勢を示しても、どうすることも出来ぬお飾り的存在でしかなく、八月江華島事件が起こると抗議して辞任するに至った。板垣と同志たちが愛国社を再興するのは、明治一〇年の役が終わり、それに関連して林有造ら同志が獄につながれた明治一一年になってからである。

同年四月の日付を持つ「愛国社再興趣意書」を読むと、いわゆる自由民権の高唱よりも、国民同士の交際・結合に力点が置かれていて意外の感がする。すなわち、藩が存在した時は士族は参政権を持ち、庶民も一藩を一国として共同の生活に慣れ、相互の眼を意識することで道徳も維持されていたのに、廃藩によって士族は参政権を失い、民心もまた疎隔するに至った。日本が一個の国家であるためには、かつて存在した藩単位の交親を全国規模で取り戻さねばならぬ。そのためには全国の人士が会して議論を交わす場が必要で、愛国社はその場として設けられるというのだ。

立志社は全国に遊説員を派遣し、九月愛国社再興合議が大阪で開かれるに至った。集まる者数十名といい、明治八年の愛国社会議の際よりはるかに多くの地方代表が参加し、規約も定め、大阪に事務所を設け、立志社より二名の駐在者を出した。しかし規約には各県より二、三名の代表を大阪に駐在させるとあるのに、実際に出しえた地方結社はひとつもない有様だった。

愛国社再興に先立って、明治一一年五月一四日、島田一郎、長連豪など主として石川県士族の六名が大久保利通を紀尾井坂に襲って斬殺した。島田、長は明治八年の愛国社設立会議の参加者である。斬奸状は「公議を杜絶《とぜつ》し、民権を抑圧」するのを大久保の罪状としていた。

時に林有造は獄中にあったが、五月一六日肥満した男が監房の前に現れ、看守に林有造氏はここに在るかと問い、看守が答えぬと、自分は島田一郎であると名乗り、暗に林に聞かせる風であった。

あとで林が大江卓に聞いた所では、島田は大江に「貴君等は時代物の大芝居企てられたればこそ中途にて仕損じたるなれ、僕等は一寸手軽く茶番をして見せたるまでなりと得意の体」だったという。七月二七日斬に処せられたが、監房を出るや「愛国の諸君お先へ」と大声で叫び、各監房ために震動するほどだったと林は述べている。

大久保については、池辺三山が『明治維新三大政治家』で論じている。彼はまず大久保論を雑誌に連載し、それを漱石が大変誉めて、続いて同じようなものを書いたらと奨めたので、岩倉、伊藤と論じたところで死んでしまった。『三大政治家』は死後の出版である。

三山はまず、斉彬が急死したあと、大久保が直ちに久光に近づいたことを、「ちょっと出来ぬ芸当」と言う。斉彬に傾倒していた者にとって、久光は斉彬の襲封を阻もうとするお由羅の子であり、いわば仇敵である。「それにもかかわらず大久保はこれを押し立てて仕事をしようとした。どうにも若い人には不似合いな、どこまでも思慮の実地を離れぬ人だ」。しかも久光に取り入るのに二年を費やしている。「その根気のよさといったら何ともいえない」。

もうひとつ驚くのは、大久保は自分で考えた主義方針がない。幕末の諸争点についても、みな当時の俊傑の説の最善というものを熟慮の上で採用し、執った以上「堅くそれを守るという、執着力の強い性質である」。「意地の強いという特色は、近世の日本には大久保に及ぶものはちょっと見当らない」。三山はそのほか、明治六年政変の際の西郷との関係など特に念入りに論じているが、大久保という人間の特色は、以上紹介したところに尽きる。三山の評は今日の大久保像の基本を形作ったものと言ってよかろう。

大久保は井上のように利をむさぼることはなかったが、新築した私邸はなかなか豪勢な洋館であった。しかし実際は資金が足りず、壁の中身は砂で、何かというとこぼれ出たという。しかし、西郷が東京で庶民なみの小居にしか住まなかったのに対して、これはどう見ても民に威を張る構えであった。民に声を挙げさせぬのは彼の一貫した政治姿勢だったのである。

愛国社は明治一二年三月、第二回大会を大阪で開いた。この時は一八県二一社から八十余人が集まったというから、前年の再興大会時より地方結社が各地に簇生《そうせい》したことが知られる。ただ勢い西南に傾いて、関東東北の参加はなかった。

この年九月、福島県三春の河野広中が高知に来訪した。彼が板垣から聞いて植木枝盛を訪ね、ルソーの民約論について知る所あった話は先に述べた。

一二年一一月、またもや愛国社第三回大会が大阪で開かれ、この時初めて磐城の三師社・石陽社（河野広中）、越前の自郷社（杉田定一）が参加し、いわゆる豪農民権が姿を現したのであった。この大会では立志社は国会開設の請願書を天皇に奉呈することを提案、福岡共愛会は條約改正建白の急なるを説いたが、討議の末、国会開設請願書を各地でとりまとめ、翌年春の大会で審議決定することとした。

河野広中は磐城国三春藩の郷士の家の三男として、嘉永二（一八四九）年に生まれた。板垣より一二歳下である。家は呉服太物業、酒造業を営む豪商であった。三春藩は五万石の小藩で、北に二本松・福島、南に白河、はるか西に会津若松がある。

広中は七歳の時父を失ったが、長兄広胖《ひろやす》は豪気な人物で、母リヨ子も賢夫人と称される女性であったから、のびのびと育って餓鬼大将の名を恣《ほしいまま》にしたが、一方幼時から読書を好んだ。家には祖父が手写した『太閤記』三六〇巻があり、その他『三国志』『漢楚軍談』等多くは軍書を濫読した。

他家から苦情の絶えぬ腕白であるのに情感もまた深く、一一歳にして祖母を喪《うしな》った時、髪を切って僧となろうとした程だった。そのあと二本松の商家に預けられたが、わずか二年余で家へ逃げ帰った。時に一四歳であった。三春の儒学者川前紫渓の塾に入り、初めて尊攘の志にめざめた。兄広胖の豪気もあって、家には志士、浪人の来訪も絶えず、さしもの家産も傾き始めた。広中は三春の同志たちとともに水戸天狗党の挙兵に参加しようとしたが、佩刀を研ぎに出していたため出発に遅れ、先発した同志たちは水戸に達する以前、幕吏と戦って死んだ。こうして広中は維新を迎え、戊辰戦争の局面に巻きこまれる。

三春藩は新政府に反抗する奥羽連合の一員となった。広中は同志数十名を集めて奇正隊と号し、幼少の藩主を奪って藩を官軍の立場に変えようと策したが、同志に逡巡する者が多く、結局兄広胖らが使者となって棚倉で官軍参謀板垣と会い、その後紆余曲折の末、ぎりぎりの所で三春藩は官軍に帰順するに至った。この奇正隊の一員には、後に県令三島通庸との闘争を共にする田母野《たもの》秀顕がいた。

広中は二本松攻め、会津若松攻めに参戦し、帰藩すると、因循固陋《ころう》の藩政を改革しようとしたが、門閥勢に沮《はば》まれて、明治元年一二月藩籍を脱するに至った。

その後広中は兄広胖が若松県権属であった関係もあり、明治二年一一月に同県の吏となったが、翌年六月には贋札《がんさつ》使用の厳罰に反対して辞職、一一月に三春藩庁の捕亡取締に任じられた。しかし藩政の要路にある人物の不正を弾劾して辞職せしめ、彼自身も明治四年九月、祠宮となって領内芦沢村へ移った。

廃藩置県によって磐前県が成立すると、広中は第一四区常葉の副戸長となった。彼が三春支庁に出張しての帰り、三春で購入した中村敬宇訳のミル『自由の理』を、帰路馬上で読んで思想上の大革命を起こしたことは先に述べた。広中は常葉の戸長に昇進し、区会・町村会を設けた。これによって広中は公議政治を実践を通じて体得したのである。明治七年には第五大区の区長に昇進した。ここでも区会・町村会を設け、大いに実績を上げた。明治九年地租改正に当たって委員に任じられたが、広中は土地を私有化するのは兼併の途を開き、貧富の距《へだ》りを生ぜしめるものとして、これを受けなかった。

明治八年六月、広中は地方官会議傍聴のため出京した。彼は会議の議事を国会開設に至らしむべく、傍聴人会議を開き建白書を上呈するなど努めるところがあったが、結果は空しかった。

明治一〇年の役が起こるや、広中は高知に板垣を訪ねた。彼は西郷が天下を制して武断政治が行われるのを怖れ、板垣に西郷に与《くみ》することなかれと説き、あるいは話によっては、板垣ら土佐派と全国の同志によって大阪を占拠し、西郷に先んじて進歩主義政府を樹立せしめんと計ったのである。

彼は九月に高知に着き板垣と会った。彼とは地方官会議に際して面識があった。諸々談論のうち、彼が愛国社の現状を問い、板垣が「自然消滅の状態」と答えると、彼は全国の民権結社の連合の急務を説いた。板垣が明治一一年九月愛国社再興の大会を催すに至ったのは、この広中の建言によるというのは伝記作者の誇張ではあるまい。

広中はすでに地方官会議傍聴を終えて任地（磐前県石川郡）に帰り、同志を集めて石陽社を設立、本部を石川に置いていたが、板垣との会見後、三春に三師社を創設した。

広中は明治一一年一月、新設の福島県庁の民会係に任命されて福島へ移り、県会・区会・町村会の三民会を設立せしめた。議員は選挙により、立法権も持つような民会の名にそむかぬものだったが、後年政府が地方統治の諸法を発令するに及んで、広中の民会にかけた理想も潰《つい》えたのである。

彼は独り福島に赴任し、家族は石川にあったが、石川の村民は彼の帰郷を熱望し、彼も明治一一年八月辞表を提出、一二年二月には三春の戸長となった。しかしこれも四カ月で辞し、東北各地に赴いて、東北の民権結社の育成と連合に努めた。彼は愛国社再興大会、第二回大会には、いずれも身辺多忙で出席できなかった。

明治一二年一一月、広中は甥の広躰《ひろみ》を携えて土佐へ赴き板垣、片岡と会って、石陽、三師両社と立志社の同盟を固くし、来る愛国社第三回大会で、国会開催を政府に要求すること、本社を東京へ移すことを求めて同意を得た。

明治一二年一一月の第三回愛国社大会には広中も参加した。大会で東京に支社を設けることが決まったのは専ら広中の主張による。東京支社は京橋区西紺屋町に設けられ、経費は石陽、三師の両者が負担した。

広中は帰郷するや、東日本各地に遊説隊を送りこんだ。「静岡以東、東海、北陸、関東、東北の各県は、殆んど磐州一党の足跡を印せぬ所とてな」しと『河野磐州伝』（大正一二年刊）は言う。磐州は広中の号である。その結果各地に民権結社が結成され、明治一三年三月、仙台で東北聯合会を開くに至った。

明治一三年三月、第四回愛国社大会が大阪で開かれ、二七社の代表一一四名が集う盛会で、「国会期成同盟」を設け、国会開催の請願を全国で募ることが議決された。なおこの大会では平岡浩太郎ら九州派が、土佐派に反発して退場する騒ぎがあったが、この調停に広中は大いに預かったと言われる。また政府は集会条例を公布してこの大会を弾圧しようとしたが、大会は発令寸前に終了した。

明治一三年四月一七日、国会期成同盟は片岡健吉・河野広中を代表として国会開設請願書を天皇に呈出した。請願人は二府二二県にまたがり八万七千人を数えた。

片岡と河野は請願書を太政大臣に手渡そうとしたが、太政官は小吏をして受取りを拒ましめた。しからば何処に呈出すべきかと問うと元老院だろうという。元老院へ行っても埒が明かない。要するに政府はこれを通常の建白書と見なし、拝見しましたよと言い、片岡・河野がこれが建白書でなく天皇への請願書であり、天皇自身の答が聞きたいと強調しても、何だかんだのナマズ問答に終わったのである。

明治一三年一一月一〇日、東京で国会期成同盟第二回大会が開かれた。この大会の特徴は東日本からの参加者が多数を占めたことである。問題は請願運動を続けるか否かにあり、植木枝盛は請願を繰り返しても徒労であり、今となっては政党を結成するほかはないと主張した。植木の主張はその場ですぐには容れられなかったが、政党結成の機運は高まり、数回会合を重ねた末、一二月の会合で自由党結成が決議された。この決議に至るまでの経過で重要なのは、沼間守一《ぬまもりかず》の嚶鳴社《おうめいしゃ》が参加し主導権を取ったことである。すなわち事務所を沼間の東京横浜毎日新聞社に置き、沼間を主任委員とした。

嚶鳴社は立志社以下の地方結社と異なる都市結社の代表的存在である。主宰者の沼間についてはいくらか先述したが、ここでその閲歴を概観しておこう。

沼間は幕臣高梨家の第二子として天保一四（一八四三）年に生まれ、幕臣沼間平六郎の養子となった。板垣より六歳年少である。一五歳のとき、養父が長崎奉行の従臣として長崎に赴いた時同行し、二年間ばっちり英語を学んだ。英語学習は江戸へ帰った後はヘボンの塾に入り、さらに磨きがかかった。

慶応元年幕府は兵制を改革、沼間は歩兵科に入り、フランスより招かれたシャノアン・ジブスケらに学び、歩兵頭並（大隊司令）に昇進、第二伝習兵千五百の指揮をとったが、彼の訓練ぶりは猛烈で、「進め」と号令をかける時は、ただ「ウォーッ」と叫んで右手の親指を突き出し、眼光らんらんとして大隊を戦慄させたと伝わる。

幕府瓦解に至るや、彼は抗戦を主張、招かれて会津藩に赴き、藩兵の訓練に当たった。その厳格さに反発も起こったが、効果も著しかった。やがて大鳥圭介が兵を挙げて野州で官軍と戦うやそれに加わり、下野今市における板垣率いる官軍との戦いでは、敵を分散させて、中央を撃破するナポレオン兵法を施して、板垣の心胆を寒からしめた。

沼間はそののちまた会津に入り、さらに庄内藩で藩兵の訓練に当たったが、庄内藩投降とともに捕らわれ、明治二年一月元旦に東京へ護送されたものの、わずかひと月半ばの拘留ののち釈放された。しかし彼をこのまま放置しては危険という説が政府内に起こり、それを案じた谷干城が板垣と計って、軍事教官として彼を土佐藩に招いた。沼間はかつて敵であった者に兵学を授けるのは不本意として、土佐藩邸に入り英語を教えた。明治二年五月のことだ。

明治四年の廃藩置県により、彼は藩邸を出て横浜で商業に従事したが、もとよりうまく行かず、明治五年四月、井上馨のすすめで租税寮七等出仕となり、七月には司法省七等出仕に転じ、欧州視察を命じられた。これはもともと司法卿江藤を長とする一行であったが、江藤に代わって河野敏鎌を長とし、川路利良、井上毅も加わっていた。

英国滞在はわずか一年余りだったが、この間英法を熱心に学んだという。明治六年九月帰国、河野のもとに司法省で働いたが、明治八年、河野が井上馨の尾去沢銅山取得の不正行為を暴こうとしたため、河野は元老院議員に、沼間は大阪裁判所へ転任させられ、沼間はただちに職を辞した。だが、二カ月後には河野の推薦で元老院権大書記官となった。

元老院時代、沼間の名を高からしめたのはいわゆるワッパ事件である。これは鶴岡県（旧庄内藩）の農民森藤右衛門が、明治八年九月、県政の非行を元老院へ訴え出たもので、詳細については後述に委ねる。沼間はこの件の調査を任せられ、現地に赴いて県令三島通庸と旧庄内藩士の県官たちの不正・非行を調べ上げ報告した。この一件によって沼間の元老院における名声が確立した。

沼間は明治六年九月に欧州より帰るとすぐに法律講習会を開き、これが明治一〇年戦役後、嚶鳴社と改称された。彼は官職に身を置きながら、民間結社の活動に意を注いだのである。彼は演説家たろうと志し、事実雄弁家として名を馳せるようになった。演説の必要を説き、実際にそれを始めたのは、一般に福沢諭吉とされるが、沼間も彼と並ぶ先駆者だった。

嚶鳴社では月に一、二回、日曜に演説会を開き満都の人気をさらった。同社の会友として集まった人士の中には、島田三郎、田口卯吉、肥塚龍、大岡育造、末松謙澄、金子堅太郎、馬場辰猪、末広重恭、田中正造、大石正巳等の名を見ることができる。演説・討論の主題は言うまでもなく、自由民権であった。

彼らは多く政府に職を奉じる者だったから、明治一二年五月、太政官は官吏の地位に在る者が公衆の集まる場で講義、演説することを禁じた。沼間はこのため演説会に集まる者すべてが嚶鳴社員となるよう提案した。そうすれば「公衆」ではなくなる訳だ。来会者百六十余名は即座に会員となった。この動きは関東・東北に及び、二九の支社が設立され会員は千名を越えた。しかし沼間は官職に在ることを不自由とし、明治一二年二月、元老院を辞職した。

明治一二年一〇月『嚶鳴雑誌』を創刊、翌月には『横浜毎日新聞』を引き受け、『東京横浜毎日新聞』と紙名を改め、自ら社長となった。一方彼は一二年一〇月、東京府会議員となり、「四番の府会」と称される程、数々の問題に貢献した（四番は彼の議員番号）。

先述したように彼はひと度は自由党創立に関与したのであるが、馬場辰猪らと和せず、自由党設立も名ばかりに終わった。そもそも彼は辛辣《しんらつ》な毒舌を吐く癖があり、そのため憎しみを買った。例えば国会期成同盟の席上で、武力によって政府を打倒すべしと息巻く連中に、「君らのうち鉄砲を肩にした者がいるか。銃の撃ち方も知らんで反乱もなかろう」と言い放って沈黙せしめた。しかし沼間の言説は論理の透徹において際立っており、言う所一々理に適《かな》う点で際立った思考家と見るべきである。

馬場辰猪は自由党結成に関わる人物のうちでも、徹底的な欧州至上主義者として特異な人物である。日本に在っては常に違和感に悩まされ、英国を故郷のように感じた。

彼は土佐藩の上士階級の中流の家に第二子として嘉永三（一八五〇）年に生まれた。沼間より七歳齢《とし》下、星亨と合い齢である。祖父は各奉行を歴任するやり手だったが、父来八は無能で女性関係もだらしなく、元治元年藩から「平生幕方惰弱」ゆえ家督を継ぐに及ばず、高知城下より立ち退きの処分を受けた。しかも一応家督を継いだ長男源八郎が、慶応元年大坂藩邸で事件を起こして処罰され、辰猪は一六歳で家督を継ぐことになった。

非運に見舞われた馬場家を維持したのは母寅子だった。夫来八には妾があり、寅子は源八郎、辰猪、駒、勝弥（孤蝶）のほか妾腹の二児も育てた。「世の中には妾に妻が追い出される例《ためし》もあるが、私は逆に追い出してやる」と言ったと伝わる程気の勝った人で、理財の運用もまた巧《たくみ》、夫と長男が頼りにならぬ馬場家を何とか維持したのはこの女性だった。

幕末の土佐藩は吉田東洋の改革、勤皇党の抬頭《たいとう》、東洋暗殺、武市処刑等、激しい政争の中にあったが、大多数の家中は政争に関わらぬいわばノンポリであって、馬場家もそのひとつであった。辰猪も志士気分など縁のない藩校の優等生として頭角を現し、慶応二年藩費留学生に選ばれて江戸へ出た。

辰猪は海軍機関学の修得を命じられていたのだが、そのためには英語を学ぶ必要があり、たまたま入ったのが奥平藩邸の福沢諭吉の塾であった。福沢塾はまだ塾生三〇人、学校というより書生たちの騒がしい集まりで、学習も上級の者が下級を教える「会読」方式、「学生たちの行状はなんともいいようのないもの」と辰猪自身が回想するように、遊郭通いが日常だった。しかし諭吉は後年、一七歳の辰猪を「眉目秀英紅顔の美少年」「天賦の気品如何にも高潔にして心身洗ふが如く一点の曇りを留めず」と回想している。

しかし辰猪は福沢塾で一年半を過ごしたあと、慶応四年一月、世情不安な江戸を去り帰国した。四月には長崎での修学を願い出て許され、長崎でフルベッキに英語を学んだ。だがこれも長続きせず、翌明治二年正月再び上京、芝の新銀座に移り名も慶応義塾と改めていた福沢塾へ入り直した。塾はすっかり面目を改め、講義が確立していて、辰猪は早速その一端を担わされた。つまり教師と学生を兼ねたのである。

一年ほどの修学ののち、明治三年四月、藩から英国留学生に選ばれ、同年七月、同僚四人とともに横浜を発った。ロンドンに着いたのは九月である。南部のグラマースクールで初等教育を受け、ロンドンのユニヴァーシティ・カレッジで物理を学んでいる時、岩倉使節団が来て、政府留学生の資格を得、テンプル法学院に通って、念願の法律・政治を学ぶことができた。当時の英国はグラッドストーンとディズレーリの抗争時代で、辰猪は議会を傍聴して、彼らの雄弁に魅せられた。

彼は在英中ふたつ大きい仕事をした。ひとつは日本人留学生の親睦会を、小野梓の協力を得て明治六年九月に組織したことである。当時ロンドンには百人ほど留学生がいたが、出身藩が違えば街で会っても挨拶すらしない状況で、辰猪はこの「狭量」を何とか打破したかった。

もうひとつは森有礼の英語を国語とせよとする主張に反論して、明治六年の秋、英文の『日本語文典』を出版した。これは森が日本語を近代的思想を語るに耐えぬ不完全で貧弱な言語としたのに対して、日本語がちゃんとした文法を備えた豊かな言語であることを明らかにしたもので、品詞論を含め当時としては傑出した日本語文法論であった。

明治七年末、政府は財源の点から欧州留学生を全員帰国せしめたので、辰猪もこれに従って一旦帰国したが、翌八年四月には旧藩主山内家の援助を受けてまた英国へ旅立った。高知のわが家に戻ったのはわずか二週間、一九歳下の勝弥はこの時初めて兄を知ったという。勝弥はのちに『文学界』同人として名を成す孤蝶である。辰猪はこの時立志社から運動に参加するよう要請されたが、それを振り切って再度渡英したのである。

彼は六月にロンドンに着き、三年後の明治一一年三月まで滞英することになる。この間三度パリを訪れている。また『日本における英国人』『日英条約論』の二つの英文パンフレットを刊行した。これは現行条約の不平等性と、それに基づく在日英人の傲慢《ごうまん》を激しく批判したもので、その後盛行する不平等条約改正論より一〇年先駆けた主張だった。

一方、彼の健康は蝕《むしば》まれ、精神的にも落ちこむようになった。その頃星亨と出会い、激論の挙句、つかみ合いの喧嘩になった。下層社会から身を立てた星と、辰猪のエリート意識とが合うはずもなかった。

辰猪の心が荒れていたのは、真辺戒作との間に惹き起こした決闘事件で明らかである。真辺は先述したように、土佐藩が欧州留学に送り出した四人のうち責任者の立場にあったが、戊辰戦争でも勇戦した武士気質の強い人物で、辰猪は自伝中、彼を口を極めて罵っている。

事の起こりは辰猪と真辺が口論の末、真辺が唾を吐きかけたというように在り、辰猪は明治一一年一月七日、真辺の下宿を訪うて決闘を申し入れた。冷笑するのみの真辺に対して、激昂した辰猪はナイフで切り掛かり、真辺に傷を負わせた。辰猪は自ら警察に出頭し、一五日まで拘留され、二月八日公判で宣告猶予とされた。辰猪はすぐに帰国すべく、三月一四日ロンドンを去った。横浜に着いたのは五月一一日である。

東京では日吉町に居を定めたが、この月の二七日には両親が勝弥（孤蝶）を連れて東京へ移住して来た。親としては辰猪の立身を期待してのことだったろうが、辰猪には官職に就く気はなく、結局父は東大医学部の門衛となり、馬場家は本郷に住んで辰猪との往来もほとんどなかった。長兄はすでに死んでいた。

辰猪はあくまで民間で事をなそうとした点で福沢の弟子であり、また福沢同様明治政府の一定の進歩性を肯定していた。詰《つま》り愛国社系統の過激な民権論者ではなかったのだ。彼はまず旧知の小野梓が作っていた『共存同衆』を活動の場として選んだ。


小野梓《あずさ》が土佐藩家老伊賀氏の所領宿毛の出身であり、戊辰戦争にも少年兵として参加したことは先に述べた。嘉永五（一八五二）年生まれ、家は薬種問屋を営む郷士だった。馬場辰猪より二つ年下である。

年齢からして志士としての履歴はない。志士という点では父節吉がそれで、岩村通俊らの仲間として活動していた。だが父は慶応二年の暮、身を以って国家の用に供せと遺言して病死した。

小野は戊辰戦争後、東京や大阪でさらに学業に励んだが、幸い知人の援助を得て、明治四年二月渡米し、ブルックリンで法律を学び、二年後の明治六年官費留学生となりロンドンに移った。ロンドンで馬場と留学生の会を組織したのは先述の通りである。政府の留学生総引き上げにより帰国したのは明治七年五月だった。

帰国後小野はすぐ「共存同衆」と名乗る団体を組織した（九月二〇日）。小野は発足に当たって、この会はロンドンで作った日本人学生会を日本に移し変えたものだと説明しており、当初のメンバーも留学仲間に司法省の若手が加わっていた。同年一二月には会則を設けたが、それによると月二回例会を開き、国民の権利と義務について自覚を促すのを任とするという。

翌八年二月には機関誌『共存雑誌』を創刊、九年には例会が講演会に改められた。会員は八年六月の時点で三三名にのぼり、赤松連城・大内青巒・島地黙雷ら仏教革新派のほか、金子堅太郎・島田三郎・菊池大麓・馬場辰猪の名も見られる。

しかし、この様な活動の一方、彼は明治九年八月司法省に採用され、明治一四年の政変に至るまで元老院、会計検査院等の官吏だったことを忘れてはならない。彼が官吏に登用されたのは、ローマ法を解説した『羅馬律要』の刊行がきっかけという。小野は帰国後すぐ執筆し始めた『国憲論綱』で明らかなように、天皇制と英国流議会制の両立を信じていた。

小野の実務性は共存同衆の会館建設提案によく表れている。会館は明治一〇年二月、日吉町（現銀座八丁目）に完成した。さらに明治一二年秋にはこの共存衆館に隣接して一棟を新築、これを文庫と講堂に二分した。

明治一一年五月に帰国した馬場辰猪が、帰国後初めての公開演説を行ったのは九月二九日、共存同衆の年次集会の席上であった。会場東大講堂に集まった聴衆八百。馬場は小野以下七人の講師の一人として演説したが、内容はロンドンで小野と学生会を組織した思い出に始まり、共存同衆の会員が公議輿論《よろん》を喚起する必要を述べた簡単なものにすぎなかった。その夜は湯島の昌平館で盛大な晩餐会が開かれ、馬場もこれに参加したが、その席にはやがて馬場の仇敵となる井上毅の姿もあった。

共存同衆の公開講演は機関誌『共存雑誌』に収録されたが、その回数は小野の二九回、菊池大麓一四回についで、馬場は一三回に及んでいる。なおも馬場はほかに共存同衆で行った連続講演を、明治一二年一月『法律一斑』と題して刊行している（版元は慶応義塾出版局）。これは「法律起原」「刑法ハ仁慈ニ基ク」「判事」「陪判」「代言人」の五部から成り、英国を範例として近代国家の法律制度を説いたものだった。

馬場は土佐立志社系の民権運動には批判的であった。『共存雑誌』に掲載した講演筆記の中では「本邦民権の有様を顧みるに、或は僥倖《ぎょうこう》を翼《ねが》ふものら弄《もてあそ》ぶ所と為りて、真偽殆んど分別し難く、そのあさましきこと今ま筆言すべからざるものあり」と極言している。また片岡健吉宛の手紙（明治一三年九月）でも、漫然たる志士を否定し、人は必ず一学一芸を身につけて職業につき、それを通して社会に貢献すべきだと説いた。

先にも述べたように、馬場は明治政府の施策の一定の進歩性を信頼していたし、民権を主張し、国会開設を望んだにせよ、小野梓と同様、極めて穏健な立場にあった。しかし、馬場が急進化せねばならぬきっかけを与えたのは、彼が信頼した政府の方であった。

沼間の項ですでに述べたように、政府は明治一二年五月、官吏が公衆を集めて政談を行うことを禁じた。これは会員に官吏が多い共存同衆にとって大打撃で、小野は日記に次のように書いた。「五月一二日午後、白蓮会に列す。聞く政府尚官吏の講談を禁ずと。是れ鼠輩《そはい》が予の世間に勢を得るを畏れ、この姑息の処置を為す。蓋《けだ》し是れ亡滅の基なる乎。吁々《ああ》惜むべし。予輩すら畏ろしくては最早もてかぬるべし。惟《おも》ふにこれは井上ギ（毅）のこそくりなるべし。明日出仕、明了《みょうりょう》にすべし。勢によっては辞官すべし。白蓮会の帰途、馬場を訪う」。この時は小野は大隈の慰撫を受け入れ、会計検査院へ移るにとどまった。彼と大隈の密接はここに始まる。

翌一三年四月には「集会条例」が公布された。政治に関して談論する集会は届け出と許可を必要とし、警察官が臨席して解散を命じることができ、軍人、学校の教員生徒は参加を禁じられた。共存同衆の活動は不可能同然となり、『共存雑誌』の刊行も五月で終刊した。

こののち小野は新設されたばかりの会計検査院の整備に努め、大隈に対して欧米の政党内閣制度を採用すべきを説いた。明治一四年政変のきっかけとなる大隈の「国会開設発議」の起草にも関わったと言われる。

一方馬場は官吏が公衆に公開される政論会に加わるのを禁じた時、彼自身は官吏ではないので、ほとんど一人で共存同衆の活動を担わんばかりであったが、集会条例が出るに及んで、「自由に政治講演をすることのできるような政治結社」（自伝）として、明治一四年四月、末広鉄腸、大石正巳らと「国友会」を作った。この名はフランス革命時の新聞「人民の友」から採ったのである。かくして馬場は小野同様、従来の穏健な立場から、政府と公然対決する急進的立場へ移るに至った。

第十八章　明治一四年政変と自由党結成

大久保は施政に当たって伊藤、大隈を頼み、井上馨を信用しなかった。大久保の死後、伊藤は井上を工部卿ついで外務卿に任じ、井上の支えによって大隈に対抗するを得た。この三人はかつて同居して梁山泊と呼ばれる仲であったが、大久保のあとを嗣《つ》ごうとする伊藤にとって、今や大隈は手強い対抗者となっていたのである。

それでも、明治一三年一二月末、伊藤、井上、大隈は福沢諭吉に、政府で新聞を発行するから引き受けてくれるように申し入れているのだから、この時点で三者間に対立はなかった。

総じてこの時期の政府は財政は大隈に任せっ切り、大臣・参議・各省長官のなす所もてんでばらばら、台湾出兵、明治一〇年戦役等の出費、鉄道を初め近代産業の育成等を紙幣増刷で賄い、物価は高騰、大隈は外債五千万円を募集して切り抜けようとしたが、エジプトなど外債により植民地化した先例によって否決された。参議大木喬任などは地租を米納に復帰せよと言い出す始末、佐々木高行・元田肇らの天皇側近を固める侍補グループは天皇親政を主張してやまなかった。

明治八年の大阪会議の結果、「漸次立憲政体樹立の詔」が出され、憲法制定の方向は政府としても承認しており、明治一二年末、山縣が国会開設の必要を建議したのをきっかけに、各参議は意見書を提出した。大隈はひとり遅れて、三月になって左大臣有栖川熾仁《ありすがわたるひと》に意見書を提出した。これは英国流の政党政治を前提に、明治一五年に憲法公布、翌年より議会を開設するという急進論であり、しかも、大隈は有栖川宮に他の大臣・参議には示さず直接天皇に奏上するよう求めた。

伊藤が大隈意見書を知り全文写し取ったのは六月二七日であった。七月一日には右大臣岩倉に、大隈の建白を読んだところ「意外の急進論にて」、自分のような「魯鈍」は到底ついて行けぬから辞職したいと申し出た。むろん本気ではなくすねてみせたのである。

しかし色川大吉は、伊藤は大隈の主張を常々承知していたはずで、「意外の急進論」というのはおかしいと指摘する（『日本の歴史』第二一巻、中公文庫）。承知していただけではない。その内容も欽定《きんてい》憲法であるし、政党内閣制と言っても、太政・左右の三大臣、軍部、警察、裁判所の高等官を永世中立官として、議会外の超然的存在とされている点で、伊藤の考えに叛《そむ》くものではない。これまで井上・大隈と三人で事を進めて来たのに、大隈が自分に知らせず密奏したのが頭に来たのだと色川は言う。伊藤は自分の意見書を出す際には大隈に見せていたのだ。

さらに大隈の意見書が、福沢門下の組織する交詢社の「私擬憲法」と大意を同じくしていることが伊藤の疑念をかき立てた。大隈の意見書の草案を書いたのは交詢社の矢野文雄だから、似ているのも当然である。伊藤は大隈が福沢と組んで政権を奪取しようとしているのではと疑ったのである。

坂本多加雄によると、伊藤は岩倉から大隈意見書を見せられた時、さしたる反応も示さなかった。ところが井上毅が伊藤に入説《にゅうぜい》を繰りかえすうちに態度を変え、岩倉に辞職をほのめかすに至ったのだと言う（『日本の近代』第二巻、中公文庫）。

井上毅は熊本出身で、俗に横井小楠の弟子などと言われるが、小楠との対話の記録を見てもその思想的懸隔は明らかで、この時は太政官大書記官、伊藤のブレーン的存在で、こののち憲法起草の中心となり、教育勅語もまた彼の起案による。集会条例等の言論弾圧策が彼の画策とみなされたことは前述の通りだ。天皇制国家の最強の蔭のプランナー・黒幕と言っていい。

大隈は岩倉から伊藤の立腹を聞き、伊藤と面談して和解しようとした。伊藤は大隈が前述の外債案を引込め、内外債五千万を提案するや、それに同意して共同提案者になっていた関係もあり、一応この時和解が成立したという。ここでまた伊藤のネジを巻いたのが井上毅だった。彼は伊藤ならびに井上馨に憲法は英国型でなくプロシャを範型とすべきだと説き、岩倉・伊藤・井上ら政府首脳を洗脳したのである（坂本前掲書）。もっともこれだけで大隈の政府からの追放が決まった訳ではない。決定的なのは続いて生じた北海道開拓使官有物払い下げ事件であった。

北海道開拓に当たったのは黒田清隆であった。黒田は五稜郭征討のさい、自分の頭を剃って榎本武揚の助命を実現したように、情に厚い正直な男で、北海道開発に当たってもアメリカからケプロンを招いて洋式の大農場を育成しようとした。もっとも農場開発には屯田兵を用いたのである。クラークを招いて札幌農学校を設けたことからも、彼の開明的志向は明らかである。ただしアイヌの運命に関しては無関心、つまり冷淡だった。

一方政府は北海道に集治監を設けた。樺戸（明治一四年）、空知（一五年）、釧路（一八年）である。明治一八年、太政官大書記官金子堅太郎は北海道巡視報告に「彼等ハ囚《もと》ヨリ暴戻《ぼうれい》ノ悪徒ナレバ」、道路工事に使用されて「斃《たお》レ死シテ其人員ヲ減少スルハ、監獄費支出ノ国難ヲ告グル今日ニ於テ、万已ムヲ得ザル政略ナリ」と冷語している。

明治一五年、黒田の開拓使は廃止となり、七月三〇日開拓使官有物の払い下げが決定された。無利子三〇年賦三八万円で五代友厚の関西貿易会社に払い下げるという。「東京横浜毎日」「郵便報知」「朝野」など新聞は一斉に払い下げ攻撃を開始、御用新聞とされていた福地桜痴の「東京日日新聞」までがそれに加わった。北海道にそれまで千四百万円も注ぎこんだのに、たった三八万円で払い下げるのは怪しからぬというのだ。

しかし色川大吉は言う。千四百万というのは開拓使設置以来の国費全部であり、払い下げ対象の官有物への投資額ではない。払い下げ物件の価格三八万円は品別に細目を見積もって決まったのだ。つまり決して不当な払い下げ価格ではなかったのに、黒田と五代の親しい関係から疑念が生じた。

北海道開拓使官有物払い下げ事件への批判が強まるにつけ、伊藤ら政府首脳には、大隈が福沢一門と岩崎の三菱会社と組んで、政権を奪取しようとしているのではという疑念が生じた。三菱は折から北海道に商権を承すべく手を打っていたのだ。三菱と福沢一派の密接な関係は世人の知る所だった。伊藤らの疑惑のさらに源には、当時高潮を迎えていた自由民権運動の国会開設要求があったことは言うまでもあるまい。

大隈は明治一四（一八八一）年七月末から始まった天皇の東北巡幸に供奉して離京した。大隈追放の謀議はその間になされたのである。一〇月九日岩倉邸に大臣・参議が集まり、大隈罷免、国会開設の大詔公布、開拓使官有物払い下げの中止が決定され、一一日に東京千住駅に帰りついた天皇に奏上された。天皇は大隈のことを悪く思っておらず戸惑ったが、承認するほかなかった。大隈は伊藤・西郷従道から罷免を告げられて茫然自失、宮中に参内しようとしても、左大臣有栖川に会おうとしても、ことごとく遮られた。大隈の追放とともに、彼の系統の官吏もことごとく辞職した。矢野文雄、犬養毅、尾崎行雄、小野梓、島田三郎等々である。

一〇月一二日、明治二三年を期して国会を開設する大詔が公布された。最早是非を言っている場合ではない。反政府側としても、この新事態に対して政党の結成を急がねばならなかった。

国会期成同盟は先に沼間らが結成した自由党を併せて、一〇月一七日会議を開き、翌日自由党の党則・役員を決定した。総理を板垣とするか後藤とするかは議論のある所だったが、後藤の固辞によって板垣と決まった。副総理中島信行、常議員後藤象二郎、島本仲道、馬場辰猪、末広鉄腸、竹内綱である。

たとえ一場のエピソードに終わったにせよ、昨年末、自由党を名乗る結合を作った沼間の名がないのはなぜか。三宅雪嶺は言う。「板垣の下に痩《やせ》浪人を集むるよりも、大隈の下に有力なる政党を組織するの得策なるを認めたるなり」(『同時代史』)。沼間は特に馬場と合わなかったと言われる。

翌一五年三月、大隈を党主とする立憲改進党が結成された。結成に加わったのは、河野敏鎌、前島密など、政府に在って大隈の下僚であった者、沼間、島田三郎らの嚶鳴社グループ、小野の共存同衆、および彼が高田早苗ら東大の学生を集めて作っていた鷗渡会、三田派の矢野文雄、犬養、尾崎らの東洋議政会であった。

このうち前島の場合を見ると、越後国中頸城郡の農家上野氏に生まれ、弘化四(一八四七)年江戸に出て医師の助手などをして苦学し、北海道へ渡って箱舘《はこだて》開成所にはいり、同所所有の帆船で長崎との交易に従事し、慶応元(一八六五)年鹿児島の開成学校で英語を講じ、翌年江戸へ帰って幕臣前島家を嗣ぎ、神戸奉行の下に職を奉じ、幕府倒壊後は静岡藩吏となり、明治二年の末政府の求めで民部省に勤仕し、かねて念願であった全国交通の促進のため郵便制度を創始した。この郵政建設によって彼は名を残したが、それは上司大隈の理解と激励によるところが大きかった。

板垣は結党以来、各地への遊説にいとまなかったが、明治一五年四月六日、岐阜で演説ののち、小学校教員の相原尚褧《なおふみ》に刺された。板垣はこのとき「板垣死すとも自由は死せず」との名言を吐いたと言われるが、これは介抱に当たった内藤魯一（三河交親社）の言であるらしい。板垣遭難の報伝わるや、各地の党員が武器を執って続々集まる不穏の形勢となったが、天皇の見舞いが下向するや沈静化した。

相原は無期懲役となったが、憲法発布の際恩赦になり出獄、板垣を訪うて往年の非を謝した。これからは北海道開拓に従事するとて、伊勢四日市より船に乗ったが、遠州洋を航行中行方不明となった。これまた明治人らしい数奇の生涯である。

板垣は結党間もない自由党の組織強化には意を用いず、専ら遊説を好んだ。河野広中は「遊説は一弁士の事、総理を煩はすべきに非ず。吾党は創業日浅く、百般の事務未だ緒に就かず。総理は宜しく内に在りて之を統括せざるべからず。然るに九州方面の糾合や、各社の結合や、其他の重要事件を閑却し、區々《くく》遊説を事とするとは何事ぞ」と批判した。

ところが板垣は遊説どころか、後藤と共に外遊すると言い出したのである。板垣が政党指導者としての適性を欠いているのは今や明白であった。

板垣は後藤に誘われて外遊を思い立ったのであるが、資金については後藤が華族蜂須賀から借りようとしたのにはさすがに同じず、かねての後援者である大和国の豪商土倉庄三郎から借金をした。しかし、今日明らかになっているところでは、そもそも板垣を外遊させるのは伊藤ら政府筋の計画で、井上馨が三井財閥から二万円の寄付を引き出し、それが後藤を通じ板垣へ渡ったのである。板垣自身もこれを薄々は察していたらしい。というのは、当時この事実を知る者は多く、板垣の耳に入らぬはずがなかったからである。

馬場は板垣の外遊に大反対であった。自叙伝で曰く。「党が結成されたばかりという時に、党首が党と自分の国を留守にしてしまうことがいかに不可解な行動であるかは、……道理のわかる人ならば誰にも理解できることである」。九月一七日、馬場は大石正巳、末広鉄腸らと、板垣の洋行を止めること、もしきかずに強行するなら総裁を辞任せしむべきことを決議し、本部に通告した。板垣は激怒し機関紙『自由新聞』から馬場を追放し、一一月一一日ヨーロッパへ旅立った。

馬場を初め末広・大石・田口卯吉らも『自由新聞』を去ったが、代わって主筆となったのは古沢滋で、彼は「偽党撲滅」「海坊主退治」の名の下に改進党と三菱を攻撃した。馬場は立場こそ異なるにせよ共に圧制政府と戦うべき友党への攻撃に大反対だった。板垣の帰国を待って、この方角違いのキャンペーンを辞めさせようと考えていた。

板垣の訪欧は馬場が見通していた通り、何の成果も生まぬ観光旅行だった。スペンサーとも会談したが、スペンサーは板垣の言う所にノウノウと言うばかりだった。しかも彼にはすでに総裁辞任の意が生じており、西園寺にそれを洩らしている。

板垣は明治一六年六月帰朝したが、馬場によれば、帰朝歓迎会席上、解党の意を洩《も》らしたという。

古沢の改進党攻撃をやめさせよという馬場の進言も容れられなかった。九月八日、馬場は大石・末広と共に自由党を脱党し、独立党と名乗るグループを結成した。

混迷を続ける自由党にあって、新たに党の組織運営に当たる二人のリーダーが現れた。大井憲太郎と星亨《とおる》である。二人とも代言人（弁護士）であって、徒らに大言を吐く壮士タイプと異質なオルガナイザーだった。

大井は福沢と同じ中津藩出身だが、中津の町から離れた宇佐郡高並村の庄屋の三男として、天保一四（一八四三）年に生まれた。板垣より六歳年少である。幼少から漢学を学んだのは当時の慣習通りだが、文久二年長崎へ出て蘭学とともに医学・化学を学び、慶応元年には江戸に出て開成所でフランス語を習った。箕作麟祥が大阪でフランス学の塾を開くと、早速下阪して入門、フランス語ならびにフランス法についてしっかり学んだ。明治七年一月、板垣ら前参議の「民撰議院設立建白書」が発表され、ドイツ学者で宮内省官吏の加藤弘之がこれに批判を加えると、大井は馬城台次郎の筆名で反論し、数度の論戦となった。大井がその存在を世人に認められるに至るきっかけである。

大井はこれより先、明治六年陸軍省に出仕し、江藤司法卿の委嘱で『仏国法典』を翻訳、同八年には元老院法律調査局員となったが、翌年元老院幹事陸奥宗光と衝突して辞職した。これは大井が出版社を作って『叢談』などを刊行したのが忌まれたのである。

下野したのち彼は明治一〇年北畠道竜らと「講法学社」を設立、これはわが国の私立法律学校の嚆矢である。一一年には北畠と合わず別に「明法学社」を創った。また『曙新聞』の記者にもなっている。

大井は明治八年の愛国社再興に参加し、自由党には結成当初から加わっていたが、当初は常議員にも選ばれなかった。常議員になったのは翌年の大会においてである。大井は「人存スレバ即チ自由アリ、自由滅スレバ、則チ人死ス」という徹底した天賦人権論者であり、「有司専制・武断政治・君主専制・干渉・抑圧」の峻烈な反対者であるのみか、文明化が同時に貧富の差の拡大となることに警鐘を鳴らし、特に土地兼併の傾向を憂えて、「各戸平均ニ耕地ヲ保有セシメ、典売ヲ禁ジテ永世ノ資産トナサシメ」ることを主張した。このような大井の急進論がやがて党内の年少気鋭の徒を惹きつけ、彼は党内左派の指導者として嘱望されるに至ったのである。

なお彼は早くから代言事務を扱っており、明治一六年に正式に代言人制度が出来ると、その一人に合格した。当時代言人には莫大な収入があり、大井が党内若手に影響力を持ったのには、一つはその財力もあずかっていたと言われる。

星亨は嘉永三年、江戸の左官屋佃屋徳兵衛の第三子として生まれた。大井より七歳下になる。姉が二人いる。母は相州浦賀の出で、大名屋敷の下女をしていて徳兵衛と知り合い結婚した。二人とも酒好きで派手な暮らしを好んだので、たちまち窮迫、徳兵衛は亨が一、二歳の頃家を出奔してしまった。母松子は二人の娘を奉公に出し、亭を連れて下女働きをしていたが、余りの生活苦に、堀に投げこもうと背負っていた亭を背中からおろしたこともあったという。

松子はやがて星泰順という、医者であって易者もし、生花・手習いを教える男と知り合い、嘉永五年二人は結婚した。麻布の裏長屋住まいで、泰順は街頭で易者をやり、松子は洗濯・髪結いをして、やっとその日の暮らしが立つ有様だった。松子の二人の娘は結局川崎の女郎屋に売られた。亭も叔父の家に預けられ、泰順・松子夫妻に引き取られたのは六歳の時であった。その頃一家は浦賀の隣村に住んでいたが、やがて浦賀へ移り、万延元年には横浜へ移住した。亭一一歳である。

翌年文久元年、亭は父の知り合いの医師渡辺貞庵の弟子となり、同家に住みこんだ。その間、彼の機転や意志の強さを語る挿話にはこと欠かない。そのうち幕府が横浜に設けた英学所に通い英語を学んだ。英学所に入るには幕臣の資格が必要である。折しも牛込矢来町の御家人小泉が御家人株を売ろうとしており、これを五〇両で買って彼は御家人たることを得た。時に慶応二年、一七歳であった。

養父小泉の知人に前島密がいた。前島は小泉の乞いを容れ亭に英語を教えたが、その能力に感銘を受けて、慶応三年、自分も籍を置く開成所に入学させた。こうして英学者たらんとする亭の志は順風に乗ったのだが、父泰順は約束の五〇両をなかなか払わず、また母松子も来ては大酒を飲むといった有様で、遂に小泉家は亭を離縁するに至った。だが、前島が亭を見捨てなかった。自宅に亭を引き取り、開成所での勉学を続けさせたのである。

慶応四年幕府が倒壊すると、亨は若狭国小浜藩に招かれて英学を教えたが、開成所で教えを受けた何礼之が大阪で塾を開くと、明治二年そこへ移って英書の研究に励んだ。この頃はすでに後年の親分的な風格が備わり、塾中、何派と星派が生ずるに至ったという。

その頃兵庫県知事陸奥宗光の求めで和歌山藩の英語教師となり、大阪府立洋学校（三高の前身）でも教鞭を執った。明治四年には横浜に移って、神奈川県立英学校教頭となり、翌五年大蔵省租税寮に出仕することとなったが、門弟を連れて料亭など遊び廻り、市井で巡査に乱暴し、閉門百日の刑に処せられ、大蔵省も免職となった。

そういう彼を擁護してくれたのは陸奥で、彼のお蔭で星はまた租税寮に復職、翌六年横浜税関次官となった。畳職棟梁の娘津奈子と結婚したのもこの年である。星はやがて税関長となり、明治七年には租税寮に戻り外事課長に任じ、同年九月英国法研究のため渡英せよと命が下った。

星は明治一〇年初頭までロンドンに滞在、その間ミッドル・テンプルで学び、バリスター・アット・ローの資格を得た。日本人でこの資格を得たのは彼が初めてである。帰国後彼は司法省付属代言人となり、明治一五年通常代言人の免許を受けた。自由党結成の翌年入党し、大井憲太郎らと法律研究所を設け、法に触れた同志を無料で弁護した。入党時彼が代言人として稼ぎ溜めた金は二万円に達していて、彼は党のため惜しむなくそれを散じた。党内の人望が高まったのもまた当然である。

植木枝盛は大井や星と違って、立志社発足以来の板垣の股肱《ここう》だった。板垣の声明文の下書きもしたし、彼の家に住みこんで娘の家庭教師をしたこともある。自由民権運動家としても一貫して活動している。しかし彼の真骨頂といえば、単なる自由民権論者でなく、日本思想史上珍しい、ニーチェ、スティルナーに類する自我至上主義者であった。この点において彼は全く異色の人物と言うべきである。

彼は安政四年（一八五七）年、高知藩の御小姓組の藩士の家に生まれた。まずは中級藩士である。板垣より二〇歳も年少で、立志社でも最も若い世代に属した。幼時より独立心に富み、父母がお前のようなことをする児はいないと叱ると、他児がしないことをしてどうして悪いか、その道理がわからぬと反論した。その敗け嫌いは、藩校に通学する際、校門の開かぬ前から待ち、第一の出席札を掲げずにはやまなかったという一事で明白である。

明治六年二月、旧藩主が設立した海南私学に入学すべく上京したが、学校の実態にあきたらず、校長や家令とさんざん言い争った末退学、一一月には郷里へ帰った。折しも板垣が立志社を興し、枝盛も民権論に目醒《めざ》める所あって、当時設けられた民会にもしばしば通った。

明治八年一月、彼は再び上京、板垣家に入って娘の家庭教師となるが、これは数カ月のことであったらしい。あとは学校へも通わず、下宿して独学したが、炊事も面倒とてパンと砂糖湯の三食であった。一方、明六社の講演会に通ったことは先述したが、慶應義塾における三田演説会にも欠かさず出席している。

しかし枝盛は、政府は民権論者と比べて改革の遅速の違いはあっても、主義主張においては「同志同感の朋友」だという諭吉の考えには同意できなかった。明治一〇年九月に発表した一文では、戊辰の変革は被治者とは関係がなく、新政府は幕府に変わらぬ独裁専制政体だと主張した。

彼はしばしば新聞に投書していたが、明治九年二月一五日に『郵便報知』に載った『猿人君主』が当局の忌む所となり、三月東京裁判所より禁獄二カ月に処せられたことは先に述べた。これを機に枝盛の思想は人民主権、人民抵抗権の方向へ急進化した。

明治一〇年二月、彼は板垣と共に高知へ帰り、翌月立志社社員として勤務を始めた。西南の役に際して彼の同情は西郷にあったが、林有造、竹内綱らの反乱計画に関わった形跡はない。彼は片岡健吉の政府への建白に同調していて、その建白書の第一稿も彼が書いた。

彼が力を注いだのは演説会の開催と雑誌刊行である。一〇年六月の日記によると、七日一六日一八日と続けて開いていて、『佐々木高行日記』六月二一日の項には「近来立志社ノ演説会殆ンド毎夜ノ如シ。市中ノ人家ニテ説キ、聴衆雑沓甚シ」とある。会場を個人宅ではなく劇場で開くようになったのは六月二三日で、枝盛の日記には「夜稲荷新地演劇場に於て演説会を為す。聴衆甚だ夥しく、屋内に入るもの二千斗《ばかり》、不能入返者亦《ま》た二千人斗と思ふ。然して混雑甚しきにより、中途閉会」とある。これは全く枝盛が主導したイヴェントであった。

立志社は明治一〇年八月、『海南新誌』と『土陽雑誌』を発刊した。前者は本格的論説、後者は啓蒙的記事を載せた。枝盛は『海南新誌』を主宰したのである。一一年一月には両誌を併せて『土陽新聞』となった。

さらに枝盛が心を用いたのは民会である。すでに小区・大区が設けられたので、土佐の州会を設けるべしとの意見が板垣周辺から起こった。枝盛も提唱者の一人だった。当時の高知県は後の徳島県も含んでいたが、両国は国情も異なるので、旧土佐藩のみの州会を開こうとしたのである。明治一一年七月選挙が行われ、枝盛は第八区の議員に選ばれた。しかし県庁が州会の設置を認めなかったので、一二月には名を連区会と改め再設申請したが、県令はこれも拒否した。

演説会や民会への関心を見ても、枝盛が民衆へ働きかける強い志向を抱いていたことがわかる。単に独り壮語してよしとする者ではなかったのである。彼はそのため「民権かぞえ歌」「民権田舎歌」を創作して流行らせた。「民権かぞえ歌」は二十番まであるが、「一ツトセー　人の上には人ぞなき、権利にかはりがないからは、コノ人ぢゃもの、二ツトセー　二ツとはない我が命、すてしも自由のためならば、コノいとやせぬ」といったものである。

枝盛は明治一二年六月に『民権自由論』を出版したが、「一寸《ちょっと》御免《ごめん》を蒙《こうむ》りまして、日本の御《おん》百姓様、日本の御商売人様、日本の御細工人職人様、其外、士族様、御医者様、船頭様、馬かた様、獵師《りょうし》様、飴売様、お乳母様、新平民様共、御一統に申上まする。さてあなた方は皆々御同様に一つの大きなる宝をお持ちでござる。この大きなる宝とは何でござる歟《か》。打ち出の小槌か、銭のなる樹か、金か、銀か、珊瑚か、だいやもんどか、但しは別品の女房を云ふか、才智すぐれたる兒子《こども》の事か、いや〳〵こんなものではない。まだ是等よりも一層尊い一つの宝がござる。それが即ち自由の権と申すものじゃ」という書き出しでわかるように、当時の論説にみられぬくだけた説きぶりであった。

この本は初め福岡で出版されたが、あと大阪その他からも発売され、何万部に達したか自分にもわからぬ売れ行きだったと植木は言っている。このような民衆への信頼に基づく啓蒙の姿勢こそ、馬場辰猪と対照をなすものだった。馬場は自由党に参加したが、党員たちの「馬鹿さ、無知さ加減は筆舌に絶」すると感じ、山形に遊説して聴衆の「無知」に呆れ、越後に招かれて「山形の聴衆よりさらに無知であることを知った」。このように党員・聴衆の無知を罵るのも、彼らが欧米流の会議のやり方を知らぬからだというのだ。こののち馬場が日本を去らねばならなかったのは、この民衆への侮蔑のためであるが、枝盛は民衆を説けば必ず酬いられる存在と信じる点で、幸せな論客だったのである。

枝盛はむろん愛国社再興に関わり、その機関誌『愛国志林』の編集に携わり、明治一四年廃刊となると、土佐へ帰って日刊紙『高知新聞』の主幹となった。明治一五年には福島に招かれ、『福島日々新聞』を編集したが、その年のうちに東京へ呼び返され、自由党機関紙「自由新聞」編集を託された。

明治一五年五月に開かれた酒屋会議は専ら枝盛の提唱に関わる。これは明治一三年に酒税が一挙に二倍に引上げられたのに対して抗議するもので、最初大阪で開く筈だったが府知事から禁止されたので、淀川に浮べた舟の中で四十数名で協議した結果、京都で開催することになった。枝盛は京都府から禁じられたら琵琶湖に汽船を浮べて開くつもりだったと語っており、彼の実行に当たっての粘り強さがよく現れている。

民権思想家としての枝盛の特色を示すのは、徹底した人民抵抗権の主張である。彼が作った憲法案には「政府国憲ニ違背スルトキハ日本人民ハ之レニ従ハザルコトヲ得」「政府恣《ほしいまま》ニ国憲ニ背キ擅《ほしいまま》ニ人民ノ自由権利ヲ残害シ建国ノ旨趣ヲ妨グルトキハ日本国民ハ之ヲ覆滅シテ新政府ヲ建設スル事ヲ得」との項目がある。

しかし枝盛はこのような急進的な民権の主張者、積極的な民衆工作者にとどまる者ではなかった。彼を他の自由民権論者と区別するのは、冒頭にも記したように徹底した自我崇拝者であったことで、このような自我意識は逍遙・四迷らによる明治新文学誕生まで見られなかった所である。

自我崇拝者としての枝盛の真面目を示すのは、明治一〇年から二四年まで書き継がれた所感録

『無天雑録』で、明治一〇年の項には「学問ヲ為ス須《すべか》ラク己レヲ以テ主トナス可シ。己レヲ以テ古往今来天地間ノ第一人者ト為シ、己レガ心ヲ以テ己レガ五官ニ依ルノ心持ニテ天地ノ事理ヲ学ブベシ。孔子モ釈迦モミルモバックルモ皆我ガ眼下ノ第二流物ト見做シ、其書ヲ学ブモ唯己レガ学問ノ参観トナスノミ」とある。

このような考えの根底には、殆んど異常の域に達する彼の自己崇拝があった。「己レヲ尊べヨ。己レノ事ヲ為スニ己レヨリ優レル者ハ天地転倒スト雖《いえど》モ決シテ不有可也」というのはまだしも、「天下ノ事ヲ知ラント欲スレバ来《きたっ》テ天爵正一位植木枝盛ニ問へ」「世界ニ植木枝盛ナカラシメバ天地必ズ晦冥《かいめい》ナラン」「上帝天ノ下ニ令シテ曰ク爾等応《まさ》ニ植木枝盛ヲ敬重スベシ、植木枝盛ハ即チ吾レナリ」と言うに至っては尋常ではない。

大声を発して自分の家に来て、「予ハ上帝也。乞フ汝ト角力セン」と言う者があったので、自分が「一指ヲ以テ其胸ヲ撞《つ》ク」と「頭ヲ掻《かい》テ逃走」したとも言っている。何しろ「天下植木枝盛ノ糞ヲ喰エバ富ミ且ツ栄エン」というのだ。「植木大明神、植木大権現、植木大菩薩、植木天帝、南無阿弥陀仏如意植木枝盛如来」ととどまるところを知らぬ。しかしまた彼はこの自尊が「癲狂《てんきょう》」ではないかという自己批評も出来たのである。

しかも彼は自愛を他愛に導くものとして把握した。人間は交際する動物であり、一人で事業は出来ぬのだから、己れを愛すれば他人を愛さざるを得ぬのである。しかしと彼はつけ加える。「他人ヲ愛スルハ己レヲ愛スルノ本意ニ外ナラズ」。

彼は一度も外遊しなかったが、それには信念があった。洋行を誇り洋行せざるを憾《うら》むのは「卑屈モ亦太甚シト云フベシ」。「今日ノ欧米安《いずく》ンゾ真成ノ文明ナラン。殊ニ幼稚ノ間ニ在ルノミ。吾ハ宜シク吾心中ニ於テ真文ノ開明世界ヲ造リ至美至善ノ天地ヲ造テ以テ自ラ之ニ優遊スベシ」。ここが馬場との大きな違いである。

また彼は天皇を一度も神聖化したことがなかった。「民人真ニ共和制ヲ行ヘバ是国家ノ幸也。人民既已ニ之ヲ好ムニ至テ而シテ後之ヲ行フニ何ノ憂フル所アラン」。彼は日記においてしばしば自分を「朕」と称し、「天皇と偕《とも》に寝《い》ね、又皇后と同衾《どうきん》して寝ね、交媾《こうこう》する事を夢む」と書いて憚からなかった。

彼は遊説するごとに遊郭に遊ぶのを常とした。これは当時の志士として珍しいことではないが、その頻度はやはり尋常ではない。男女平等の愛を主張し、蓄妾の習いを批判し、公娼制を批判するにしては矛盾というべきだが、彼は娼妓に対して一切差別感がなく、素人の女性に接するのと変らぬ感覚を持っていた。その基本には男女性欲の無条件肯定がある。彼は花が美しいのは雌花・雄花の交配の結果だと言い、男女交接を罪悪視せず却って賛美した。現実には金で女を買っているのに、彼自身の意識では、男女本能の自然な現れと解したのである。

彼は明治一四年七月、山脇という郷士の娘亀と結婚している。だが一年も経たぬうちに、山脇家が彼の行状に呆れて嫁を引き取ってしまった。彼の名が高まるとともに女性間には彼の人気が高まり、交際を求める女性は引きも切らなかった。明治女学校の教師であり『女学雑誌』の記者でもあった清水豊子とは相思の関係とも言われたが、豊子は古在由直と結婚し、哲学者古在由重を生んだ。

だが枝盛の真面目は当時としては彼一人、アナーキズムの境地に達したことに在る。『無天雑録』一四年一月の項に言う。「当ニ国家ヲ釈《と》キ、法律ヲ廃スベシ。爾《しか》ルトキハ、人々自由ニ社会ニ存在シ、十分ニ独立シテ、始メテ他人ノ為メニ己レガ意志ヲ制セラルルコトナク、己レガ意志ヲ枉《ま》グルコト無キヲ得可ク、斯ノ如クニシテ然后《しかるのち》之ヲ真成ノ自由ヲ得ルモノト云フベシ。最大幸福モ亦将サニ是ヨリシテ至ラントス」

一五年五月には言う。「人ハ自主ナリ自由ナリ。各己レヲ以テ天下ト為スベシ。各己レヲ以テ政府ト為スベシ。己レノ外ニ天ヲ置キ、己レノ外ニ政府ヲ置ク。豈《あに》人道ナランヤ。夫レ君主ト云ヒ、或ハ議会ト云ヒ、或ハ法庁ト云フ、未曽テ偽ノ凝結タラズンバアラズ」。

御覧の通り遂に議会まで否定するに至った。こんな考えを持った者は、当時彼ひとりしかいない。当然孤独だったろう。遊女と接したのもその孤独を慰めたのだったろうか。

自由民権運動は指導者層による政論・集会・建白等の活動の底辺に、民衆の伝統や創意による運動会等の多様な活動が拡がっていた。

演説会自体が民衆にとっては娯楽であった。諸書のよく引く所だが、木下尚江は中学生の頃、お寺で開かれた演説会について次のように回想している。「当時の予は勿論《もちろん》弁士の議論を理解する所の耳を持って居たのでは無い。只遊びに行ったのだ。予の祖母なぞも『坊様の眠むたい説教より元気が良くて面白い』とて、開会毎に出掛けられた。来衆の多数は子供であった。彼等は開会時刻前から早々押しかけて角力《すもう》は取る、鬼遊びは行《や》る、塵《ちり》や埃《ほこり》を煙のように蹴立てて大騒ぎに騒ぐのであった」。

聴衆はただ静聴するのではない。ノウノウと批判する者あれば、ヒアヒアと擁護する者がいる。集会条例によって警官が臨席し、中止の命令を出すようになると、それが一層景気づけになった。中止の理由を糾《ただ》すとて会場は騒然となり、警官が叩き出される場合もあった。むろん逮捕者も出るが、それが却って賑わいでもあったのだ。やがて民権講談も現れた。始めたのは『高知新聞』の坂崎斌《さかん》(紫瀾)で、馬鹿林鈍翁と称して講談一座を作った。

運動会もしばしば催され、旗奪い、球奪い、綱引き、撃剣試合など、従来からあった対抗競技が行われたが、そのいずれも圧制政府対民権派の対抗の形をとった。安丸良夫の『民衆運動における「近代」』に依拠して、そのいくつかを紹介しよう。

明治一五年一一月、高知県で行われた「漁魚大懇親会」では、会場入口の門には「自由棲処是吾郷」と大書され、集まる者二千人、地曳網《じびき》で魚をとり、旗奪い競技を行い、最後に弁士たちが演説した。

栃木県では一六年七月「大鯰退治運動会」が開かれ、白衣を着「自由帽」をかぶった三百の壮士が隊列を組み、作りものの鯰を木剣・木刀で切り刻んだ。あとは感極まっての「顚覆《てんぷく》踊り」である。これは「あっせっせい、てんぷくせい」というのである。

その翌月の運動会では、八百人が竹槍を携え陣太鼓を鳴らして行進、おなじ年の七月の利根川土手における自由運動会でも、紙張りの「軍帽」をかぶり木銃を持った人びとが隊伍《たいご》を組んで行進している。その旗には「自由以レ血買」と書かれていた。隊員は二六〇人、見物人は三千人にのぼったという。

民権葬儀もまたこの頃の流行だった。その最初は九年六月に新聞社四社が集まって浅草寺で催した「新聞供養大施餓鬼」である。高知で一五年七月に『高知新聞』の発刊停止に抗議して同紙の葬儀が行われ、『自由党史』は「暑を冒《おか》して会する者数万人、景況全市を傾け、士女狂するが如し」と伝えている。一五年一二月には石見国で「新聞演説の大施餓鬼」が行われ、参加者千人、見物人二千人という。

明治一五年八、九月の頃、自由党急進派の一部が東京三田の宗正寺で秘密会議を開いた。奥宮健之、小林樟雄、新井章吾、富松正安、桜田百衛らである。奥宮は土佐藩主山内容堂の侍講の息子、馬場辰猪の国友会に入って活動した。新井は栃木、小林は岡山の著名な指導者で、桜田は岡山の人で『西洋血潮小暴風《にしのうみちしほのさあらし》』の著者として名がある。富松は加波山事件の主将となる人である。

当時馬車鉄道敷設のために失業の脅威を受けていた人力車夫に働きかけようという方針が決まった。竹内綱のお抱え車夫をしていた三浦亀吉という車夫取締がいて、奥宮と桜田がこれを訪うて示威集会を催すよう奨め、三浦の賛成を得て開かれたのが、一五年一〇月四日、神田明神境内における車夫懇談会である。当日は三百人が集まり、酒樽五、六本を並べ、演説、勧誘、大いに賑わった。

続いて各所で車夫懇親会が開かれ、一一月二四日には浅草井生村楼で「車夫政談会」を催し、参加者三千人にのぼった。消防夫もこの動きに加わるに至ったが、世上これを「車会党」と称んだ。ところが思わぬ事件が生じて、折角の盛り上りに水が差されるに至った。一一月二八日夜、奥宮、三浦、照山峻三の三人が吉原に登楼した帰り途、巡査を撲って逮捕され、三人とも重禁固四カ月の刑に処せられたのである。三人の拘留中、あとの活動家は「車会党」を発足させ、党則も定めたが、これまで活動をリードして来た奥宮・三浦を欠いては、これも名目だけに終った。なお照山は政府のスパイとしてこののち殺されるが、当時すでにそうだったのかどうか。

明治一五年一月、高知で坂崎斌が民権講談を始めたのは先述したが、東京で民権講談が開かれたのは、一六年七月六日、外神田の千代田亭においてだった。松林伯知ら本職のほか、奥宮健之が『経国美談』の一節を講じた。三日間客留という大成功だったという。続いて七月一五日から千代田亭で十日間、日本橋の自由亭で一〇日間、同じ顔ぶれで演じられた。

政府は演説会同様、臨席の警官に中止せしめ、奥宮健之は八月四日軽禁固一カ月に処せられた。しかしそれで挫折する健之ではない。出獄すると講談師の鑑札を受け、先醒堂覚明の芸名で浅草亭、若松亭で「東洋民権百家伝」から「アラビアン・ナイツ」など語った。客は大入満員、ひいきの新橋芸者は引幕を贈ったが、それは蓆《むしろ》旗を染めぬき、旗の両肩には生首が描かれるという物凄いものだった。一二月二日、政府はついに健之に軍談禁止を申し渡した。

しかし、政治講談の流行は地方にも波及し、名古屋、信州上田、上州高崎などで講談会が開かれ、発祥の地高知でも再興されている。東京でも明治一七年一杯は続いたのである。

民権歌謡も土佐に起って全国に普及した。小唄の替唄、手まり歌、都々逸体の新作などで、植木枝盛の『民権かぞえ歌』はすでに紹介したが、立志社の安岡道太郎作『よしや武士』は三弦に合うこともあって大いに流行った。「よしやなんかい苦熱の地でも　粋な自由のかぜが吹く／よしや此身はどほなり果ちよが　国に自由がのこるなら」といった調子である。

第十九章　県令三島通庸

三島通庸《みちつね》は山形・福島・栃木の県令として、道路建設と民党の弾圧をもって「土木県令」「鬼県令」の名をはせ、蘇峰から「六尺の身をもって明治政府の長城たり」と評された男である。彼の事業をたどれば、各地の民権派の実態もまた明らかとなろう。

父通純は薩摩の下級藩士ではあるが、御能方太鼓役を務め藩主の覚えもよかった。通庸はその長男として天保六（一八三五）年に生まれた。小野道場で示現流の剣法を磨き、伊地知正治から兵法を学んだ。伊地知は戊辰戦争で東山道総督府参謀として軍略を発揮した人物で西郷の親友でもあった。

嘉永六年弟の伝之丞が、仲間の少年から「太鼓《てこ》打ち」と罵られ、決闘して斬り殺した。薩摩には橘南谿が『西遊記』に特筆するように、辱めを受ければ相手を斬り、自分も切腹するという習わしがあり、伝之丞も家族・友人に見まもられて自裁した。伝之丞は一六歳、通庸は一九歳であった。父は悲嘆の余り狂気に陥り、座敷牢に幽閉された。

そして二年後の安政二年、今度は通庸自身が仲間と揉め事を起こし、相手が刀を抜いたのに対して素手で格闘して傷を負った。友人も母親も通庸が雪辱するのを憂え、事を知った藩庁は二人を隔離させ、通庸は城下より西一二里の隅之城へ送られ、謹慎三年に及んだのである。彼がこの時相手を斬り自決していれば、後年福島事件も加波山事件も起こらなかっただろう。歴史は必然のみならず偶然の重なりでもある。父は彼が許されるに前後して、安政五年に死んだ。

謹慎がとけて城下町に戻った通庸は、折から大久保利通らが結成していた精忠組に加わり、文久二年島津久光が兵千名を率いて上京した時、通庸もその一員となった。このとき精忠組の激派有馬新七らは、他藩の志士と結んで京都所司代を襲撃する計画を練り、四月二三日伏見の船宿寺田屋に集まった。通庸もその中にいた。久光は大山格之助（綱良）、奈良原喜八郎ら討手を派遣し、斬り合いとなって有馬新七は殺されたが、通庸は奈良原の説得に応じて帰順した。

文久三年久光は再び上京、通庸もこれに従い、他藩との交渉役に任じられた。言うまでもなくこの時薩藩は会津藩と組んで八月一八日クーデタを起こし、長州藩を追い落として七卿落ちとなる。元治元年、沖永良部島に流罪中の西郷が許されて上京、軍賦役に任じられ、大久保は帰国、通庸もそれに従った。通庸の少年時からの親友柴山龍五郎の父はかねて通庸の人物を見込んでいて、娘の和歌を嫁がせることを望んだ。二人は元治元年五月結婚した。和歌は一〇歳歳下であった。

通庸は結婚後再び上京、禁門の変に際しては西郷の下で小荷駄方、つまり武器弾薬、兵糧の補給役をつとめた。戊辰戦争においては、通庸はまず人馬奉行として東征に加わり、次いで西園寺公望に従って山陰道鎮撫に赴き、さらに越後路から会津へと転戦した。

帰国した彼はすぐに会計・民事奉行に任命された。西郷は戊辰戦争が終わるやすぐ帰国、明治二年藩政を大改革した。同年九月通庸が日向国都城の地頭に任命されたのも、西郷の意に拠る。

都城は長年本家の分家筋となる島津氏の領分であったが（四万石）、当時の領主島津元丸は幼少で、西郷の藩政改革の際、千五百石の士族とされ鹿児島城下町に移住させられた。しかし都城の藩士・領民は旧主を懐かしんで、通庸の地頭就任は大いに反感を以て迎えられ、地頭役所の標札を叩き割られた。

さすがに通庸も一旦は辞職を願ったが、西郷から説得され、大決心して改革に着手した。まず農地の均等配分から着手し、次いで道路を開き、新しい街区を建設し、移住者を募って賑やかな街並みを出現させた。学校や神社もこの際設けられたのである。「土木県令」としての彼の履歴の原点は、この都城の市街開発、道路建設にあった。つまりこの時彼は、道路作り、街作りの楽しみを知ったのである。この成果にはさすがの領民も納得し、のちに彼の遺徳を顕彰する碑や胸像が建てられるに至った。

明治四年一一月、通庸は東京府庁に転じやがて参事となった。これは知事大久保一翁に次ぐ地位である。彼がまず手がけたのは銀座煉瓦街の建設である。当時の銀座は一歩裏通りに入ると細民の居住地だったのである。ところが明治五年二月二六日大火が起こって、京橋、築地へと延焼、四一カ町四八七九戸が焼失した。この焼け跡に洋式の煉瓦建築を並べた街路を建設する計画を推進したのが、大蔵省の井上馨と渋沢栄一、さらに三島通庸だったのである。

建設の事業主体は東京府であったから、三島の主管する所となり、彼の都城での経験が生きることになった。明治八年五月には銀座煉瓦街が完成した。ただし煉瓦建築は湿気がひどく居住性が悪かったと、当時の諸文献は語っている。三島自身について言えば、市街・道路を建設する娯《たの》しみがさらに身についたであろう。

三島は明治五年一一月、教部省教部大丞に栄転した。東京府知事の大久保一翁は三島に府政をほとんど任せ切りで、この転出に際して三島に「老人其の実大弱り、イヤイヤながら御歓び申上候」と書き送っている。

明治政府は当初太政官の上に神祇官を置き、廃仏毀釈を推進したが、漸次方針を改め、明治五年教部省を設け、神道、仏教を問わずキリスト教以外の宗派を、天皇至上の「敬神愛国」精神養成のために動員しようとした。三島は教部省に残存する神仏分離派と、神仏合同の立場から激しく争ったといわれる。

明治七年一二月、通庸は酒田県県令に任命された。酒田県とは後の山形県中、旧庄内藩の藩領であった地域である。この任命は大久保利通の強い要請によるもので、大久保は戊辰戦争で敵対した東北地方の政情を深く警戒していて、東北経営の第一歩として、通庸を起用したのである。

庄内地方は維新後も、松平親懐ら旧藩重臣の支配するところで、薩摩同様新政府の指令に従わなかった。貢租の金納令も無視し、依然として米穀現物を徴集し、特権商人と結託して売り捌き、莫大な利を得ていた。また士族授産のための松ケ岡開墾に農民を使役し、県費を流用した。


酒田県民の不満は明治七年二月に至って、石代納（金納）願いの形で、各地で表面化した。県側は二月末、村々の指導者七名を逮捕、三月に入るとやはり石代納を願い出た鈴木弥右衛門の家屋を、年貢一三五俵の未納の代わりに押収、取り壊す暴挙に出た。

旧庄内藩士には、県政を壟断《ろうだん》する旧重臣層に反対する一派があり、その指導者本多允釐《いんり》は村民たちの要望に応え、各村の総代四名を引き連れ、三月上京して内務省・大蔵省に訴えたが、県庁の添《てん》翰《かん》がないという理由で受理されなかった。彼らは帰郷して県庁に添翰下付を願ったが、県庁はそれに対して、更に六名の各村民を逮捕した。

これがいわゆる酒田の「ワッパ騒動」の始まりである。ワッパというのは弁当箱のことで、もし要求が通ったらワッパ一杯の金がはいるというので、その名がついた。

酒田県が旧藩同様の施政を行い、新政府の方針を無視している点は、政府筋でも問題になっていたが、内務省は七年七月、松平正直内務少丞を派遣、石代納を認めさせるに至った。しかし農民の不満は収まらず、村費に関わる賦課と雑税の廃止が要求の中心となった。県当局はそれに対し、九月一一日本多允釐ら指導者四名を逮捕。逮捕はその後も続き、拘留者は一時七八人にのぼった。

ここで酒田の豪商森藤右衛門の建白運動が始まる。一〇月一一月と続いて左院に建白、一二月着任した三島県令にも建言したが、何の答えもなかった。翌八年一月には内務省に、四月には司法省に出訴、いずれもその甲斐なく、五月から六月にかけて元老院とその副議長後藤象二郎に建白書を提出した。ちょうど六月第一回地方官会議が開かれ、その傍聴の際森は河野広中と知り合い、河野の手記によれば森は「朝夕予の旅館に来て、杯を交はしながら意見を上下し」た。

元老院は八年九月権大書記官の地位にあった沼間守一を鶴岡に派遣、実情を調べさせた。沼間が酒田県政の非を訴える森の言い分をほとんど認める報告書を作り、抗議する三島を一喝して斥けたことは、沼間の項で先述した通りだ。

三島は着任するや、県庁を酒田から鶴岡に移すことを政府に申請、八月末に認められ、これと同時に県名も鶴岡県と改められた。これは騒動が鶴岡周辺で始まり士族も関係しているので、士族を撫御《ぶぎょ》するためにも県政の中心を鶴岡に置きたいというのだ。さらに彼は八月から九月にかけて村々を巡回し、人心の鎮静を計った。その際指導者たちを呼び出して訓戒し、態度が悪いとて気絶するまで打擲《ちょうちゃく》せしめることもあったという。

地租改正後、明治九年一一月課せられた鶴岡県の地租は大幅に減額、旧税に比して二五%も引き下げられた。これはワッパ騒動を鎮静する意図によるもので、明らかに騒動の成果である。さらに森藤右衛門らの陳情の成果として、明治九年四月、司法省は児島惟謙判事を鶴岡に派遣、一一年六月に至ってようやく判決が出た。これにより農民側は県に納入した諸税のうち六万三千六百円余の還付を得た。しかし還付金の取り分をめぐって農民側に分裂が生じ、ワッパ騒動も終熄に至った。

三島の土木熱は鶴岡においても発揮された。鶴岡城址を公園化して庄内神社を建立、道路改修、橋の架け替えを行い、一部三階建ての近代的な小学校舎を造り、「朝暘学校」と名付けた。教職員二二名、生徒七二一人という東北一の小学校だった。洋風建築の郡役所や警察署も造った。ただワッパ騒動を鎮圧しただけではなかったのだ。

明治九年八月、いくつかの県に分かれていた羽前国が山形県に統一されると、三島はその初代県令に任命された。着任したのは一〇月である。彼が着任するや、米沢町の民権結社「有志社」が県会開設の建白書を提出、それを受け翌年七月に、選挙によって選ばれた県会が五日間開かれた。この県会は県庁の諮問機関にすぎなかったが、県民の関心は高かった。

三島は着任早々、まず県庁舎を新築し、それを起点に左右に「済生館」(県立病院・医学校)、警察署、師範学校、勧業博物館、製糸場を配する堂々たる官庁街を造り出した。しかも県庁東の荒野を拓いて、「千歳園」と称する広大な産業試験場を設け、梨、サクランボ、リンゴ、葡萄などを栽培させ、今日のフルーツ王国山形の基礎を築いた。

道路建設はもとより彼の主要事業とするところだったが、最も意を注いだのが栗子新道（万世大路）である。これは山形県と福島県を結ぶもので、東京へ至る最短距離となるものであったが、県境には険しい栗子山が聳《そび》え、八六〇米《メートル》に及ぶトンネルを掘らねばならなかった。人力による掘削は遅々として進まず、三島は当時世界に三台しかないアメリカ製の蒸気式穿坑機を導入、明治一三年一〇月福島側から掘った隧道《ずいどう》と遂に通じることができた。当時として偉業と称すべく、明治天皇も視察して「万世大路」の名を与えた。

ここで逸すべからざるは、「鮭」と「花魁《おいらん》」で有名な高橋由一が伝手《つて》を求めて三島に接近し、明治一四年八月山形を来訪、「栗子山隧道図」を描いたことである。芳賀徹はこれまでの由一自身の風景画にも、伝統的山水画にもない「畏怖をおぼえさせるような自然の重圧感」と、「それに挑んだ近代化の力闘の跡」が定着されていると評する（芳賀『絵画の領分』）。由一はこののちも山形県各地を歩き、三島の開発の成果を作品に写し『山形新開図誌』を刊行するに至った。

開発費用はかなりの部分を地元が負担したのだから当然不満もあった。しかし三島の遣《や》り口には合理性があり、結局は納得せざるを得なかった。牧野伸顕は「三島は常に法令全書と算盤《そろばん》を座右に置いていた。当時の政治家・官僚は封建武士の出身で法規や計数に暗いのが普通であったが、ひとり三島は、何か問題があれば直ちに法令全書を開いて法規に当たり、また費用の問題については自ら直ぐ算盤を弾いて計数を明示するのを常とした」と語っている。技術的な面でも、自ら土木技師並の知識をもち、部下を驚かせた（阪谷芳直『三代の系譜』）。

明治一五年一月、三島は福島県令兼務となり、翌月福島県庁に初登庁した。七月には山形県令の任を解かれ、福島県令専任となった。

三島は赴任するや直ちに、いわゆる会津三方道路の建設と取り組んだ。いずれも若松を起点とし、喜多方・米沢・山形へ至る羽州街道、山王峠、今市より東京に至る野州街道、鳥居峠から新潟に至る越後街道である。

三月には会津六郡を代表する連合会を開かせ、一五歳から六〇歳までの男女は毎月一日工事に従事、それが出来ぬ場合は男一五銭、女一〇銭の代夫賃を支払うべしと決定された。また総工事費四八万円中三八万二千円が郡民の負担とされるに至った。

三島は四月県会を招集したが、自ら出席することは一度もなく、議案の説明、答弁はすべて部下任せだった。県会はそれに対して、議案毎号否決という過激な決議を行った。三島はいささかも動じる風はなく、内務省から県予算の承認を受け、直ちに工事に着手した。

服役は午前五時半から午後六時までとされ、居住地から工区へ出て来るだけでも数日を要する場合もあったが、実際には六割以上が代夫金を支払うことによって夫役を免れた。これは寄付金と併せ、郡民の重い負担となった。

三島は一方、政府から一六万円の授産金を得て旧会津藩士に施し、六月三〇日に会津帝政党を結成させた。帝政党は三島の爪牙《そうが》となって会津自由党迫害につとめた。一方、会津自由党の宇田成一らは八月から一一月にかけて会合を重ね、「権利恢復《かいふく》同盟」を結成、宮城控訴院に訴状を提出した。

県側は同盟の指導者の居村を中心に、財産を押収し公売に付した。「同盟」総理赤城平六の居住する新合村では四百余戸が処分の対象となった。さらに一一月二四日から二六日にかけて宇田成一以下同盟の活動家が続々逮捕された。これは同盟員より訴訟費用として一〇銭ずつ徴集したのが詐欺罪に当たるというのだ。

この一斉逮捕に抗議する農民たちが、一一月二八日、棍棒・山刀を手にして喜多方町に集合、その数は数千にのぼったという。彼らは喜多方警察署より宇田成一らは他に移ってここにはいないので解散せよと説諭され、一旦その場を引揚げたが、余勢を駆って弾正ケ原に集まり気勢を揚げた。この時会津自由党の瓜生と杉山が激烈な演説を行い、群衆はまた喜多方署に押し寄せ、そのうち投石する者がいたので、警察は抜刀してこれに応じ負傷者が出た。

翌二九日、警官隊が「権利恢復同盟」の本部を襲って、四十数名の幹部を逮捕した。さらに一二月一日、福島自由党の本部無名館にいた河野広中、愛沢寧堅《やすかた》らを逮捕、ここに各警察に抑留された自由党員は千人を越えた。

明治一六年七月、河野らを裁く高等法院の裁判が始まったが、ここで問題とされたのは道路開削反対よりも、河野らが一五年八月一日に作成した盟約書であった。五カ条から成るが、第一条には「吾党は自由の公敵たる擅制《せんせい》政府を顚覆《てんぷく》し、公議政体を建立するを以て任となす」とあり、この顚覆の二字が武力反乱と解されたのである。この盟約書について河野はしばしば後悔の念を語っており、事実当時の彼は道路開削反対においてもむしろ運動の過激化を怖れていたのであった。

盟約書は河野らの逮捕の後、無名館の事務を預かる鎌田直造により破棄されたのであるが、同館に勤める田村暁雲なる者がそれを知り当局に密告、当局では盟約書に署名した河野、田母野秀顕、愛沢寧堅、花香恭次郎らにその原文を想起せしめ、盟約書を復元したのである。従って、この裁判は断罪の根拠たる文書が現存しないという異常な状況下で、九月一日に宣告を下した。河野は軽禁獄七年、田母野秀顕、愛沢寧堅、平島松尾、花香恭次郎、沢田清之助は軽禁獄六年であった。田母野は一一月二九日、石川島監獄で病死した。時に三四歳。

この裁判は大いに世論を湧かせた。元幕府町方与力の原胤昭《たねあき》は神田須田町で錦絵の問屋をやっていたが、「天福六家撰」と題して、田母野秀顕、花香恭次郎、平尾松尾と錦絵三枚を出したら発売禁止となった。無料ならいいんだろうと、四斗樽を持ち出してその上に乗って人々に配った。そのため禁固三カ月に処せられ、石川島監獄にぶちこまれた（『戊辰物語』）。

明治一六年一〇月、三島は栃木県令を兼任するよう命じられた。着任した彼がまず直面したのが、県庁所在地を栃木町から宇都宮町に移す一件であった。宇都宮町はもともと譜代大名戸田氏の城下町であったが、明治六年栃木町に県庁が置かれ、官公庁、学校、銀行等が設置されると、次第にわびしさを加えた。しかし人口、商工業の点では依然として圧倒的な優位を示していたのである。明治一五年から県庁を宇都宮町へ移せという声が高まったのは当然であった。栃木町は位置からしても県南に偏っていた。これに対して、民権派が多い県南部の豪農層は移転に反対で、田中正造もその一人だった。

三島が栃木県令に着任するや、宇都宮町の有力者から、県庁設置の用地・建築費を負担する申し出があり、三島もこれを容れて政府に申請し、明治一七年一月二一日に県庁を宇都宮町へ移す太政官布告が出た。

三島は四月から県庁舎建築に取り掛かり、九月に三層の同形屋根の上に時計台を頂く堂々たる洋風建築が竣工したが、単に県庁舎だけでなく、道路を拡張し、学校・銀行・商業施設の建ち並ぶ近代的街並みが出現した。これは山形で行ったのと同様の手口で、三島としてはお手の物だったのである。

「道路県令」三島は、その名にふさわしく、栃木県でも塩原新道の開設と陸羽街道の改修を行っている。塩原新道は北は山王峠から会津三方道路とつながり、南は陸羽街道を交叉して東京への出口となる。いずれも地元の負担が大きく、紛擾《ふんじょう》の種となった。三島の宇都宮町の街造りと道路建設に反対する不満と反抗は、田中正造の詳説するところである（『田中正造昔話』）。以下彼の記述に従って、三島県政に対する県民の反抗の有様を紹介しよう。

まず先立って、田中正造のそれまでの履歴を概観しておかねばなるまい。彼は天保一二（一八四一）年、下野国安蘇郡小中村に生まれた。生家は二千石の高家（朝廷・公家関係の儀式典礼を司る職名）六角氏の領民で、祖父の代から名主を勤める豪農だった。

「予は性来口訥《とつ》にして記憶力に乏しかりし」と彼は回想する。句読も画も習ったが、覚えは甚だ悪く、十四歳のとき「親族等相議《はか》りて」これ以上学ぶ必要はなかろうということになった。ただ「独り喧嘩角力《すもう》の技だけは長足の進歩をなし、年長の児童も能《よ》く予に敵する者少なかりき」。つまりは餓鬼大将だったのだ。

一五の時一夜青楼に遊んだだけで黴毒にかかり、江戸へ行って治療を受けようとし、連れ戻されて幽閉された。だが松苗を得てわが家の山に植えたり、桑畑を作ったり、殖産の意欲を早くから示した。安政六年父が割元に昇任したので、あとを嗣いで名主となった。時に一七歳。

彼は大いに農事に勤め、他に比して一反二斗増収を得るほど働き、両手には鍬瘤《くわだこ》、鎌創《かまきず》が後日まで残る程だった。しかし農業の利潤は知れたものなので藍玉商を始め、「拮据《きっきょ》経営ここに三年の星霜を費して」三百円の大金を蓄めることができた。

そこに生じたのが六角家騒動である。父富蔵は割元に進むと同人坂田某と結んで、六角家の経済を建て直し、借財を払って五千両の余得を得た。だが坂田の死後用人筆頭となった林三郎兵衛がこの金に目をつけ、若君近々婚礼に借口して、江戸屋敷の改築を画策した。工事の際請負業者から賄賂を得るつもりだったのは言うまでもない。時は文久二年、天下の形勢日々に急なるに不急の工事を起し、折角蓄めた五千両を消費するの愚を富蔵は説き、六角家の当主も同意して、林の発議は一旦斥けられた。

しかし、六角家の当主が物故し、林は幼君を擁してしきりに江戸屋敷の改築を急ぎ、一方田中父子を孤立させるべく策謀したので、正造は六角家の親戚に訴え出、そのため慶応四年四月獄に投じられるに至った。正造は抗議のため断食三〇日に及んだ。翌明治二年、在獄一〇カ月余りで領内から追放との判決を受け出獄した。しかし「奸党《かんとう》の張本林三郎兵衛」らも処分され「予等正義派の意見は終に全く貫徹するを得た」。

このほとんど六年間にわたる六角家騒動への関与は、理不尽な事には身命を賭して抗争するその後の正造の行動の原点と言ってよかろう。正造は財産を処分して借財も清算し、両親には養老手当を残して村を出て、一時は近村の地蔵堂で手習い師匠をした。そのうち府県学校取調掛の織田龍三郎の知るところとなり、東京浅草の織田邸に入った。ところが織田は失職し、正造は織田夫妻と貧乏暮しのどん底に陥った。折しも正造の知人早川なる者が江刺県（陸中国の一部）の役人となり、正造に同行を勧めた。明治三年一月である。

江刺県では鹿角《かづの》という秋田県境に接する辺境に派遣された。ここに県の花輪支庁が在ったのである。ところが正造はここで思わぬ奇禍に遭うことになった。明治四年二月三日、県権大属木村新八郎が何者かに斬殺され、正造が犯人と疑われて逮捕されたのである。

正造は江刺県庁所在地に移され、獄中算盤責めの拷問にあった。周知のように三角形の木歯を並べた板の上に座らせ、五貫目の石を三個積み上げるのである。彼は明治七年四月無罪釈放に至るまで、三年余在獄した。前半生において二度の長期在獄を経験するというのは、波乱多い当時の諸人物の履歴に徴しても、やはり異数のことと言わねばならぬ。民権家として名の挙がる以前に、彼が投獄など屁とも思わぬ人間になっていたことを銘記すべきである。

郷里に帰った正造は酒屋の番頭となり、明治九年まで勤めた。もちろん身に合う仕事ではなかったが、「予が生活の快楽なるは六年前地蔵堂を出でしより以来未だかつて有らざる所」と述懐しているのを見ても、彼の青春の多事多端であったことが痛感される。

先にも記したように、正造には意外に商才があった。時しも紙幣増発に際し、彼は地価が必ず騰貴すると予想し、先祖伝来の諸道具を売り払った五百円で近傍の田畑を購入した。「人皆これを笑」ったというが、たちまちにして地価は急騰、三千円の利益を得た。むろん当時は大金である。

この大金を得て、正造は今後は営利に心を用いず、「政治改良の事業」に専心しようと決意、家族にもその旨申し渡した。父が反対するのではと心配だったが、反対どころか「ああ汝にして能くこの言をなす」と「喜色満面」だった。正造は明治一一年に区会議員に選任されていたが、翌年『栃木新聞』創業に加わり、編集長となった。

だが宣伝も何もせぬ第一号たるや、栃木町でわずか五、六〇の購読者を得ただけだった。正造は宣伝の必要を初めて悟り奔走した。この新聞経営の苦心については、無賃配達をした有志たちとか、社長斉藤の損金数千円にのぼったとか、借金をしに行って初めは相手にされなかったが、正造が身に湧いたシラミをつぶし始めると、驚いて五〇円をくれたとか、県会書記となって給料を社員に与えた男の話とか、数々の逸話を正造は記録している。

正造は明治一三年、補欠選挙に当選して県会議員となり、明治一五年には立憲改進党に入党しているが、なぜか『昔話』においては全く触れていない。

県令藤川為親とは当初よくなかったが、藤川が県会の意見を容れて地方税を大いに減額するに及んで好意を抱くようになった。だから藤川が免じられて三島が後任ときまると、藤川留任運動を起こし、その成らざるを知るや、栃木町で大送別会を開いた。しかるに県官は三島を憚《はばか》って一人も来ず、出席者わずか三〇人。正造は人心の浮薄を思うと同時に、「三島福島に令として既に暴威を振い、人を賊《そこな》い多くの民権家を罪して今また本県に臨まんとす。予はこれより三島の狼心に抵抗し、三島をして寸時も本県に止まる能わざらしむるを任とせんのみ」と決意したのである。

正造の『昔話』はこれから延々と三島罪跡録の観を呈する。まず県庁の宇都宮移転を県会にも計らぬ暴挙とし、塩原新道の開削も「無用有害の土木」と非難する。この点について正造の言う所が必ずしも当たらぬことは前述した。

宇都宮における寄付金募集の苛酷を言うに、佐野屋九右衛門に七千円を強制した例を挙げ、宇都宮官庁街を整備拡張するに当たって、献地を求め家屋を取り壊した「乱暴」の例として、士族本田某が怒って「我が家は先祖の槍先に得たり。これを失うもまた槍先に在り。速やかに来って勝負を決せよ」と「槍をしごきて官吏に迫」り、三島も三倍の代地を与えて本田を立退かせた例を挙げる。また上野松次郎は自分から五〇円を寄付したのに、更に寄付金を求められ、「寄付金を乞うは乞食も同然なり、何ぞ予が店頭に来りて憐れみを乞わざる。強いてこれを迫るは強盗なり」と県吏を罵《ののし》って「もって数千金の強奪を免かれた」という。

足利郡助戸村の木村浅七は土蔵納屋各々数棟、羽二重工場も経営し、邸内には百人が暮らす豪商であったが、三島は新道をことさらに同家の中央を貫くよう設計し、郡吏高桑某は三百円を出せば設計を変更すると公然と賄賂を要求した。木村がこれを拒むと人夫を派してみるみる間に家屋倉庫を破壊し、住人たちの叫喚する中、邸宅の中央を新道が貫くに至った。

乙女村は巴川沿岸に在って、住民は舟子・車力など貧民が多く、一日の労賃八、九銭に過ぎなかった。それが無賃で道路工事に駆り出され、欠勤すれば二五円の罰金が課される。八月一〇日、遅参者があったという理由で、村世話方小川善平の家に巡査が乱入して、善平を殴打し連れ去ろうとしたので、村民たちは巡査たちと格闘し、善平を取り戻した。乙女村はただちに警官隊の包囲する所となり、村民七三人が捕縛された。産後臥床していた善平の妻は赤裸にされた上拷問され気絶した。

正造はこの騒動の二、三日後、乙女村を視察したが、「何れも逃亡して全村更に人影なし」という有様だった。対岸網戸村の旧県会議員須田宅を訪うと、妻女がひとり居て、警官たちが須田を捕らえようと抜刀して乱入、主人は不在、まあお茶でもと言うと、ふてぶてしい奴だと泥靴で家中踏み荒らしました、ご覧の通りですとのこと。正造は警察当局が探し求める逃亡者青木与右衛門の父からも話を聞いて筆記し、上京してそれを内務大輔土方久元に呈し、調査のため久元が来県するに至って、ようやく政府筋でも、三島の圧政が問題視され始めた。

三島は明治一七年九月一五日に県庁の開庁式を政府大官を招いて行うつもりで、それには県会の協力も必要とあって、九月に県会を招集した。県会では諸議員の三島県政への非難が相次いだが、三島は番外席にありいびきを立てて眠っており、正造が「議長」と大声を発すると、「驚き覚めて匆々《そうそう》席を退き去」ったという。県会は三島非難の決議を満場一致で可決した。

正造は三島が折から起った加波山事件と結びつけ、自分を逮捕しようとしていることを知り、方々に身を匿《かく》していたが、一〇月になって自ら警視庁に出頭した。自分が捜索されている理由を糺すとともに、三島の暴政が県民に与えた損害二七八万円の細目を列挙した文書を公けにしたかった。

警視庁は対応は丁寧であったが、三島から逮捕依頼を受けていたので正造を拘置、宇都宮警察へ引き渡した。正造は在獄七九日、一二月二三日放免された。三島はすでに一一月県令の地位を去り、内務省土木局長となっていた。

三島は土木局長としては、琵琶湖疏水開通を促進させ、折から問題となっていた東京の都市改造計画に関わったが、何せ任期は一年そこそこで、明治一八年一二月内閣制度が創設され、初代総理に伊藤博文が就任すると警視総監に任命された。

三島は県令として、山形・福島・栃木において民党を抑圧したから、田中正造の記述を始めに三島を酷評した者は多い。しかし一方、反発を怖れず断乎として道路を建設し、市街を開いた剛毅さを讃える声も少なくない。ことに道路は人と物資の自由な交通を保障するものであるから、三島の信念にはそれなりの根拠があった。田中正造は三島が開いた道路はその後廢《すた》れて用いられなかったと酷評するが、それには大久保利謙の言うような事情もあった。

「三島が精魂をこめてつくった道路・トンネルは、現在山間部の部分は大方廃道、廃坑に帰してしまっている。これは土地状況の変遷によるのであるが、原因の一つは馬車輸送を目標とした点にあるのではなかろうか。日本の交通は欧州大陸諸国のようないわゆる馬車時代を経ずに、一足とびに鉄道交通へと飛躍したために馬車輸送を主眼とした三島道路の生命が予想外に短かった」。

しかしまた大久保は「大局的にみると三島道路が東北道路の基本線を敷いたということは何とし

ても否みがたい」と認めているのである（大久保『明治国家の形成』）。

三島は部下を愛し、よくいたわったと言われる。また来客を歓迎し食客も多く、食事には数十人が連なったという。しかも彼は他の高官のように豪宅を営むことがなかった。山形県令の時、検分に来た伊藤が三島の家の粗末さに呆れたという話がある。また民党は三島が花柳界で豪遊したと喧《けん》伝《でん》したが、ある日伊藤が向島の料亭に三島を招き、美妓を擁して楽しむつもりだったのに、三島は芸者の三味線など物の皮、東京の土木を論じ立て座は白けたという挿話ひとつとっても、民党の喧伝の根拠薄弱を知るべきだろう。

牧野伸顕は三島の曽孫阪谷芳直に「三島は誤解されているが、政治家としてはリベラルに属するものだ」と語っている（『三代の系譜』）。また三島が没したのち、三島家の近くで大火があった時、最先に見舞いにかけつけたのは、福島事件における三島の仇敵河野広中であったと、三島の二女で牧野伸顕に嫁した峯子は語っている。「何か困ることがあったらお力になります」と河野は言ったそうだ（『三代の系譜』）。いずれも三島の単なる圧政家ではなかったことを示すものだろう。

第二十章　激化事件と自由党解党

明治一五年の福島事件を皮切りに、一六年には高田事件、一七年には群馬事件、加波山事件、秩父事件、飯田事件、名古屋事件、一八年には大阪事件、一九年には静岡事件と続き、これを激化諸事件という。いずれも自由党と関わりはあるものの、党中央の統制を離れた民権左派の、言うなれば未熟な、しかし武装反乱の意欲に満ちた激発であった。

これには『自由党史』も言うように、明治一五年六月に公布された「集会条例」の追加改悪による、政党活動の制限への反動という面も大きい。政府は更に一六年四月には、新聞紙条例を改悪し、言論抑圧を強化した。

明治一六年三月一〇日、北陸七州の自由党懇親会が越中高岡の瑞龍寺で開かれ、有志四百が集まった。長谷川三郎というすでに政府の密偵となっていた男が来会したが、すでに疑われて会場にはいれず、ついに頸城《くびき》自由党に内乱陰謀ありと警察に告げ、三月二〇日、八木原繁祉《しげと》以下数十名が逮捕された。たまたま越後中頸城郡の赤井景韶《かげあき》の家宅を捜索した際、「天誅党旨意書」なるものを発見、その第一条に「国家に不為《ふた》めのものある時は、吾人は天に交代《かわ》り之を誅罰すること」とあるのをもって内乱陰謀の証拠とし、法廷は一二月一七日赤井に重禁獄九年の判決を下した。

赤井はこの時二五歳、父は戊辰戦争で官軍に従い戦死している。問題の「天誅党旨意書」は、明治一五年一一月の一夜、興に任せて書いたもので、人に示したこともなかった。

赤井は石川島監獄に送られたが、ここで在獄中の河野広中と親しむに至った。河野の言うところでは、当時囚人間の往来は自由で、夜は河野の部屋に同志が集まって議論したが、これに赤井が加わったのである。

河野は自由党の活動が振るわないのが不満で、党は憲法案ともっと真剣に取り組み、成案すれば上奏すべきだとする意見書を板垣に呈するため、脱獄を決意しその期日さえ決めていた。ところが、『近事評論』記者で入獄中の井上敬次郎がたまたま出獄するので、彼に託して意見書を板垣に届けることにし、脱獄は思い止まったのである。

それでもなお、脱獄の思いはやまず米国への亡命も夢見ていた。ところが赤井と、大久保暗殺に連座入獄中の松田克之が一七年三月二六日に脱獄逃走、にわかに警戒厳重なるに及んで、河野も諦めざるを得なかった。

脱獄した二人は築地に上陸、人力車を傭《やと》って赤井の弟を訪ねた。兄弟が別れを惜しむのを車夫が怪しんだと察した松田は、赤井と計って車を千住の荒野まで赴かしめ、赤井が鉄棒を揮《ふる》って車夫を殴殺した。二人は一旦東京へ帰り、松田は越後へ、赤井は加賀へ向かった。

しかし松田は早くも二七日夜板橋で捕われ、赤井は山梨県に入り、南都留郡の小学教員の家にかくまわれ、同村の広教寺に入って僧体となり、居ること五カ月。八月には南静岡の知人宅に身を隠し、九月一〇日浜松へ赴こうとして大井川のほとりで捕縛された。殺人の故に死刑を宣告され、明治一八年七月絞死した。夫を失い、独り赤井を育てた母親は、この時存命したかどうか。私はその消息を伝えたものを知らない。

群馬県における民権運動は、明治一二年に結成された有信社である。宮部襄を社長、長坂八郎を副社長とした。宮部は上野国高崎藩の家老職の家に生まれ（弘化四年）、高崎藩英学校に学び、明治五年官途につき、渡会県から白川県に移った。いずれも大参事として高崎に在った土佐人安岡良亮の後を追ったのである。安岡が神風連の変で殺されると、帰郷して群馬県庁に奉職、明治一三年県立師範学長に任じられた。在職中、対立する博徒の親分を招いて和解させるなど、型破りの校長だったと伝わる。自由党に加わり党本部寧静館の責任者となった。

一宮町光明院に新来の住職日比遜《ゆずる》がいた。東京で集会条例に触れるところがあり、この寺に隠れたのである。北甘楽郡の豪農で県会議員、かねて宮部、長坂と同志たる清水永三郎が日比と親しみ、清水の同志たる三浦桃之助も加えた三人で、明治一七年四月、光明院で演説会を開く計画を立てた。当日は竹槍の先に「代天誅逆賊」などと大書した旗を掲げ、来る者数千人、堂内外に溢れる盛況であった。自由党本部からは宮部と杉田定一が来た。

さらに所々で演説会を開くうち、湯浅理兵が清水ら三人に、妙義山麓の住民は猟師が多く鉄砲が巧みだ、彼らを説いて反乱を起そうと持ちかけ、以来南北甘楽郡中を説き廻わり、山中で度々運動会と称して軍事訓練を行った。注目すべきは博徒が参加したことだ。

特に八場で開かれた会合では、関戸覚蔵『東陲《とうすい》民権史』（明治三六年刊）によると、「町村人悉く竹槍を提げ蓆旗《むしろばた》を翻へし、井然《せいぜん》列を成して、〝昔し思へば亜米利加の、独立したるも蓆旗、此《こ》こらで血の雨降らせねば、自由の土台が固まらぬ〟と同音に唱歌しつゝ進み行く」という有様で、ついに会合を禁ずる警察隊と乱闘になり、演説会は禁止された。時に侠客山田城之助が乾分百人を連れて応援に駆けつけ、夜は盛宴を開いた。

この間、博徒関綱吉をめぐる紛争があり、政府密偵照山峻三を秩父郡の党員村上泰治らに預けて殺させる等のことがあり、日比、清水、三浦らは関与者として警察に追求され、身を匿さねばならなかったが、五月一日中山道鉄道開通式が高崎で行われ、政府高官も臨場すると聞き、城之助と綱吉に子分を集めさせ、同志も糾合して、数千人の人数で開通式を襲い、大官を殺害し高崎兵営も襲う計画を立てたが、開通式はなかなか行われず、遂に五月一三日、陣場ヶ原に三千人が集まり、北甘楽郡上丹生村の岡部為作の経営する生産会社は高利貸しで民を苦しめるというので、まず生産会社を襲撃して散々に打ち破り、さらに高崎兵営を襲おうとしたが、山田城之助の博徒らは到着せず、糧食欠乏して脱落する者多く、日比、清水らの指導者らは次々と捕縛されるに至った。また宮部襄も関与者として京都で捕らえられた。

公判の結果、日比は徒刑一三年、湯浅は同一二年、三浦・上原亀吉は軽懲役七年、宮部・岩井丑五郎は徒刑一二年、村上泰治は逮捕されて三週間後、血を吐いて獄死した。まだ一九歳であった。

加波山事件は一六名の少数とはいえ、武装反乱の形をとったのであるが、もともとは栃木に県令として赴任して来た三島通庸、さらに政府大官の暗殺計画から起こった。

三島県政に対する県民の反抗は、前章で田中正造の叙述に基づいて述べたが、これは改進党系の反応で、栃木県は改進党が圧倒的に優勢を保ち、自由党系は少数派であって、加波山事件はその自由党系の惹《ひ》き起こした所で、田中ら改進党系は全く関係がなかった。

河野広躰《ひろみ》は広中の甥で、『明治叛臣伝』は「状貌婦人の如し…非常の事は往々此種の人によって断行せらるる」と評す。福島の獄で捕らわれたが免訴となり、同志の琴田岩松、山口守太郎、草野佐久馬らと東京へ入って、三島の邸宅近くに止宿し、その命を狙ったが、三島は任地から帰らなかった。

明治一七年七月、新華族が芝の延遼館で授爵の祝宴を開くと知り、これを襲おうということになった。これは結局未遂に終わったが、この時注意すべきは、爆弾の使用を考えていたことである。

爆弾の製造に熱心だったのは、栃木の鯉沼九八郎である。河野ら福島事件の残党は早くから、鯉沼、横山信六、琴田岩松ら栃木の志士と通じていた。

鯉沼九八郎は栃木県下都賀郡稲葉村に生まれた。父は栃木県会議員となった人である。学問嫌いで『中庸』一冊を三年かけても学び了らず、代わりに餓鬼大将であったのは、田中正造そっくりである。彼が爆弾作りに興味を持ったのは、明治一四年ロシアのアレクサンドル二世が暗殺され、宮崎夢柳が『鬼啾啾《きしゅうしゅう》』を書いて（明治一七－一八年）、ナロードニキの爆弾闘争を紹介したのに刺激されたのであろう。材料を集め自己流にいくつか作り出した。

明治一七年九月一〇日夜、河野、門奈茂次郎、横山信六、小林篤太郎は、資金調達のため神田神保町の質屋山岸方に押入り、有り合わせの金わずか五円八〇銭を奪って逃走したが、途中警官に咎められ、河野は爆弾を投げて小川町の警察署を爆砕した。門奈は警官に背を斬られ捕らえられた。

一方鯉沼は稲葉自宅で爆弾作りに専念していたが、彼の家には追い追い同志が集まり、宇都宮県庁で開かれる開庁式を襲って、三島県令以来来臨の政府大官を殺すべく期していた。その有様を野島幾太郎『加波山事件』（明治三三年刊）は、次のように叙べている。

「壮士の輩、閑あれば必ず飲む。夜と昼とを問わざるなり。鯉沼氏の在と不在とにかまわざるなり。氏一たび他出、数日を経て帰宅す。酒債とみに嵩《かさ》む。酔えば必ず議論す。議論のはては必ず決闘す。しかれども、事おわればその交りあたかも兄弟の如し。酔えば必ず抜刀す。ゆえに長屋門の二階はその柱いずれもみな疵《きず》だらけなり」。

ところが九月一二日、鯉沼は爆弾製造中誤って爆発を引き起こし、左手を失う重傷を負った。入院して警察の調べには、魚を獲るための爆弾と言い逃れたが、彼の家に在った壮士たち八人は目をくらます必要がある。まず中田で小久保喜七が経営する文武館を頼ったが、ここも安心が出来ず、茨城県下館の有為館に移った。

有為館は明治一七年九月四日に、下館の士族富松正安が、剣術師範の玉水嘉一と謀って設立した文武研究所である。翌五日中館観音寺で大運動会を催し、「会員無慮五百余名と註せらる。綱引、鞠投、旗取り、撃剣等の余興。壮絶快絶。山嶽も為めに崩れん計りなり。此日、富松は青糸縅《おどし》の鎧を着下し、鞍馬に跨りて進む。此は是れ暗に革命挙兵の首途《かどで》を意味せりと云ふ」と『東陲民権史』にある。

富松の本志は茨城・栃木の有志と共に兵を挙げ東京を衝こうとする武装反乱にあったが、栃木の壮士たちが逃れ来たるや、彼らと協議して、宇都宮県庁開庁式での三島及び政府大官暗殺計画に同意するに至った。ただしこれは彼の本志ではなかったのである。

ところが九月二二日になって、小川町強盗河野広躰、横山信六が有為館に在りと知った警察が今夜にでも有為館を襲おうとしているとの密報あり、富松・河野ら一党は有為館を捨てて、雨引山に籠もることになった。

だが雨引山麓の知人宅に立ち寄ると、嶺低く谷浅く拠るべきところではない。拠るなら加波山がいいと言う。一行一六人、九月二三日朝加波山頂に達して、本部を定め旗を翻えし、檄文を作った。いわく「自由の公敵たる専制政府を顚覆し、而して完全なる自由立憲の政体を造出せんと欲す」。まさに堂々の一句たるを失わない。時に一行は爆弾一五〇個を携えていた。

山麓に警察の町屋分署がある。三浦文治が開戦の首途に町屋分署を襲撃しようと提議、一〇人が山を下り、夜九時爆弾を同署に投じると、署長以下逃げ去って、官金一六円余を得た。帰途真壁町の富豪宅に寄り、二〇円を拠出させている。

加波山上の一党はこのまま山上に留まっても糧食続かず、来援する同志もなく、宇都宮へ出て三島一人でも打ち取るべしと、二四日の夜隊伍を組んで下山し、長岡村畷《なわて》で警官隊と激戦になった。一応警官隊を奔らせたものの、平尾八十吉は戦死、爆弾もすべて見失い、山林に入って宇都宮への道もわからず、ここで解散し、一〇月二五日東京の飛鳥山で会することを約した。

一党は次々と各地で捕縛され、富松の如きは房州に隠れることほとんど三〇日にして捕らわれた。国事犯を自任していた彼らは強盗殺人の通常犯罪者として扱われ、明治一八年九月に公判に付せられた。判決が下されたのは一九年七月、富松正安、横山信六、三浦文治、小針重雄、琴田岩松、杉浦吉副、保多駒吉の七名は死刑、無期徒刑は草野佐久馬、五十川元吉、玉水嘉一、原利八、河野広躰、天野市太郎、小林篤太郎の七名、このうち五人が未成年ゆえに死刑に替えて無期徒刑とされたことは注目に値する。鯉沼九八郎は徒刑一五年、門奈茂次郎が徒刑一三年であった。

明治一七年一〇月、激化諸事件中、加波山事件と並んでピークをなす秩父事件が起こるが、その前後明治一六年、一七年、一八年には「困民党」と呼ばれる一連の負債農民騒擾《そうじょう》事件が多発している。その件数は研究者によって異なるが、稲田雅洋によると三年間で六四件、そのうち明治一七年が四五件と大部分を占め、地域は茨城、群馬、埼玉、神奈川の関東地方が二一件、神奈川がそのうち一一件を占める。他に突出しているのが静岡県の一八件である。

困民党と言っても、政党を結んだのではない。この場合の党とは、「党与を結ぶ」と言った場合の「党」で、党《くみ》するの意なのである。土地を抵当にした借金を無利子四年据置・二十年賦払にせよという要求で、五十年賦というのさえあった。この要求は自由民権運動とは全く関係のない、江戸時代以来の伝統的な土地意識と慣習に基づくものだった。民権運動の活動家には、貸し主として負債農民と対立する場合さえあったのである。

そもそも江戸期の農民にとって、田畑は自分のものであると同時に村のものであった。また自らそれを耕す者のものであって、そうでない商家などが所有すべきものではなかった。それ故、他村の者が貸金の抵当として土地を所有した場合でも、それを自分の名で村の書類に登記することはできず、村人の一人を自分の代わりに保有人とし、実質は自分が徴収すべき小作料も、保有人が替わって徴収する習わしであった。

また土地を借金の担保として流地してしまった者には、金が出来次第それを買い戻すことが出来るとされていた。このような観念は商業の進んだ関西方面ではすでに風化していたが、関東・東北方面にはまだ根強く残っていた。

ところが明治新政府は改革の一環として、土地を個人の財産とする近代ヨーロッパの観念を導入し、従来の土地貸借慣習を否定したのである。もっともこの点でも、政府諸機関の対応は初めはかなりまちまちであったが、西南戦争による政府の紙幣乱発、その結果としてのインフレーションを収束させるために松方正義が大蔵省を預かるや、いわゆる松方デフレの時代に入った。このデフレの影響を最も蒙《こうむ》ったのが、関東の機業農民であった。

従来の慣行によれば、借金した農民が期限が来たら、抵当にした土地を流地にすれば、すなわち貸し主に渡してしまえばそれでことは済んだ。ところが新しい法令では、借金の全額を金銭で支払わねばならず、そうなると松方デフレで地価が劇的に低下していた時であるから、抵当地を競売に付しても借金を満たさない。従って身代限り、すなわち土地・家屋をことごとく売り払うことになる。

もっとも貸し主が同村の者であったり、従来の人情・公徳心を持つ者である場合、手心が加えられた。例えば北相模地方では、「ほうづけ」「はなげぇしばい」という負債処理法が行われたという。

借金で首が廻らなくなった家を抱える村では、組うちの者が相談して、債権者の家々を廻って、「ほうづけ」をしてまた生活して行けるようにしたいと申入れる。「ほうづけ」とは、債務者の家に債権者が集まって、債務者の動産、不動産の処分を決めることで、一見村役場による身代限りと変わらぬように見えるが、「ほうづけ」の場合、住居と鍋釜、食器、寝具には一切手をつけなかった。またこれによって借金のすべてが支払い得た訳でもなく、飽くまで「これでカタがついた」という儀式的意味が強かった。

「はなげぇしばい」とは「花会芝居」の転化だろうという。組惣代が債権者宅を廻って、「はなげぇしばいをしますので、当日は御光来下さい」と言って廻る。当日は芝居小屋の正面桟敷を主賓席として債権者たちを座らせ、酒肴を提供する。これで借金棒引きとなるのだ。「ほうづけ」と共に、「集団的債務踏み倒しの儀式だ」と稲田雅洋は言う。

しかしこれは、債権者も村人であって、村全体の意志を重んじなければ、「強欲」「人非人」と非難される状況あってのことである。ところが、松方デフレ期の「困民党」、すなわち負債農民騒擾の相手は金融会社であった。

会社となれば会則もあって、個々の社員の善意など係わりのない組織の働きとなる。多くの負債農民が騒擾に至るのは、このような会社の資本としての硬直性のせいであった。

自由党は困民党事件と全く関わりがなかった。関わりがないどころか、明治一七年一〇月二九日、大阪で会を開いて解党を決議したのである。その直接の動機が加波山事件によって、自由党への批難が新聞等に現れたことに拠るのは明らかである。星亨は当時捕らわれて新潟の獄にあったが、解党反対の電報を打ち、逆に「電報など金の無駄だ」と打ち返された。そもそも板垣は外遊中に解党の意が兆したと言われ、激化諸事件を迷惑とこそ感じても、それに共感を持つことはなかった。政治家とつくづく感じさせる。しかし他の活動家にせよ板垣に同意したのである。集会条例のせいで活動に著しく制限が加えられたこともあるが、激化諸事件が地方自由党員の係わるところであっても、党中央としては何ら指導的方針を出せなかった無力感が、中央幹部たちの心を蝕んでいたのだろうか。

一二月、改進党も大隈、河野敏鎌、前島密らが脱党し、事実上解党したに等しかった。ただひとり、当時東京府会議長の職に在った沼間守一が反対した。「改進党は改進党員の改進党なり。大隈、河野その他の党員にして政党運動に倦《う》みたらん者にならん乎。自ら脱党す可し、何ぞ彼等一身の利害の為めに改進党を犠牲となす可けんや」。藤田茂吉、島田三郎、尾崎行雄らも、この沼間の意見に賛同した。かくて沼間は改進党の孤塁を守ることになったが、事実上は大隈らの脱党で公的存在としての改進党は終わったと言うべきだろう。沼間は明治二三年五月、国会開設直前に逝った。まだ四六歳だった。

秩父事件はいわゆる激化諸事件中、最も内包する意味が深い出来事である。しかも他事件と違って、自由民権運動の流れというより、幕末から明治初年に多発した世直し一揆に系譜づけられる面が多い。換言すれば、農民大衆の意識の底に眠るコミューン志向の露呈でもあった。

そこで事件そのものを叙す前に、農民のコミューン意識の正体に迫るために、小山勝清の「或村の近世史」（大正一四年刊）に述べられている「盗人晩《ぬすっと》」を紹介しておこう。

小山は明治二九年、熊本県球磨郡四浦《ようら》村晴山《はるやま》の医師の家に生まれた。東京に出て、社会主義運動や労働組合運動に関わるが、結局は少年小説家として名を成し、昭和前期の『少年倶楽部』に『彦一頓智ばなし』を連載して評判を取った。『熊本日日新聞』にも昭和二七年五月から『それからの武蔵』を長期連載しているので、年配の方々には読まれた方々も多いはずだ。

勝清は農民について特殊な考えを持っていて、本当の農民は山の民であって、平地の農民は都市民の影響を受けた利己主義者であると考えていた。だから柳田国男の『後狩詞記』に感動して入門もしてみたが、柳田は山の民に好奇心を抱いただけで、彼の関心は常民すなわち平地農に在ると知って、柳田からも心が離れた。柳田は勝清が羽織袴を入質してやむなくドテラ姿で訪ねると、それを無礼と取って顔をしかめる人だった。勝清はそれを「破門された」と称している。勝清には農の本質たる共同性は山の民に遺存していると考えられたのである。

勝清が上京した年の秋というから大正六（一九一七）年のことである。村の地主の家の林檎の木の実が、一夜にしてことごとく捥《も》ぎ取られる事件が起こった。巡査が来て村は騒然になった。暦を見ると、盗まれた夜は旧暦九月一七日である。彼はそれが「盗人晩」の日であること、そしてその夜は、どこの家の生《な》り物だろうが、取っても盗人とはされぬ習わしを思い出した。彼が少年の頃も、その夜わが家の梨畑が荒らされたことがあった。しかしその後その習わしは全くすたれていたのに突然復活したのである。かれは林檎を取った少年たちを見つけ出し、誰が「盗人晩」のことを教えたのかと尋ねると佐七爺さんだという。

彼は佐七爺さんを呼び寄せて、どうして「盗人晩」には人の物を取ってよいのか問答を重ねた。佐七老人の窮極的な答えは次の通りだった。

「土地と言えば、百姓の命でござり申す。その命が人手から人手に渡って行き申す。さぞ其処を新地した人、血の汗たらして立派な畑にした人達あ、くやしく思うていることで御座んそう。わしはきっとその魂は、田畑や屋敷から離れずについていると思い申す。あの盗人晩だって、人の物を盗めと云うのではない。わし達百姓は九月十七日の晩だけ、みんな地所を元の地主、この土地を開き立派にしてくれた沢山な人たちの魂にお返し申すのでござり申す。すると、其の仏さま達は、まだ何も持たぬ無邪気な子供達にくれてやるんでござり申す」

勝清は佐七老人の話に感銘を受けた。「物を私有することの罪と悲しみ」が老農の心に匿されていたのだと感じた。これは彼の思想の決定的な原点となった。彼は足尾鉱山や釜石鉱山の組合運動に関わり、堺利彦の助手となって売文社にも関係したが、社会主義者としての途に専念することができなかった。それは彼の心底に、社会主義以前の農民コミューンへの夢があったからである。

彼は大正九（一九二〇）年故郷へ帰った。そして因習陋習《いんしゅうろうしゅう》と感じる事あるごとに、それを批判した。たとえば、自家の下女に夜這いの男たちが通うのを知って、彼女に処女の純潔の尊さを説くといった風である。説教された娘は「ああ、あたし、どうしましょう」と顔を覆って家の中に駆け込んだ。彼は自分の説教が功を奏したと思って得意になった。

そもそも彼の家は医院ということで、村でも別格扱いされ、少年時彼はまるで若様のように村人から遇せられた。地主の息子だった正宗白鳥が村のことは何も知らずに育ったのと同様、彼もこの度帰郷して初めて村の実態を知ったのである。そして、村人に対して事あるごとに啓蒙の姿勢をとった。当然、村人たちは彼に親しまなかった。

村に若い女乞食がいた。父親は病死し、一人の息子は軍隊で酒と女の味を覚え、財産を失っただけでなく、争いごとで投獄された。弟は日露戦争に出征し、奉天会戦で戦死した。残された母は気が狂い、娘は子供の頃大火傷して手足が不自由で、乞食をするしか母を養う手立てがなかった。

村の鎮守の祭りがあって、勝清も出かけてみると、その女乞食が人々に囲まれて、はやし立てながら唾を吐きかけられたり、棒切れを投げつけられたりしていた。彼は奮然として、「皆さん、何をするんです。この人は皆さんのきょうだいです。」と彼女を庇《かば》って立ち上がらせ、人ごみの中から逃れさせた。むろん立派なことをしたと得意だったのである。

ところが数日後、ばったり出会った彼女は「私は今日で三日御飯をいただきません」と言う。祭りの日旦那様から助けてもらって以来、誰ものをくれなくなったというのだ。

彼女は言う。「村の人達は長い間私を養ってくれました。私にいろいろいたずらをするのは、私を憎んでいるからではありません。私が泣いたりわめいたりするのが面白いからです。私に芸をさせるのです。みんなで私を可愛がっているんです。ですから、私は今まで村の人達を怨んだことはありません。しかし今では誰も私にいたずらはしません。その代り物もくれません」

勝清は初めて村人の心の在り方を知った。同時に自分の近代的知性から、〝遅れた〟農村を批判する愚も知ったのである。これと似たようなことが、ずっと遅れて昭和の十年代にもあった。共産主義者島木健作は出獄後村へ帰って、〝遅れた〟村の改革を志して挫折した。勝清の「愚」を繰り返したのである。


（未完・絶筆）

お鯉物語

＊この項は生前、早い時期に書き上げられていたものである。「小さきものの近代」のまだ書かれていない後半のどの章に位置づけられるのかは、決められていなかったため、熊本日日新聞連載時は「第二十一章」として掲載された（編集部）。

ポーツマス講和条約が結ばれると、多大の犠牲を払いながら償金も取れぬというので、激昂した東京市民は、暴動を起して警察署や政府支持の新聞社を焼打ちした。北一輝は『国体論及び純正社会主義』において、愛国者たる兵士たちよ、汝らが満州の野に屍をさらしつつある時、「爾等《なんじ》と同類のものは、一売色奴お鯉の門前を警戒しつゝ、ありしことを知らざりしか」と煽動《せんどう》した。「爾等と同類のもの」とは警官を言う。お鯉とは内閣総理桂太郎の愛妾で、北がその名を挙げるほど、焼打ち当時世間で問題視されていた。

お鯉の家も暴徒に襲われ、彼女は隣家井上勝子爵邸のトウモロコシ畑に匿《かく》れねばならなかった。お鯉への反感が焼打ちの起こった原因のひとつとされるほど、桂と彼女の間柄は新聞が書き立てていたのだ。

北から「一売色奴」と罵られたお鯉は、しかしなかなかの自立心に富んだ女性だった。また桂との仲も心の通う真実の愛であった。彼女は晩年、その一生を妹に語り、それは『お鯉物語』正続二巻として、昭和二年に刊行された。著者名の安藤照は彼女の本名である。この二巻からはわれわれは、明治・大正を生き抜いた健気な女の一生を読みとることができるし、明治の大官たちの遊興の実態を知ることもできる。

照は明治一三年、四谷見附の十二代続く漆問屋松屋次郎兵衛の家に生れた。姓は小久江である。母ふくは一人娘で番頭を婿養子にとることになっていたが、それを嫌って男を作った。慶応大学の学生で松屋に寄宿していた伊藤鉄次という男である。鉄次との間に生れた照は戸籍上はふくの私生児ということになる。しかし、ふくと夫婦となって松屋を嗣いだだものの、鉄次が商売の途を知るはずがない。たちまちにして松屋は破産した。このとき照は四歳。

母ふくは大家の秘蔵娘、和歌から音曲、茶の湯、生花まで仕込まれたが、浮世離れのしたお姫様のような、何も出来ない人だった。お鯉は物心ついてから、一人娘の自分を育てかねて、他家へ養女にやった母を恨んだこともあったが、後年この母を引き取って一緒に暮らすようになって、その人柄が時代離れをしたお人好しなのに驚き、これでは一人の子も育てられなかったはずと得心した。

落魄《らくはく》した親子三人は牛込喜久井町でひっそり暮すことになった。鉄次は巡査になった。だが暮しかねて、照を新宿で引手茶屋をしている安藤兼作家に養子に出した。照六歳。引手茶屋というのは、遊郭で客を妓楼に案内する茶屋である。兼作というのは道楽が昂じて全国を渡り歩き、各地の料理を作り覚えたという男で、一方清元の名取りで倉太夫と呼ばれた。照は夫妻に盲愛された。

しかし、この安藤夫妻も世渡りの方は疎くて、茶屋は人手に渡り、道楽仲間が経営する日本橋浜町の待合弥生に、親子三人転がりこんだ。芸者上りの女将はなかなか厳しい人で、養女のとくと照にしっかり芸事を仕込んだ。とくは照に「居候」と毒づくことがあり、照は傷ついた。

照は小学校へ通うようになったが、月に一度くらい、学校の傍の電信柱の蔭から巡査が出て来て、「手本にしろ」と字を書きつけた紙をくれた。見事な手蹟《しゅせき》であった。照は実父の伊藤鉄次が三十四歳で死んだ時、初めてその姿と対面した。その亡骸《なきがら》はあの、いつも電信柱の蔭から現れてお手本をくれた巡査の小父さんだったのである。照、十三歳だった。

照は何とかして居候といわれるような身分から抜け出したかった。彼女は小学校の校長さんに尋ねた。校長さんと言っても、漢学者であるこの人のほか、先生はもう一人この人の次女しかいないのである。

「学校の先生になれば、親子三人暮して行けるものでしょうか」。校長さんは正教員になると七円いただけると教えてくれた。照は養父母に、七円で三人暮して行けるか尋ねた。二人は顔を見合わせた。この頃、居候先の「弥生」の女将から、待合は並の女ではやって行けぬというので、とくという養女がありながら、照を「弥生」の後継ぎにしたいという申し出があり、一方有名な割烹店常盤屋からも息子の嫁にと望まれていた。

養親が義理に絡まれて、去就に悩んでいるのを知った照は、芸者になろうと決心した。「どこどこの姐さんは両親を引き取った。働き者だね」といった噂は常に耳にはいる。自分もそうしよう。「弥生」の女将は怒ったが、仕方がない。照は新橋の芸妓屋近江屋から雛妓《おしゃく》に出ることになった。一四歳の春である。別に急な金が要る訳でもなかったので、借金はわずか五〇円、期限は三年だった。お鯉はこのときついた名である。

日清戦争によって花柳界は好景気となったが、特に全盛を極めたのが新橋だという。お雛妓にとってこわいのは、処女破りをねらってくるお客である。その点で名が轟くのは伊藤博文、浅野総一郎（セメント会社を中心とする財閥）などと聞えたが、その中に北里柴三郎の名があるのは意外だ。北里はお鯉の姐さん芸者になる二代目とん子を落籍して囲った。とん子は一日中酔っぱらっている呑み助だったが、二七歳で結核で死んだ。結核治療で知られた北里は、治療するためにとん子を囲ったようなものである。

伊藤の大磯の別荘滄浪閣《そうろうかく》にも、五、六人づれで招かれたが、お伽ぎの籤《くじ》が当らなかったので助かった。後年伊藤は、桂を前にしてお鯉に「わしもあの時分御親類になっていなかったのが不思議だ」と、盃を上げて笑った。

お鯉は一六のとき芸妓となった。たちまち名妓の名は高く、近江屋の借金も返した。名妓とあれば自前、つまり一本にならねばならない。しかし、それには莫大な金が要る。金は旦那が出す。身持ちのいいお鯉にはまだ旦那はいなかった。養父の兼作は、山平こと矢嶋平造という五十がらみの株式仲買人に頼みこみ、お鯉は初めて旦那というものを持って、「照近江」の看板を掲げた。養父母も念願叶って引き取った。一七歳の暮である。

自前になってから、お鯉の名はますます揚り、連日連夜のお座敷である。旦那の山平はお鯉の行き先々について廻って、お座敷の明くのを待っている。その間煙管《きせる》を指で廻しながら考えこんでいる。山平の煙管廻しと言って有名になった。しかしこの男、訳のわかった粋な人物で、お鯉に当ることはなかった。


お鯉は今や望み叶って、「照近江」の看板主、女中一人置いて、親子三人水入らずの楽しさだった。養父倉さんは遊んでいても仕方がないと小料理屋を出した。もともと料理が道楽だから、とんでもなく凝ったものを作る。しかも安い。俳諧仲間が集まる。尾崎紅葉の実父、象牙細工で知られた谷斎もその一人。勘定も碌《ろく》に取らぬから、結局お鯉が金をつぎこまねばならず、店をやめさせると、倉さんは自宅で無料料理屋を始める始末。

この男、料理を作るのは大好きだが、自分には一日に一度粥を煮るだけ、酒は呑むが、肴は青唐辛子を白焼にして一本かじるだけ。呑みながら、理想の芸妓像をお鯉に説教した。七二歳まで永生きしたが、「少し許《ばか》りおかしい様子だ」と言ってお鯉を呼び寄せ、好物の鰻の中串を半分喰べ、酒も二杯目を半分呑んで、「蒲団の下に書き付けがある。その通りに頼むよ」と言って息絶えた。書き付けには、通夜客に出す料理の献立てが詳しく記されていた。

養父は芸妓が役者を色に持つことを嫌っていたが、やがてお鯉は市村家橘《かきつ》（のちの羽左衛門）の女房になる。家橘は名高い洗い髪のお妻と出来ていて、その内夫婦になるものと思われていたが、この道では手の早い沢村訥升《とっしょう》（のちの宗十郎）がちょっかいを出し、お妻をものにしてしまった。

さあ家橘の廻りが納まらない。かくなる上はお妻以上の女を家橘に添わせなくちゃあという次第で、白羽の矢はお鯉に立った。お鯉には旦那がいる訳だが、その山平さんも承知。あとは倉太夫の反対のみというところで、倉太夫が急死した。

二人は明治三二年に結婚した。しかし市村家の内情は火の車、しかも姑はお鯉が気に入らぬらしい。そのうち家橘の帰宅が遅くなり、遂には全く帰らなくなった。家橘はひいき客の第百銀行頭取池田謙三の夫人米子と出来ていたのである。やがて二人で待合に籠り続けるという状態になった。しかも遊びには出歩く。姑まで二人について歩く。お鯉の面目が踏み潰されたところで、家橘が「いろいろ訳があるから、ちょっとの間家を出てくれ」と言い出した。お鯉は養父母ともども以前世話になった「弥生」へ帰った。

その二、三日後、家橘と池田夫人は遂に事件を仕出かした。二人で大宮公園の旅館に偽名で泊ったのだが、以前からその辺りに出没する大泥棒ではと疑われて警察に踏みこまれた。調べてみると歌舞伎役者と銀行家夫人である。姦通罪が生きている時代だ。むろん新聞は書き立てる。大スキャンダルになってしまった。

池田氏は姦通罪で訴えるのも見苦しいし（姦通罪は親告罪である）、と言ってそのままにもならず夫人を離婚。一方家橘はシレっとお鯉に復縁を申し出た。何も離婚した訳じゃない、ちょっとの間出てくれと言っただけだという次第。この辺になると無邪気というか勝手というか、家橘はそんな人であったらしい。お鯉が応じる気にならなかったのは言うまでもない。

別れたのが明治三五年、翌年には盲目になっている義母を抱えて、また「照近江」の看板を出した。お鯉は芸妓稼業が好きではなかった。ただ名妓と評判されて、それだけの意気と粋は示したかった。また衣裳にもそれなりに凝った。紅葉はお鯉がひいきで度々お座敷がかかったが、もっぱらお鯉の着物姿をやれ立てやれ坐れと鑑賞するのだった。

厄介な客はむろんいろいろといた。松方幸次郎は元老松方正義の三男、川崎造船所社長を振り出しに海運業の大物となり、美術にも眼があって松方コレクションを残した。まだ若い盛り、この男がいったん仲間と花柳界に遊ぶと、芸妓にたちの悪いいたずらを仕掛ける。人力車に乗ってお座敷に出かける途中を拉致して返さない。座敷の障子を蹴破る、生ビールを撒き散らす、芸者の着物を破る。何、弁償すりゃあいいんだろうという態度。芸者をいじめて何が面白いのか、悪戯《わるふざ》けがとまらない。

しかし大体は、大勢芸妓、雛妓を集めて、盛大に御馳走し、都々逸や狂句をが鳴り立て満足するといった態のが多かった。江戸粋人の浅酌低吟の風とまったく異なる。ただおいしいものを喰べてわいわい楽しくやろうというので、児玉源太郎がそうだった。芸妓衆を連れて料亭に行くが、児玉が先に行って申しこむと、必ず「一杯でして」と断わられる。風態が粗末なのである。参謀総長が貧乏老壮士にしか見えない。あとから芸妓衆がどやどややって来ると、「さあさあ、どうぞ」となる。

いろいろな客を見た。市村家橘と結婚する前、鹽原《しおばら》又策という、欧州から帰朝したばかりの横浜の青年実業家が、毎日新橋に出て来てお鯉を昼食に誘う。そのうち義父倉太夫を通じ、結婚の申込みがあった。一八のお鯉は考えた。真面目一方で純真なこの人の妻になる資格は自分にない。

そう思って断わった鹽原に何年ぶりかにお座敷で会った。ゾロリとした役者風ないでたちで、往年の真面目で純朴な面影は全くない。「お鯉さん、先頃は結構なことでしたな」と冷やかな眼に嘲りを示す。むろん家橘との一件を言っているのだ。「ああ、いやな人になった」とお鯉はぞっとした。

鹽原は芸妓の梅香と夫婦約束をしていたのに、他の芸妓に見替えた。郵船会社の近藤廉平が気の毒がって梅香の世話したが、彼女は気が違ったようで、もう芸妓勤めも出来ない。そのうち彼女がトテチャンと出来たという噂である。トテチャンは銀座の自転車屋の息子のきざな半可通で、とてもタマラヌのでトテチャン。一流の名を取った梅香が相手にすべき男ではない。そのうち二人の姿は消えた。トテチャンは外国へ行き、梅香は肺病になって死にかかっているという。

その後二十年、銀座でカフェをやっていたお鯉のもとに、日本郵船の船長がやって来て、ドイツから分取ったクライスト号を見に来いとの誘い。早速誘いに乗ると、船長は船内を案内し、さて食事になった。同席に立派な中年紳士がいて、「安藤さん、私をおわかりではありませんか。銀座の池田です」と言う。トテチャンだったのである。梅香にも苦労をかけたが、今度彼女を伴って欧州へ行き、地盤もあるので二人でそこで暮らすつもりと言う。人は変る、鹽原のようにもトテチャンのようにも。

桂とお鯉の仲は、山縣の世話焼きから始まったらしい。山縣と桂との関係は、後年桂が公爵に昇って山縣と対等になるに及んで悪化したが、この頃は山縣にとって桂は直系の子分だった。桂は明治三四年以来首相であり、日露戦争は始まったばかり、重責を担って日夜心休まる間とてないように見受けられる。しかも仕事以外、道楽というものがない。行きつけの浜町の常盤屋の女中頭おきよに聞いても、桂に決まった妓《もの》はないという。お鯉を世話してやれよと山縣が言うので、おきよはお鯉に話した。お鯉にとって山縣は、芸妓に出た頃からのひいき筋である。お鯉はこの話を一度は断わった。
しかしそのうち、井上馨、児玉源太郎、桂らが集まる会合に、きれいどころの一人としてお鯉も出た。料理は常盤屋のおきよが指図する。酒が廻り席が乱れると、おきよは桂の前に坐《すわ》って「御前《ごぜん》はロシア相手に談判なさってるんでしょう。何です女一人くらい、直談判《じか》なされりゃいいじゃありませんか」。傍らにある児玉がけしかける。「それがよい。場所はあの藤棚じゃ」。

二人は満開の藤棚の下に対座させられてしまった。桂はひと言、「どうだ、いやなのかね」。お鯉はこう答えた。「いやと申す訳ではありませんが、私もいろいろ履歴の多い人間ですし、一体あなた方は伊藤の御前を初め、人を玩具《おもちゃ》になさるからいやです。いくら芸妓でも人間です。生涯の事を考えて下さるんでなければ、御免蒙《こうむ》ります」。桂はうなづいた。「わかった。それは確かに承知した」。

二階から様子を見ていた児玉が声を掛けた。「どうだ、桂。クロパトキンと条約が出来たか」。クロパトキンは以前来日したとき、お鯉の締めた帯の美しさに心奪われ所望したが、お鯉はそれを固辞した因縁があった。このとき在満ロシア軍の総司令。「うむ、クロパトキンを生擒《いけど》ったよ」と桂は答えた。

児玉は言う、「ここまではわしが参謀じゃ。ここで交替して、あとは井上侯に頼もう」。井上は昔知っていた鮫洲の川崎屋へ、一同を連れて行った。汚ない店だった。一同はここでもひと騒ぎして寝に就いた。この夜お鯉は桂と結ばれた。すでに日露戦争は始まっている。

桂と出来ても、お鯉は養母と元の暮らしである。桂はむろん忙しい。山縣や井上はお鯉の顔を見る度に、「桂を慰めてくれているか」と問うが、それ程逢っている訳でもない。さすがにそのうち身受けの話になった。

桂には三人目の妻かな子がいる。かなり悋気《りんき》強い妻である。最初の妻歌子は、与一、蝶子、茂子の三児を残して死んだ。長州随一と謳《うた》われた美女である。というのは、桂には初恋の人があった。

江戸藩邸に勤めていた慶応三年、出入りの八百屋の娘に惚れた。桂、この時二一歳。それから戊辰戦争に従軍、明治三年にはドイツに留学ということになる。この期に打ち明けねば機会はない。桂が父親の八百屋に心を打ち明け、洋行から帰ったら貰う約束がしたいと言うと、親父は泣いて喜んだ。

滞欧三年半、帰ってみると八百屋の家は没落して、娘は芸妓に売った、相済まぬことでしたと親父は頭を摩りつける。芸妓になったお貞さんを新橋まで訪ねて行った。二度ほど行ったが、口を利けない。お貞さんの同輩が知恵をつけてくれて、船宿へ行き二人で船に乗り、百花園も散歩したが、それだけのこと。どうしても心のうちが言葉にならぬ。

そのうち母から、お前の嫁を決めるから帰省せよと言って来た。当方の事情を知らせると、芸妓などとんでもないと上京して来る。母親をお貞さんに会わせたら、「なるほど美人じゃ。お前が欲しがるのも無理はない。しかし芸妓は困る。私が長州で、家柄もよく、あれ以上の美人を探してやるから、あの女は諦めてくれ」。そして探し出したのが、最初の妻野田歌子。後年伊藤があれほどの美女は見たことがないと言ったほどの美女だった。安心したかのように、母はその年のうちに死んだ。

歌子は明治一九年に死に、すぐ宍道貞子をめとったが、これも二児を生んで明治二三年に没し、翌年村上かな子を迎えた。かな子との間には三児がある。

お鯉は榎坂の新宅にはいった。ただしふつうこんな際もらう身請金など一銭も受け取っていない。ここは桂が寝泊りする首相官邸も近い。戦争中、桂は体調を崩し、胃癌ではと疑われるほどだった。かな子夫人は保養のため伊香保あたりに行きづめで、官邸にいない。勢いお鯉が官邸へ行って、桂の世話をせねばならなかった。

講話反対の暴動についてはすでに述べた。襲われたのはお鯉宅だけではなく、照近江を継いだ二代目お鯉の家も、その前に石油缶を積み上げられた。この二代目お鯉はのちに西園寺公望の囲い女になり、桂と西園寺は妾連れで会食すると、原敬は『日記』に苦々しげに書いたが、もともと二代目はお鯉が選んだ女で、お鯉とは昵懇《じっこん》だったのである。

東京の暴動が収まりかけると、桂からの使者が来た。それまでお鯉は炊事の煙も立てられぬ真暗闇の家で梅干と握飯で過していたのである。桂はこう伝言して来た。これまでよく世話をしてくれた上に、この度は騒ぎに巻きこみ申訳ない。自分もこの騒ぎになった以上、身を引かねばならぬと思っている。そこを察してそなたも身の振り方をつけてもらいたい。

つまり桂は、自分とお前の間柄がこんなに悪評され、騒動の一因にもなった以上、ふたりは身を慎まねばならぬ、これで縁切りにしようと言っている訳で、実際使いに一万円持たせて寄《よこ》した。手切れ金である。

お鯉は返事を書いた。じかじかに言って下さればよいものを、使いを立ててのお言葉は悲しう存じます。まして金子を下さるなど、私をいやしめるもので、お恨み申しあげます。とにかく山里になりと身を潜めます。ついてはお手紙にてお暇《いとま》を賜りとうございます。そして、一万円は返却した。

桂から返事が来た。この手紙は保存されていないが、お鯉は全文暗記していた。「お前には実に気の毒で可愛想に思う。だが自分は大変な場合に立っており、栄枯盛衰、毀誉褒貶など気にかけず、ひたすら御奉公するしかない。しかし政治家として立つ以上、社会の風潮も考えねばならぬ。甚だ心苦しいが、許してほしい」。そして桂はこうも書いていた。「何人も時節の来るのを待つより外に道のない時があるものだ」。まことに意味深長というべく、最後は「くれぐれも達者で」と結ばれていた。

その人物が本当はどういう人間なのか、それはその人の女性に対するときに正直に表われる。桂は少なくとも、女には優しい男であったようだ。彼はニッコリ笑って相手の肩をポンと打つというので、ニコポンと仇名《あだな》された。政治家として卑しい人心収攬術という含みがあるが、このニコポンも彼の真情から来たもののように思われる。

お鯉の家に来ても桂は、奉公人たちや出入りする職人やらに、いちいち声を掛け、掛けられた方はみな嬉しいのだった。不機嫌な顔を見せたことがなかった。これはもう本性としか言いようがない。「どんな人間の話にも、何かためになることがある」というのが口癖で、まず相手に喋るだけ喋らせた。

彼はお鯉に語ったことがある。「わたしは怒ることが嫌いなのだ。世間ではわしの事を、お世辞ばかり言う人間のように思うているが、自分で努めて言っているのじゃない。そう子供のときから教育されたのだ。怒ることは自分を不愉快にする。誠に詰らん事じゃ。喰べる物や、身につける物も、何の望みもない」。事実、彼は出されたものはみんなたべ、お鯉が時には好き嫌いを言って欲しいと思うくらいだった。

お鯉は妾宅を出て、いったん市内の借家に隠れた。しかし、九州玄洋社の怪傑杉山茂丸（仇名がホラ丸）がおせっかいを焼いた。お鯉の話を聞き、桂の話を聞いた。

桂は本妻のかな子が病身で保養に行っている間、お鯉が官邸に来て世話をしてくれたのが悪かった。世間の評判になるし、焼打ちもそのせいだと言うし、かな子が収まらなくなったと打ち明ける。茂丸はかな子を呼んで説いた。「お鯉は国家に尽す桂公に同情して、お世話しようという気になった女で、身請け金も貰ってはいない。そんな女が今は外も歩けない気の毒な身の上になっている。それを見棄てるのは世間への聞えも如何と思われる。生涯を見てやるのは当然ではないか」。

こう説かれては、負けん気のかな子も「まことに気のつかぬことでした。よろしくお取り計らい下さい」と頭を下げるしかなかった。こうして二人の仲は復活した。桂がお鯉に書いたように、待てば時節も来たのである。官邸で桂と最後に会ってから半年であった。

正夫人にも一応地位を認められ、お鯉は大正二年桂が没するまで充実した暮らしを送った。それでも桂は世間に気遣って、旅に伴う時もおなじ列車には乗らなかった。彼女は山縣の夫人貞子と仲良かったが、二人して、山縣と桂を「妾が悪いもので隠れてしか置けぬのなら、お置きにならぬ方がよい」ととっちめるのだった。二人は「それ三百代言が始まった」と頭をかく。

この貞子も新橋芸妓の出である。明治二二年頃、山縣と知り合い、やがて囲われたが、明治二六年、山縣の妻友子が死んだあと、椿山荘に移って事実上の正室となった。しかし貞子は入籍を望まず、桂などがいくら説いても、内縁のままとどまったのである。父が芸妓と心中し、母が講談師の内縁の妻だったことから慎んだのだという（小松緑『春畝公と含雪公』）。

この貞子といい、伊藤の下関の芸妓上りの妻といい、明治の大臣の妻には傑出した女が多い。伊藤は人から最も尊敬する人物はと問われて、明治天皇と答え、次はと問われて韓国王と答えたが、さらに臣下のうちではと促されると、「おかか位のものじゃ」と答えた。おかか、つまり梅子夫人だというのである。

その梅子夫人は夫の女出入りを達観していたようだ。伊藤は大阪でなじんだ文香という妓《こ》を梅子夫人にあずけた。そもそもこのことからして普通ではないが、伊藤はそれきり文香を顧みず、東京でご発展。それをまだ十七、八の文香が猛烈に妬く。しかもその悋気《りんき》を人もあろうに梅子夫人に訴える。神様のような梅子夫人は「直接《じか》に申し上げなさい」と伊藤の官舎に送りこんだ。お鯉が榎坂にいた頃、夜中伊藤が文香を連れて来て、一時預かってくれということもあった。文香は一晩中、粘っこい京都弁で恨みつらみを並べ立てるのだった。

お鯉は金春流の名人桜間左陣の門人となり、謡曲《うたい》の稽古を始めた。師に従って、方々で舞台にも立った。だがそれよりも、お鯉のその後にとって重要なのは、桂の二人の庶子を養育したことである。

明治三九年頃のこと、桂が所要あって大阪滞在中、お鯉も呼ばれて同席したが、幼い女の子をおんぶした二七、八の女が門前に佇んでいる。あまりに目に立つので宿の女将に尋ねると、以前桂が神戸の「常磐花壇」に泊ったとき、そこの女中をしていて、桂に侍《はべ》り、子を宿したというので、しかるべき処置をつけた女だという。女はそれでは気がすまず、何かにつけ問題を持ち出すのだとのこと。

お鯉が桂に問うと、確かにその事実はあるが、露子と名づけて二千円贈り、もう解決はついているはずという。お鯉は今更のように男の身勝手を感じ、特に子どもを哀れに思った。その子を私に下さい、私が立派に育てますと桂に説いた。

いろいろとあったが、その女山田きく子と一夜よく語り合い、四歳の露子を引き取ることになった。ところが露子は母親のヒステリー性を受けついでいるらしく、大変なひねくれ者で、東京へ向う列車中でも、「わたいのお父さんは豪いお方や、桂大将さんや」と奇声を連発する。お鯉は身のすくむ思いをした。家に入っても、奉公人の誰も信じず、たべものもお鯉が箸にとるのを見て、初めて自分もそうする。桂も「これは大変な子だ」と呆れた。

しかしそれから三年、七つになる頃は、鷹揚でのんびりした可愛いお嬢様になっていた。名も真佐子と変った。だが一一歳のとき桂が死に、故あって生木をさくように、桂の弟の二郎の許に引きとられた。お鯉には辛い別れだった。

それから十年ばかり経って、お鯉が銀座で出していたカフェ「ナショナル」に、カフェには珍しい令嬢風の女がはいって来た。この頃のカフェというのは喫茶店の意味ではない。西洋風飲み屋を意味する。これが真佐子であった。

真佐子はお鯉を本当の母、きく子は養母と信じていた。「ねえ、そうでしょう。実の母とおっしゃって下さい」とすがる真佐子に真実を語るお鯉は辛かった。真佐子はこの時中村銀作法学士の妻となっていた。

明治四五年、桂は四度目の訪欧の旅に出た。その際新橋駅頭で、見送り人のうしろに隠れ、ハンカチで目を拭う若い芸妓がいた。新聞記者がこれを見逃さず、早速取材して、翌日の新聞に、桂公の御落胤《らくいん》が今は柳橋芸者、と大々的に記事が出た。

驚いたお鯉が調べてみると、その女は一龍といって大変桂に似ており、芸は出来るが、内気で器量もよくないし、売れない妓《こ》だという。売れない妓というのがぐっと来た。会ってみると桂と瓜ふたつである。名は勝子という。早速身請けすることになった。抱え主に払うだけでなく、勝子を育てたという祖父母やら叔父伯母たちにも、然るべくけりをつけた。さんざん探して母親も突き止めたが、これは神妙な女で、親たちが迷惑かけてと謝るばかり。欲しそうな顔はしないのに、これにもしかるべく払った。

桂一行はシベリア鉄道でペテルブルグに着き、更に旅を続ける途中、明治天皇崩御の報に接し、急遽帰国した。お鯉が勝子を一存で引き取ったことを釈明すると、桂は自分が名古屋の第三師団長をしていた時、上京する度に定宿にしていた旅館の女中に産ませた子だと打ち明ける。当時自分は二番目の妻を亡くし、子どもを全部親戚に預けている有様で、勝子を引き取ることが出来なかったというのだ。

勝子を柳橋芸妓から桂家令嬢に作り直すというのは、一息に出来ることではなかった。行儀作法は息長く直すにしても、学問修業となるとお鯉にも手に余る。そこで思いついたのが、桜間左陣翁の相弟子だった嘉悦孝子である。孝子は横井小楠の弟子で肥後実学党の有力者氏房の娘で、この時日本女子商業学校の校長をしていた。孝子の助言を受け、一九歳の勝子は海老茶袴姿で通学することになった。

先生方には家にも来てもらい、お鯉もいっしょに勉強した。しかし、二人とも基礎が出来ていないから苦労する。どうしてこんなに難しいのか、一緒に泣き出すこともあった。苦労が稔って勝子が令嬢らしくなっても、桂は会おうとしない。一九年も放り出して来てやましいのか。やっと会ってくれると、こう言った。「わしはお前を捨てた。わしは親ではない。親はこの人だ。その恩を忘れてはならぬ」。

内大臣を辞し、第三次内閣を組織して憲政擁護運動を惹き起こし挂冠したあと、桂は健康を損じたが、三月末、お鯉と勝子を連れて上野の花を見た。その一週間後桂は床に伏した。かな子夫人がいる以上見舞いにも行けない。その内葉山の別荘の桂から電話があった。桂の嫡男与一が重病にかかり、かな子が東京へ看病に行ったからすぐ来いと言う。駈けつけると桂は言った。「食べ物が喉を通らぬ。何かわしの好きな物を作ってくれ」。

六月一六日、与一は死んだ。第一夫人の子で母譲りの美男、しかも頭脳明晰、将来を嘱望された、現に藤田組の重役であった。お鯉に語って曰く。「自分は幼い時、家庭的には非常に不幸だった。しかし、父も気の毒な方である。家庭にあってさえ遠慮しておられる。どうか父を慰めて下さい。その代り父亡きあとは必ずあなたの事を見てあげる」。明治一五年生れ、お鯉より三つ歳下であった。

かな子夫人は内心あくまでお鯉を許していない。彼女が桂の病床についている時はお鯉は東京へ帰り、彼女が東京へ帰るとお鯉が葉山に来て桂を看とる。ある日かな子夫人が来るというので、お鯉が引き取ろうとすると、桂が「帰らなくてよろしい」と強い語調で言う。何度か押問答のあと、「一応引き取って、奥様がよろしいとおっしゃれば引き帰して参ります」と言うと、桂はしばらく黙ったあと言った。「では、おぬしは帰るのか」。

桂は自分が重態になったら、子どもを連れて玄関正面から来い。奥さんも快よくわしに会わせるじゃろうと言った。その日は来た。お鯉は覚悟していた。夫人は決して自分を桂の死に目に会わせまい。しかし、二人の娘だけは会わせてやりたい。お鯉はそう山縣に頼んだ。山縣は言う。「安心せい。山縣が引き受けた」。こうして勝子、露子は、桂の死に目に逢えたのである。だが、かな子夫人は二人を女中扱いした。桂が死んだのは大正二年一〇月一〇日、数えで六七歳であった。お鯉三四歳。

お鯉は桂が最後の外遊をする直前、彼から一封の書きつけを見せられた。それには公債、株券、銀行預金、併せて六万五千円、右は安藤照子の所有なり、桂与一殿とあった。自分が死んだら、これを与一に持って行け、悪いようにはしないというのだ。

果して井上馨から呼び出しが来た。桂家と井上の関係は深い。かな子夫人は井上を仮親として桂に嫁いだし、桂の二男三郎（母は第二夫人）は井上の養子になっている。参上してみると、おえらい関係者がずらりと並んでいて、家令から申し渡された。桂家の財政整理がすんだ。桂がお鯉に残した財産は井上が預かり、お鯉には月二〇〇円渡す。

それに異存はなかったが、続いて家令が十数ケ条の誓約書を読みあげて、それに署名捺印せよと言う。第一条節操を守ること、第二条みだりに外出せざること、第四条子供の教育は勝手にせず相談して行なうこと、第五条自分の財産だから全部引き渡せなどと言わぬこと云々、お鯉の五分の魂が頭を抬《もた》げた。すべての条項に不服である。寄ってたかって自分を抑えつけるのか。自分は桂亡きあと黒髪をバッサリ切り、柩に入れてもらった。節操を守れなど要らぬお世話だ。子供とは、勝子はもう婚礼も近いから、露子のことだ。露子は桂から自分に任せられて来た。

お鯉はこれは署名しかねますと、はっきり申しあげた。井上は雷親父と仇名《あだな》のついた有名な癇《かん》癪《しゃく》持ちである。「不承知なのか。不届き者め。折角の親切がわからぬ奴は帰れ」。井上は人の世話を焼くのが大好きで、これが親切のうちはいいが、往々おせっかいまで至るという定評がある。お鯉は断じて屈服する気はなかった。

井上邸でも立ち合っていた「喜楽」のおかみが数日後訪ねて来た。この人、お鯉が師事している森田悟由禅師の下での相弟子で、そのよしみで忠告に来たという。「禅師がいつも現在の事は小事で、将来のことが大事とおっしゃるでしょう。井上侯もあなたの将来のことを考え、またあなたの前の身分のことを考えて、ああおっしゃるのです。あれほどの身分の方のおっしゃることです。素直にお受けしなさい」。お鯉はきっとなって答えた。

「あなたは相弟子とおっしゃるから、遠慮なく申し上げます。禅師は無差別を教えられました。身分がどうのというお話は受け取れません。私は自分の生涯に判を押されて暮らす人間になりたくありません。あなたはどういうところから仏の道にはいられたのか知りませんが、私は人間から金や身分や容色を取り去ったら、何が残るのだろうと考えて、禅師に救われたのです。ただ大事なのは心です。その心に判を押したり条件をつけたりするのは生命を失うことです」

この言葉に私たちは、幼くして維新を迎え、小学校に行っただけで花柳界に身を沈めた女のうちに、おのずと成熟した個としての自覚を見て取ることができよう。お鯉は桂のくれた六万五千円云々の書きつけを、杉山茂丸を経て井上に届けた。この一枚を持っているばかりにいやな思いをする、いっそ返上するというのだ。

いろいろと折衝があって、箇条書は撤廃され、書きつけには六万五千円とあったが、井上が預かっていたのは五万八千円、それはお鯉のものと決まったが、うち二万円は露子に分与せよとあった。お鯉は勝子が無視されるのに不服で、遂に勝子、露子にそれぞれ一万、お鯉には残り三万八千ときまった。これで問題は決着したのであるが、露子は桂の弟二郎が引き取るという条件で、お鯉とお露の涙の別れがあったのは前述の通りである。

桂死後のお鯉については、祖田浩一に『お鯉の生涯』（筑摩書房・一九八二年刊）という著書があり、さらに長谷川時雨の『近代美人伝』がある。この二著によって、その後のお鯉の成り行きをたどろう。

彼女は品川に家を求めて、清澄庵と名づけ、実母と養母を引き取った。祖田は、やがて実母も養母も失い、桂の遺産も使い果し、元の無一文に戻ったと書いている。

しかし、当時の三万八千円というのは生半可な金ではない。普通の家庭では年収五、六百円あれば、何とか暮せた時代である。十年や二十年でなくなる金ではないはずなのだ。むろん贅沢が身についている。しかし、問題は、彼女が何でも無造作に人にやりたがる性癖の持ち主たることにあった。

市村の家に入ってうまく行かなかったのは、ひとつはこの癖のためだったらしい。訪ねて来る者があると、「お前に何かやりたいねえ」というので、到来物のラッコの帽子の新品を、そら来たとやるのだから大変だ。何しろ来た者得だというのだ。これは長谷川時雨が聞きとどめた話である。人に物をやるだけではない。自分自身、若い頃からひどい浪費家だった。麻布時代、居間の天井は古代更紗で張ってあるという噂。古代更紗は一寸何円とするのである。しかし、三万八千円が十年にもならぬのに消尽くされたのは解せない。周囲から何だかんだと持ち出されたのか。

祖田は、もとの無一文に戻ったお鯉は、芸妓の頃の客を想い起し、待合で逢うようになり、何人かの男が来ては去ったと書いている。松葉屋という旅館のおかみの語るところでは、ある日みすぼらしい姿のお鯉が現われ、「石田さん、見えてますか」と言う。石田というのは大阪の砂糖屋である。石田の部屋で長い間話しこみ、ついに泊りこんだ。「これが桂公御愛妾かと呆れた」とおかみは語っている。

お鯉が大正九年、銀座にカフェ「ナショナル」を出したのは、この石田の出資によるものだという。長谷川時雨がナショナルを訪ねたのは、この年の暮れのことだった。彼女は『近代美人伝』を執筆中で、この訪問はむろんいわゆる「取材」が目的である。するとお立のりりしいしっかりした女が出て来て、丁重に明日来てくれと言う。あとでわかったが、これはお鯉の妹茂子で、親と秋田へ行きそこで女学校も出たのである。

時雨は桂公愛妾時代のお鯉を見たことがあった。お鯉が日本橋倶楽部で仕舞を舞った時である。彼女は変ってはいなかった。「麗々しい気品のある……横顔の可愛らしさ」と時雨は書いている。それにいかにも故人を弔うような切り髪ではなく、束髪なのも気に入った。

この日お鯉は時雨に、桂没後井上馨から箇条書きをつきつけられた時の鬱憤を語った。「あたし夫人《おくさん》じゃない、妾《めかけ》ですっていってやったの。第一貞操を守れなんて、私は若いのだし、今後は私の自由ですって」。時雨は彼女のうちに、自分とおなじ「欲も徳も考えない気短かな、煩《うる》さがりやの感情家」を見出した。

「ナショナル」は繁昌したが、主として右翼系の客が多かったという。大正一二年の震災で焼亡した。頭山満が心配して金を工面し、赤坂に待合茶屋「鯉住」を出させてくれた。昭和の初めのころである。

ところが昭和九年、帝人事件のとばっちりで、お鯉は収監され、昭和一一年、偽証罪で懲役一〇カ月、執行猶予三年の判決を受けた。事件の告発者たる政友会代議士が、法相小山松吉が「鯉住」で事件関係者に会っていたと主張し、実はこれは小山と姓のみ一致する別人であったのだが、お鯉は政友会代議士の肩をもって、あくまで小山法相だと言い張り、偽証罪に問われたのである。彼女は性善良だったが、勝気かつ強情だった。最後まで人騒がせな女だったのである。

昭和一三年、またしても頭山が心配して、彼女を目黒の羅漢寺に尼僧として入るようにしてくれた。五百羅漢で知られる名刹である。妹の茂子も一緒に入寺した。森田悟由のもとで修業した身である。すでに心安らかであったろう。酒好きで晩年まで杯を放さなかった。酔うと思い出話もし、仕舞を舞った。戦時中は窮迫して、托鉢に出た。逝ったのは昭和二三年八月一四日、六九歳だった。死因は喉頭癌である。

著者の言葉――連載にあたって

明治維新の捉え方はおおむねパターンが決まっていて、戦前の皇国史観の中で王政復古的な革命と評価される一方、マルクス主義者など左翼からは「革命なんかじゃなく、絶対主義的な変革」など非常に低い評価がなされてきました。

幕末外交に対する評価については、無能で臆病で無方針であった幕府が非常に情けない対応をしたという見方は共通していて、尊王攘夷派のナショナリズムが日本を植民地化から救ったという考え方とともに、明治維新以来の皇国史観の中で強調されてきました。

しかし、ペリーが開国を迫って日本にやって来た一八五〇年代から、七〇年代にかけては、イギリスをはじめとする露骨な植民地主義が退潮し、日本が植民地化される危険性が一番低かった時代。幕府の役人たちはその中で、最善の対応をしたという見方が増えてきています。

僕は『逝きし世の面影』で、江戸時代の庶民が外国人にとても親しみと好奇心を持っていたと書いていますが、幕府の役人たちも、尊王攘夷の志士のような外国人嫌いは少なく、深い親愛の情を持って外交に当たっていた。今日では、むしろ幕府の外交能力は非常に高かったとする歴史家も出てきています。

一方、明治新政府がやった大変革は「人類史上めったにない革命だ」と唱える学者も出てきました。明治維新を遂行した勢力は、二六〇年続いた幕藩体制や身分制度を解体し、地租改正を導入し、二〇〇以上の小さい国に分かれていた日本を中央集権化することに成功したわけですからね。確かに歴史上これほど流血が少なく、短期間で急激な変革をやった例はあまりないと思います。

僕もその通りだと思いますが、それは、夏目漱石が言うように、日本が「万国対峙」という国際社会に出ていくためにそうせざるを得なかっただけの話。国連もないような時代に国を開くということは、弱肉強食の国際的な外交社会に入ることで、主権がどこにあるのかも分からない状態で日本が出ていけばどうなるかは分かりきっていた。だから近代国民国家の形を整え、富国強兵を急ぐ必要があったのです。

ただ、明治維新は、徳川社会が自分の思いも述べられないような不自由で嫌な社会で、もっと幸せになれるような社会をつくりたいと、一人一人の日本人が思ってやった革命ではありません。フランス革命やイギリスのピューリタン革命は、一種の社会的な閉塞状態から逃れたい、もっと自由な社会になりたいという一人一人の思いがあって起きましたが、日本の維新革命にはそういうものはないんですよ。

江戸時代の庶民世界は、権力に抵抗する、戦うということじゃなくて、天下国家や権力と関係なく自分の生活を設計できる自由があればそれでよかった。つまり、町民や農民は満足していて、幕府が国際社会に出ていくためにどうするかなんて関心がなかったわけなんです。それだけ江戸時代は良い社会だったんですよ。

維新史を書いてみたいというのは、歴史家の野心なんです。ただ、僕の場合は、日本が世界でも珍しい徹底的な革命をやって近代国家をつくったという話はどうでもよくて、それは他人に任せたい。

江戸時代の庶民は、満たされてはいたんだけど、明治維新で西洋文明と接触し、ああこんなふうに望むこともできるんだ、こんなふうに願ってもいいんだと思ったはずです。こんなふうに国家をつくらねばならないとかじゃなく、自分の一生はこんなふうでも良かったんだと目覚めていく。これが日本人一人一人の維新であっただろうと思います。そういうものを書いてみたいんです。

明治維新から昭和二〇年の敗戦まで、日本人は経験したことのない緊張度の強い強迫的な社会を初めて生きた。つまりロシア人が一九一七年に革命に成功して九一年にソ連体制が崩壊するまで、息の詰まるような社会を生きたのと同じですよ。「革命」という言葉が伏せ字になり、ずっと抑圧と監視が続く独特な時代でした。

一面で、日本が戦争に勝ち続ける中で、愛国心を精いっぱい発揮して、国が一流国になるとともに自分たちも一流になったような錯覚が持てたし、世界でも無比の国体を持つ国に生まれて良かったと思えた栄光の時代でもあったわけです。

つまり明治維新から敗戦までの日本は、一人一人が国民的自覚を強制された時代だったのです。福沢諭吉が一身の独立と一国の独立をつなぎ合わせたように、一国の運命を自分の運命として考えないような人間は一身が独立していないとされた。そういった天皇制国家の中で抵抗し、国家や権力と関係なく自分を実現できないかなと思っていた人たちがいました。そういった人たちを取り上げてみたいと思う。

僕は小さい時から「レ・ミゼラブル」や「小公女」といった西洋の物語を読んでヒューマニズムというものに触れ、「小さきもの」に目を向けなければならないと思うようになったが、当初は観念的なものでしかなかった。それが具体化して、よく分かったのは、石牟礼道子さんが書いた日本の農漁民の世界、つまり文字以前の世界を通じてなんです。原点には「人民の中へ」と言ったナロードニキ（自由な農村共同体を基礎にして新しい社会建設を目指した革命運動）があります。僕自身が人民から懸け離れた存在ですからね。

どこまで書けるか分かりませんが、幕末から敗戦までの日本で自分の世界をつくろうとしてきた人たちの夢を描いていきたいと思います。

（二〇二一年三月二十七日、熊本日日新聞）

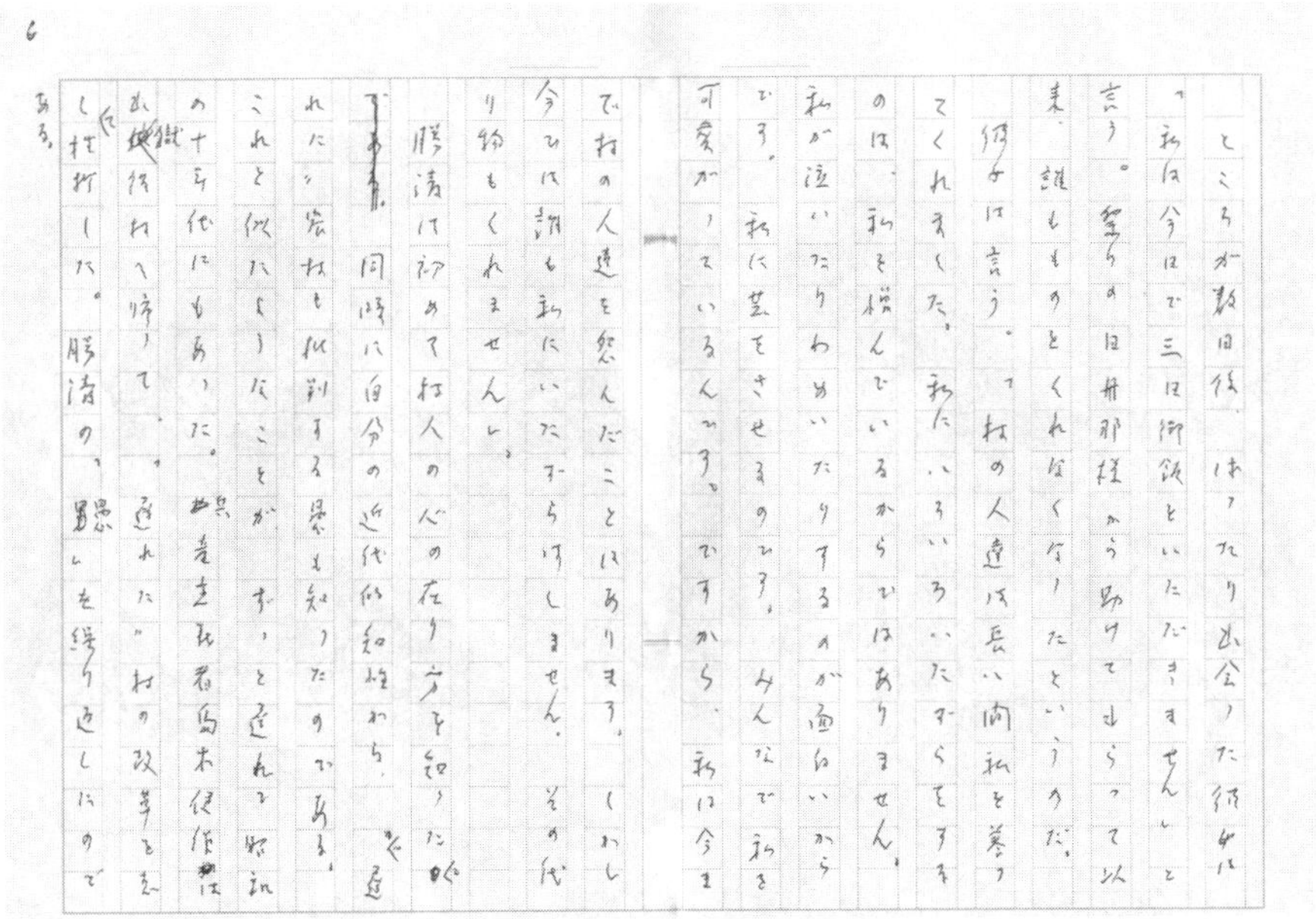
6
ところが数日後、ばったり出会った彼女は「私は今日で三日御飯をいただきません」と言う。警察の日那様から助けてもらって以来、誰もものをくれなくなったというのだ。

彼女は言う。「村の人達は長い間私を養ってくれました。私たいろいろいたずらをするのは、私を憎んでいるからではありません。私が泣いたりわめいたりするのが面白いからです。私に芸をさせるのです。みんなで私を可愛がっているんです。ですから、私は今まで村の人達を怨んだことはありません。しかし今では誰も私にいたずらはしません。その代り物もくれません」。

勝清は初めて村人の心の在り方を知った。同時に自分の近代的知性から遅れた宗教も批判する愚も知ったのである。

これと似たようなことが、ずっと遅れて昭和の十年代にもあった。共産主義者島木健作は獄から村へ帰って、遅れた村の改革を志し挫折した。勝清の愚を繰り返したのである。


「小さきものの近代」は、熊本日日新聞に、2021年4月3日から2023年12月1日まで連載された。次頁上は、連載第一回め、下は第二回めの原稿。上の原稿は、本書「第二十章 激化事件と自由党解党」の最後の原稿でこれが絶筆となった。

（掲載した渡辺京二氏の自筆原稿は山田梨佐氏蔵）

「小さきものの近代」が書かれていた書斎。2022年12月25日逝去する前日まで、ここで執筆していた。机上には、すぐ次の回を執筆できるように原稿用紙が置かれたままになっている。
（2023年10月25日撮影＝弦書房）

小さきものの近代 第一回

第一章 緊急避難（一）

渡辺京二

「人類の近代が経験した最大級の革命」、日本近代史家三谷博がいわゆる明治維新についてこう書いたのは二〇一八年である（『維新史再考』NHKブックス）。「近代」どころか「人類史上稀に見る大規模な社会変革」とさえ彼は言う。

ここまで来たかと、私は感に堪えなかった。明治維新が革命の名に値いせぬ封建的遺制をとどめた、絶対主義的変革にすぎぬとは、いわば戦後の常識であった。むろん戦後全盛を極めたマルクス主義史学の見解であり、敗戦によって維新以来の天皇制国家が崩壊し、民主国家として更生せねばならぬという輿論を背景とした、「明治国家」の全否定であったが、そのような維新観はすでに戦前から存在して

第二回

漱石は「朝日新聞」明治四四年三月一六・一七日号に、「マードック先生の日本歴史」という一文を書いた。ジェイムズ・マードックは明治二二年、第一高等学校の英語教師となったスコットランド人で、漱石は一高生のとき、この人に親しみ、教えられる所も多かった。以来縁が切れていたが、漱石が博士号を辞退した際、突然賞讃の手紙がきた。マードックはこの時（鹿児島の）七高にいた。

続いてマードックは「A History of Japan」（Vol. 1）と題する七百ページ余の大冊を贈って来た。明治四三年五月の発行であるが、実は彼は七年前にまず第二巻を刊行しており、これはポルトガル人の日本発見から島原の乱に至る時期を叙述したものであって、この度贈って来た第一巻は上代からの通史だったのである。マードックはその後シドニー大学へ移り、第三巻は徳川時代を扱う彼の没後一九三六年に刊行された。

漱石はとりあえず送られた第一巻の「緒言」だけ読んで感想を書いた。

[redacted]

新たな苦難の時代の道標に

浪床敬子

「僕はもうすぐ死ぬからね。死んでも原稿はちゃんと載せてね」

渡辺京二さんは時々、そんなことを口にしていた。いつも冗談として受け流していたが、昨年のクリスマス、本当に四九回分の原稿を遺して逝ってしまった。

訃報を聞いた朝、自宅に駆けつけると、書斎の机の上には、原稿四本がクリアファイルに入れて置いてあった。タイトルは「激化事件と自由党解党」とあり、数日後にもらうはずの原稿だった。傍らには愛用の老眼鏡やペンとともに参考文献の『秩父事件』が置かれ、さっきまで執筆をしていた空間がそのまま残されていた。

書斎の布団に横たわる渡辺さんの冷たくなった手を握り、最期まで書き続けてくれた感謝を伝えると、「君、泣いている場合じゃないぞ。後は一人で何とかしなさい」と声が聞こえた気がした。

葬儀の翌日から、長女の山田梨佐さんや、かつて渡辺さんの担当をしていた上司らに支えてもらいながら、四九本の遺稿と格闘が始まった。回を追うごとに筆致が弱くなり、乱れているものも目立った。判読が難しい字や疑問点があっても、確認する相手がいない。毎週やって来る締め切りまで、渡辺さんの書斎や図書館から可能な限り参考文献を探して読み、梨佐さんと判読や校正を重ねた。

筆者不在の編集作業はほぼ一年続いた。重責と不安のあまり眠れない夜も少なくなかった。

渡辺さんが熊日で書き下ろしの連載をしてもいいと言ってくれたのは、半世紀にわたって同志だった作家の石牟礼道子さんが亡くなって間もない頃だった。「片方の翼がもがれたみたいだ」と遠くを見つめていることが多かった渡辺さんは、「片翼飛行」でどこまで飛べるか試したかったのだろうか。ただ、執筆を始めるまでには二年近くを要した。

「そろそろ連載はどうでしょうか」と尋ねるたびに、「うーん。いつもなら章立てや筋立てがすっと決まるんだが、今回はなかなか見えないんだよ。こんなことは初めてだ」と頭を抱え、なかなかゴーサインが出なかった。ようやく執筆が始まったのは二〇二〇年一二月。渡辺さんは九〇歳になっていた。全体像は見えないままだったが、あっという間に五〇回分の原稿が出来上がった。入力と校正が追いつかず、「渡辺さん、もっとゆっくりでいいですよ」と泣きつくと、「いつ死ぬか分からんから、早く書いとかないとな。一週間に二回ぐらい載せられんかな」と、逆に急かされるほどだった。

「誰も書いていない維新史を書きたい」。渡辺さんが最後の仕事に選んだのは、幕末から敗戦に至るまでの日本の激動期を、歴史のはざまでたくましく生きた「小さきものたち」の視点で編む壮大な維新史だった。「どこへ向かうか分からない」と言って始まった連載は当初、「五年はかかる」と言っていた。やがて、「あれも書いておかないとな」「これも書いておきたい」と、どんどん章立てが増えていき、一年が過ぎた頃には「一〇年かかるかもしれん。それまで付き合ってくれるよね」と真顔で言われ、返答に窮したこともあった。

渡辺さんが二年間で書き上げたのは原稿用紙でざっと八四〇枚、三三万六千字余りに上る。分厚い参考文献の山と格闘しながら、毎週二四〇〇字を書き続けることは、物書きの「職人」とは言え、命を削りながらの執筆だったろう。

書き上げた原稿を手に、肩で息をし、よろめきながら書斎から出てくる姿は忘れられない。「一日一日、体が老化しよる。最近、本を読むのがきつくなったんだよ」「晩年は楽しく過ごすつもりだったのに、なんで僕はこんなにしんどいことを続けとるんだ」。毎回やりとりが終わると、執筆の大変さを訴えた。「実際に存在しない文献が夢に出てきてさ、目が覚めてからそれを探すけど無いんだよ。夢の中まで連載に追われて大変なんだよ」と、心底困った顔をしていたこともある。

途中、体力の限界を感じてか、「敗戦」としていたゴールを「大逆事件」に変更した。「いつ死ぬか分からんが、大杉栄のことは書いておきたい」と何度か口にした。残念ながら渡辺さんの描く大杉栄を読むことはかなわなかった。

絶筆となった第二十章は、渡辺さんがこの章で最も描きたかったのではないかと思われる「秩父事件」に入る直前で終わっている。明治国家が確立しつつあった一八八四年秋、急激な近代化の中で困窮した埼玉県秩父地方の農民たちが、「人民の自由と安楽」を求めて世直しに立ち上がった自由民権期の武装蜂起だ。机の上に残されていた参考文献を読みながら、渡辺さんがかつて身を投じた水俣病闘争を思い出した。

チッソ水俣工場前に数人で座り込んで闘いののろしを上げた後、患者の願いを無条件で支援する「水俣病を告発する会」を立ち上げ、旧厚生省やチッソ東京本社を占拠する決死の抗議活動を指揮した渡辺さんは、秩父事件をどう描こうとしていたのか。敗戦に至る日本の歩みをどう捉えようとしていたのか。読んでみたかった。

「小さきものの近代」は決して誰もが読みやすいものではなかった。連載が始まる前、「一般読者に分かるように注釈を付けますか」と尋ねたことがある。すると、「そんなものいらない。分からなかったら、自分で勉強すればいいんだよ」と素っ気なかった。

先日、渡辺さんの著作に、こんな一文を見つけた。「注釈がないだけにまともに人に思考を強いてくるところがあった」。一万冊を超える文献と格闘してきた渡辺さんに付いていくには豊富な予備知識が要る。私のように乏しい場合は、途中で何度も辞書や関連書籍を開き、深く考えながら読み進めることを強いられる。つまり、分からないことにぶつかり、思考を促される文章こそが読み手を鍛えていくと言いたかったのだろう。

一〇代の頃から国内外の文献を読みあさり、多くの著作を書き残した渡辺さんはある講話で、学び続ける意味をこう語っている。

「私は単に知的興味にひかれて読書を続けて来た訳ではなく、自分が生きてゆく方向を見定めるという動機が一貫して強かった。自分が置かれた歴史的状況にどう対応してゆけばよいのか、自分はどういう時代に生きているのか知りたい。それを知った上で自分の生き方を定めたいのです」

「小さきものの近代」は残念ながら未完となってしまった。ただ、「この続きは自分で勉強し、自分の頭で考えなさい」というメッセージだと受け止めている。

一貫して組織に属さず、在野の研究者として熊本から世界を見つめ続けた渡辺さんと向き合った一一年余りは、常に思考を強いられ、「君はどう生きるんだ?」と問われてきた。渡辺さんが命を削って書き残した多くの「小さきものたち」の生きざまが、新たな苦難の時代を生きていくための大きな道標になると信じている。

（熊本日日新聞社文化部）

解説

三浦小太郎

「江戸時代の庶民は、満たされてはいたんだけど、明治維新で西洋文明と接触し、ああこんなふうに望むこともできるんだ、こんなふうに願ってもいいんだと思ったはずです。こんなふうに国家をつくらねばならないとかじゃなく、自分の一生はこんなふうでも良かったんだと目覚めていく。これが日本人一人一人の維新であっただろうと思います。そういうものを書いてみたいんです。」

渡辺京二の遺作となった、本書『小さきものの近代』（全二巻）の連載開始にあたっての言葉だ。そして「小さきものの近代」は、二〇一一年四月から、週一回のペースで熊本日日新聞に連載が開始され、まず『小さきものの近代』（1）が二〇二二年七月に発行された。

江戸時代における農民の覚醒

この「小さき人々」が、自分自身の近代を作り出そうとした物語は、幕末の百姓たちから始まる。『小さきものの近代』（1）第二章「徳川社会」第三章「自覚の底流」には、ペリー来航も攘夷も討幕も無縁だった農民たちの思想的覚醒が描かれている。

江戸時代の各地における交易や様々な技術発展は、自由経済と市場の拡張、そして「新興ブルジョワジー」を生み出した。だが、この「資本主義」の拡大は、しばしば藩経済の疲弊と、百姓が借金を重ね、その代償として土地をとられる事態を招いた。農民はこのような事態に対し、旧秩序、つまり百姓身分の保護という「仁政」を領主に訴えた。攻撃の対象となったのは新事業を起こし、農民を小作人化する豪商や金貸したちであった。

だが、渡辺は一揆の主張が旧秩序への復帰であるからと言って、一揆を「春闘における条件闘争」であるかのように論じてはならないと強調する。「誰が春闘で斬首されるだろうか。死罪を覚悟してことを起こす以上、徒党・強訴は百姓の生存の最低線を防衛する命を賭けた行動としか言いようがない。これが最近バラ色で描かれがちな徳川社会の持つ一面である」（第二章）そして、社会の矛盾から生じた農民たちの意識覚醒と「思想」の目覚めを渡辺は解き明かしてゆく。

群馬県前橋出身の八右衛門は、年貢増収に抗する願書を提出しただけで永牢という不当な罪を課せられたが、獄中で『勧農教訓録』を書き残した。そこには次のようなくだりがある。

「ソレ人ハ則チ天下ノ霊ナリト、天照皇大神モノタマワク。然レバ上御一人ヨリ下方人ニ至ルマデ、人ハ人ニシテ、人ト云フ字ニハ別ハナカルベシ。モットモ貴賤上下ノ差別有リトイエドモ、是政道ノ道具ニシテ、天下ヲ平ラカニ成サシメンガ為ナルベシ」（『勧農教訓録』）

身分制度は社会システム（政道）のために必要なだけであり、そこに上下関係などはない、と八右衛門は言い切っているのだ。これは近代的な自由平等の思想とはちがう。百姓身分こそが最も自由で正しい人間の在り方だという視点から生まれてきた思想なのだ。

八右衛門は、百姓には武士のような上下の格式もなく、商人のような「営業」も必要ない。年貢さえ納めればそれ以上に何か求められることもない、と説いた。これはまさに身分制からの自立であり、同時に「百姓」の存在を、この世のあらゆる支配権力の外にある「自由」な存在と位置付けた思想である。

また、ペリー来航の年、南部藩三閉伊地方にて、藩の過剰な課税に抗議し、一万数千人もの農民が村を脱出、最終的には八千人が釜石に到着し、三閉伊地方を仙台藩に編入するか、もしくは公儀領にすることを求めるという大事件が起きた。指導者の一人、命助もまた獄中記を残している。
「獄中記はまず、いくら借金があろうとも田地を渡しさえすればよい、『田地なくとも、日びニ働バしのぐものニテ御座候』と言い、次いで『人間ト田畑ヲ比ぶれバ、人間は三千年ニ一度さくうどん花なり。田畑は石川らのごとし』という瞠目の一句が来る。」（第三章）
「人間が三千年に一度咲く優曇華の花だというのは、武士・農民・町人・学者僧侶など、徳川期の人間達の誰でもが言いえた言葉ではない。だが、そう聞かされた時、彼らの心は震えたであろう。なぜかというと、これは人間の一般論をしているのではなく、己れがそういう貴重な存在だと主張するものだからだ。命助は『まいあさ、我玉しいを拝し奉るべく候』とさえ言っている。この自覚は深い。」（第三章）
八右衛門には、農民こそ、この封建秩序の外で、自由に大地とともに生きていけるのだという思想があった。しかし、それはあくまで村落共同体の中で生きていくことである。命助にとって、すでに「人間」「我玉しい（魂）」、つまり個人の価値は、田畑という農村基盤よりも高いものとみなされている。
ここでの命助は、西欧近代とは全く違うところから、共同体を超えた自我の存在に目覚めつつある。田畑を石礫と同じだという言葉は、農村共同体からは簡単に出てこない言葉である。藩を超え、自らの農村を一時とはいえ家族とともに捨て、領主や藩制度の変更を民衆の側から求めた「変革への意志」がこのような思想を生み出したに違いない。第三章には他にも、大原幽学の思想と生涯が記されているが、これほど悲劇的な理想主義者のドラマは日本史上にも少ない。幽学もまた、現実の農村共同体を超え、さらには家族をも超えた純粋な農村コミューンを目指していたのだ。

反動的抵抗の中にある真実

そして第十章「草莽たち」第十一章「明治初期農民騒擾」は、幕末期から明治初期における、西郷隆盛らの士族反乱に先駆けて、真っ先に維新政府に「小さきもの」の立場から抵抗した人たちが登場する。

まず文久三年（一八六三）一一月、楠音次郎を首領とする浪士たちが「真忠組」を名乗り、近辺の名主、豪農、網元に『軍用金』を強要し、集めた数千両の金と六、七百俵の米の大部分を、当地の窮民に放出した。むろん民衆は感動して真忠組に参加し、危機感を感じた幕府は翌年一月、軍を派遣して真忠組を攻撃、楠以下幹部は戦死する。渡辺は、いわゆる「草莽」（広く、浪人、農民、商人出身の維新尊皇攘夷運動への参加者）の中で、幕末農民一揆に共通する「世直し」の意識を示したのは、この真忠組と赤報隊しかいなかったと指摘している。

赤報隊の相楽総三は、江戸の富裕な家に生まれ、幕末に志士として覚醒、西郷隆盛、大久保利通の江戸騒擾計画の実行者の一人となる。すでに討幕・王政復古の号令が秘密裏に決定しており、江戸薩摩藩邸を根城に幕府を挑発する計画が立てられていた。これは単なる江戸市内の放火にとどまらず、志士たちを動員し、野州、甲州、相州など三か所における決起と江戸市内での挑発を同時に行う大掛かりな蜂起が計画されており、その背後には、不作続きにより高騰した米価の引き下げを求める米一揆の勃発と、村々で塾を開いて尊攘思想を鼓舞していた豪農、村役人たち「在村知識人」の存在があった。蜂起そのものは失敗に終わったが、相楽は農民一揆と草莽の変革の意志を結び付けようとしたのだ。相楽たちの行動に対し、西郷隆盛は鳥羽伏見の戦いに徳川軍を引きずり出した功を讃え「徳川氏滅亡ノ端ヲ開キタルハ、実ニ貴兄等ノ力ナリ。感謝ニ堪ヘズ」と語っている。

この後、相楽ら浪士隊は「赤報隊」に再編されるが、相楽は新政府に、人心を摑むためにも租税を軽くすることを求める。相楽はあくまで幕府との戦いを、窮民の救済を基底に考えていた。しかし、新政府は一度は年貢半減令を出したものの、新国家建設のためにはそんな政策は不可能であることはわかりきっていた。赤報隊が新政府にいかに無惨に裏切られたかは第十章に明らかである。年貢半減を民衆に説きながら前進する赤報隊は、最後には「偽官軍」とされて相楽他指導者は処刑される。新政府にとって「討幕を自らの夢の実現として願望するような草莽など、もはや無用の存在なのだった。」（第十章）
そして渡辺京二は、しばしば心情的に美化される「草莽」にも二つのタイプがあったことを、渋沢栄一の例を引いて明らかにする。当初、農民出身の過激な尊攘派だった渋沢栄一は、決起に失敗した後は徳川慶喜の下で優秀な家臣となり、周知のように実業家として大成する。渋沢にとって、尊皇攘夷も討幕も時流に動かされたにすぎず「本音はただの百姓で終わりたくない」「何かもっと大きな事業をしたいという立身の欲求」だったと渡辺は見る。草莽とは幕末豪農の上昇志向による政治参加であり、彼らは貧しい小百姓からは、冷酷な搾取者として憎悪の対象ですらあった。「この矛盾に悩んだ相楽総三のような者は、貧農への目差しを開いて年貢半減を唱えた。その矛盾に悩むことのなかった渋沢栄一は有能な新政府官僚として、出世の糸口をつかんだ」。ここには、ロシア革命史におけるナロードニキと、「進歩派」「西欧派」の対立に近い構図すらうかがえる。
日本において、いや、ロシアを含むアジア的世界において、「進歩的」「近代的」なイデオロギーは常に民衆から遊離し、時には民衆を蔑視する形でしか現れなかった。第十二章「文明開化」における福沢諭吉の『学問のすゝめ』が、人権の普遍性とともに「無学文盲の徒が下層にあって支配されるのは当然」であり、人民は政府の悪法には言論で是正を求める権利はあるが、徒党、一揆などは恥を知らず法を恐れぬ行為だと説いているのはその典型である。福沢は偉大な知識人ではあり、一流の啓蒙家ではあるが、同時に農村共同体には全く関心を持たず、権力から遠いところで日常を営む生活者に対して「一身独立」つまり国家意識を持つことを強要する人でもあった。
明治維新の始まりとともに起きた様々な近代的改革が、直ちに農民騒擾を引き起こしたのは、政府が農村共同体に介入し、上からの近代化を押し付けることへの農民側の強烈な抵抗である。明治初期の一揆において、農民たちは竹槍で武装し、打ちこわしだけではなく放火を行った。これは江戸時代にはいずれも決してみられなかったことである。渡辺は第十一章「明治初期農民騒擾」にて、明治初期の一揆が、一見「反動的」「差別的」かつ蒙昧な性格を持っていたことを明確に指摘し、同時に、民衆の抵抗の意志とは時として最も蒙昧な形でしか現れないことを指摘する。これはドストエフスキイが、ロシア民衆の一見蒙昧にしか見えない皇帝崇拝や聖戦意識を、決して政治的理性の側から否定せず、むしろそこに近代化から疎外された民衆の抵抗精神とユートピア志向を読み取ろうとした姿勢と同じものだ。明治初期の一揆は、政府が西欧のキリスト教の影響下にある、女性や家畜を異人に売り飛ばそうとしている、さらには「太政官は異人が政治を取り扱ふ所」とまで誤解していた。しかし渡辺が言うように「これには民の方にも根拠はあった。新政府の方針が洋化一本槍なら、異人とことならぬからである」。

新政府にとって近代化は、国際社会で西洋列強と対等に渡り合うためには絶対必要なことであり、学校教育の義務化、徴兵制、そして地租改正の先駆けとなる土地売買の許可と土地の個人所有の承認は、民衆にとって、江戸時代に守られていた自分たちのコスモス、つまり村共同体に政府が介入してくることを意味した。

「徴兵も学校も民衆にとって異物であった。なぜなら軍事的義務に関しては、侍というものがいる以上、彼らが果たすべきであり、学校も藩の官吏を育成する機関であって、自分たちは寺子屋や、民間に流布されていた通俗教本で十分だったからである。」（第十一章）

決定的なのは土地私有化と、それに続く地租改正だった。江戸時代は、「年貢さえ納めておけば、お上から内部に立ち入った干渉を受けることはなかった」村共同体の土地が、また農民自身も、これによって「商人社会における孤立した取引主体に転化」、つまり資本主義社会に投げ込まれることになる。

幕藩時代、豪商や金貸しが農村を疲弊させることがしばしば一揆のきっかけとなったが、それでも領主たちは商人を積極的に支配層に組み入れることは自制した。新政府が「自由」と「経済的合理性」の名のもとに村共同体を解体していくことを、農民たちは恐怖とともに感じ取った。

しかし「彼らは、そのような到来しつつある新社会を指弾する言葉を知らなかった。言葉で言うとすれば、これまでの古いしきたり通りにしてくれというしかなかった」。一揆の掲げた要求や抗議内容が誤解や蒙昧に満ちていたのはそのためであり、被差別部落の解放に対しても激しい抵抗がなされた。「新平民集落」はしばしば襲撃を受け多くの殺傷者を出したのだ。明治時代の民衆抵抗を進歩派的側面からだけ評価する歴史観はあまりに単純なものと言わざるを得ないだろう。

このような民衆の意識を理解しうる維新の指導者は、西郷隆盛しかいなかっただろう。西郷が新政府を追われたのも、また薩摩で、彼とともに帰郷した兵士たちと藩政改革を試みたのも（士族間の差別を撤廃するとともに、武士が農村で耕作に従事することを薦めた）近代化への違和感を西郷は農民とともに感じていたからだ。だが、第十五章「明治一〇年戦役」に書かれた西郷隆盛の姿はいまだに多くの謎を秘めている。渡辺が引用する西郷の断片的な言葉には、宗教家のような高い境地と、死を想い隠遁を目指す一面とともに、明治九年の士族反乱に期待を示し、現実政治の実践を「役割」として担うことは引き受けようとする一面とが同時に表れており、西郷という人は戦死するまで、矛盾の中に生き続けた。それがこの人の独特の人間的振幅と魅力だったのではないかと思わせる。

本書が未完となったことで最も惜しまれるのは、おそらくこの農民の反近代決起の、最後の、かつ最大のものであった秩父困民党を描く直前で筆が断たれてしまったことである。しかし、意図せぬ絶筆となった第二十章には、あまりにも哀しく、かつ、近代と前近代の徹底的な対立を意味するエピソードが記されている。熊本県の富裕な医師の息子で、小説家であるとともに農村の研究者でもあった小山勝清の著『或村の近世史』（大正一四年刊）から渡辺が紹介しているものだ。

ある村に若い女乞食がいた。彼女は幼い時の火傷で手足が不自由で、しかも父は病死、一人の息子は酒色におぼれてトラブルを起こし獄中へ、弟は日露戦争で戦死、母は不幸の中気が狂った。この女は乞食をするしか母を養い自分が生きていく術はなかった。勝清は村祭りの最中、村人たちがこの女乞食をからかい、唾を吐きかけ、棒を投げつけてはやし立てている様を見た。

勝清は憤然と、村人たちを叱り「皆さん、何をするんです。この人は皆さんのきょうだいです」と彼女をかばって人込みから逃れさせた。もちろん勝清は善意とヒューマニズムから、蒙昧な村人の差別に憤り、女乞食を救ったつもりだった。ところが数日後、同じ女乞食にあった時、彼女は「私は今日で三日御飯をいただきません」と言った。あの日に旦那様に助けてもらってからは、乞食の自分にものをくれる人はいなくなったというのだ。

女乞食は、これまで村の人達は私にいたずらをして、私が泣いたりわめいたりするのを楽しんでいた。これは私が憎いからではなく、ただ私の姿が面白いからだ。だから、私は村の人達を怨んだことはない。しかし今では、だれも私にいたずらをする人はいないけれど、恵んでくれる人もいなくなったと語った。「勝清は初めて村人の心の在り方を知った。同時に自分の近代的知性から、〝遅れた〟農村を批判する愚も知ったのである」。

中世の説教節や浄瑠璃の世界では、弱者に対する残酷な扱いがしばしば見られる。この女乞食や障碍者などは、かつての村共同体では確かに社会からこのような扱いを受けていた。しかし同時に、彼らは差別されつつも村共同体の中に生きる場を見出していたのである。近代はこのような存在を「平等」であるとし、差別や迫害を禁じた。しかしそのことによって果たして彼らは「解放」されたのだろうか。逆に村共同体からの疎外と、最終的には「保護」という形での隔離がなされていくのではないか。

この女乞食の訴えているものこそ、まさしく「小さきもの」の叫びである。「小さきものの近代」という題名から、渡辺京二の読者は、渡辺の原点となった最初期の文章「小さきものの死」を想起しただろう。いかなる歴史の進歩も、小さきものを踏みにじらずに進むことはない。ただ一人の少女の涙がそのために流されるなら、神の王国など自分は否定する、と断定したイヴァン・カラマーゾフの言葉を、渡辺京二ほど深く受け止めた思想史家は日本ではいなかった。その思想の歩みはここで途絶えたのだが、この文章が絶筆となったことに、私は何か運命的なものすら感じてしまう。

私はこの様々な魅力を湛えた二巻の書物から、農民たちの意識についてのみ語らせてもらった。江戸時代の武士階級の最良の面を反映した最後の幕臣たちの夕映えのような輝き、維新の敗者として苦難をなめながら、ルサンチマンを乗り越えた旧会津藩の人々、フランス革命期のサド侯爵の文学をすら思わせる歌舞伎作家や落語家、時代を彩った女性たち、自由民権運動がかつての士族階級という戦闘集団に属する知識人に担われたことの意義と限界、明治新政府内部の過酷な権力闘争など、本書には他にも様々な魅力的な人物が登場する。特に、本書最終部に収録された「お鯉物語」は、渡辺京二の女性への優しさが率直に文章に表れている愛すべき一篇である。

しかし、私にとって本書の「小さきものの近代」という表題に最もふさわしいのは、ここで挙げたような農民たちの姿だった。本書を通じて聞こえてくる近代という激動に耐えた小さきもののかすかな声を、今や、近代のどん詰まりというべき現代社会の荒野に生きている私たちがどう聞きとり、今後、状況がいかなる運命を我々に課そうとも、獄中で覚醒した一揆の指導者のように「それの徹底的な否認、それとの休みのない戦いによってその理不尽さを超え」（「小さきものの死」）てゆくことができるか、それは読者一人一人に問われていることである。

（評論家）

〈初出〉
「熊本日日新聞」朝刊、二〇二一年四月三日～二〇二三年十二月一日（未完・絶筆）

[著者略歴]

渡辺京二（わたなべ・きょうじ）
一九三〇年、京都市生まれ。
日本近代史家。二〇二二年十二月二十五日逝去。
主な著書『北一輝』（毎日出版文化賞、朝日新聞社）、『評伝宮崎滔天』（書肆心水）、『神風連とその時代』『なぜいま人類史か』『日本近世の起源』（以上、洋泉社）、『逝きし世の面影』（和辻哲郎文化賞、平凡社）、『新編・荒野に立つ虹』『近代をどう超えるか』『もうひとつのこの世——石牟礼道子の宇宙』『預言の哀しみ——石牟礼道子の宇宙Ⅱ』『死民と日常——私の水俣病闘争』『万象の訪れ——わが思索』『幻のえにし——渡辺京二発言集』『肩書のない人生——渡辺京二発言集2』『〈新装版〉黒船前夜——ロシア・アイヌ・日本の三国志』（大佛次郎賞）『渡辺京二×武田修志・博幸往復書簡集1998～2022』（以上、弦書房）、『維新の夢』『民衆という幻像』（以上、ちくま学芸文庫）、『細部にやどる夢——私と西洋文学』（石風社）、『幻影の明治——名もなき人びとの肖像』（平凡社）、『バテレンの世紀』（読売文学賞、新潮社）、『原発とジャングル』（晶文社）、『夢ひらく彼方へ　ファンタジーの周辺』上・下（亜紀書房）など。

小さきものの近代 2
二〇二四年二月二五日発行
著者　渡辺京二
発行者　小野静男
発行所　株式会社　弦書房
（〒810・0041）
福岡市中央区大名二—二—四三
ELK大名ビル三〇一
電話　〇九二・七二六・九八八五
FAX　〇九二・七二六・九八八六
組版・製作　合同会社キヅキブックス
印刷・製本　シナノ書籍印刷株式会社
落丁・乱丁の本はお取り替えします。
© Yamada Risa 2024 Printed in Japan
ISBN978-4-86329-280-2 C0095

渡辺京二コレクション 1〜14

弦書房

名著『逝きし世の面影』（和辻哲郎賞）『黒船前夜 ロシア・アイヌ・日本の三国志』（大佛次郎賞）『バテレンの世紀』（読売文学賞）の源流へ。現代思想の泰斗が描く思索の軌跡。

1
【新装版】江戸という幻景
人びとが残した記録・日記・紀行文の精査から浮かび上がるのびやかな江戸人の心性。近代への内省を促す幻影がここにある。西洋人の見聞録を基に江戸の日本を再現した『逝きし世の面影』著者の評論集。

1800円

2
【新編】荒野に立つ虹
この文明の大転換期を乗り越えていくうえで、二つの課題と対峙した思索の書。近代の起源は人類史のどの地点にあるのか。極相に達した現代文明をどう見極めればよいのか。本書の中にその希望の虹がある。

2700円

3
万象の訪れ わが思索
半世紀以上におよぶ思索の軌跡。一〇一の短章が導く、考える悦しみとその意味。その思想は何に共鳴したのか、どのように鍛えられたのか。そこに、静かに耳を傾けるとき、思索のヒントが見えてくる。

2400円

4
死民と日常 私の水俣病闘争
昭和44年、いかなる支援も受けられず孤立した患者家族らと立ち上がり、〈闘争〉を支援することに徹した著者による初の闘争論集。患者たちはチッソに対して何を求めたのか。市民運動とは一線を画した〈闘争〉の本質を改めて語る。

2300円

5
もうひとつのこの世 石牟礼道子の宇宙
〈石牟礼文学〉の特異な独創性が渡辺京二によって発見されて半世紀。互いに触発される日々の中から生まれた〈石牟礼道子論〉を集成。石牟礼文学の豊かさときわだつ特異性を著者独自の視点から明快に解き明かす。

2200円

6
預言の哀しみ 石牟礼道子の宇宙II
石牟礼道子と互いに支えあった著者が石牟礼作品の世界を解読した充実の一冊。「石牟礼道子闘病記」ほか、新作能「沖宮」、「春の城」「椿の海の記」「十六夜橋」など各作品に込められた深い含意を伝える。

1900円

＊表示価格は税別

7
未踏の野を過ぎて
現代とはなぜこんなにも棲みにくいのか。近現代がかかえる歪みを鋭く分析、変貌する世相の本質をつかみ生き方の支柱を示す。東日本大震災にふれた「無常こそわが友」、「社会という幻想」他30編。

2000円

8
近代をどう超えるか　渡辺京二対談集
江戸文明からグローバリズムまで、知の最前線の7人と現代が直面する課題を徹底討論。近代を超える様々な可能性を模索する。【対談者】榊原英資、中野三敏、大嶋仁、有馬学、岩岡中正、武田修志、森崎茂
1800円

9
幻のえにし　渡辺京二発言集
「自分が自分の主人公として独立する」とはどういうことなのか。さらに、谷川雁、吉本隆明、石牟礼道子らとの深い絆についても語られており、その言葉にふれながら読者は今どうすべきなのかを考えさせてくれる、慈愛に満ちた一冊。

2200円

10
肩書のない人生　渡辺京二発言集②
昭和五年生れの独学者の視角は限りなく広い。その終わりなき思索の旅から紡ぎ出される言葉をくり返し、聞いてみたい。
◆一九七〇年十月〜十二月の日記も初収録。三島由紀夫事件、最初期の水俣病闘争、日々の読書録等、渡辺史学の源を初めて開示する。
2000円

11
小さきものの近代 1
『逝きし世の面影』『江戸という幻景』に続く日本近代素描。国家次元のストーリーではなく、近代国民国家建設の過程で支配される人びと=小さき人びとが、維新革命の大変動をどう受けとめ、自身の〈近代〉を創り出すために、どのように心を尽くしたかを描く。新たな視点で歴史を読む刺激に満ちた書。

3000円

12
小さきものの近代 2
明治維新以後、昭和の敗戦まで日本は一人一人が国民的自覚を強制された時代だった。そのような時代に、天皇制国家の中で抵抗し、国家や権力と関係なく自分を実現しようと考えた人達がいた。一人一人の維新を鮮やかに描く比類なき叙述。
◆本書第二十章「激化事件と自由党解党」で絶筆・未完
3000円

13
【新装版】黒船前夜　ロシア・アイヌ・日本の三国志
ペリー来航以前、ロシアはどのようにして日本の北辺(蝦夷地)に接近してきたのか。国家を持たない民・アイヌの魅力を浮き彫りにしながら、通商と防衛の両面でそのアイヌを取り込もうと駆け引きをする日露外交を双方の人物たちを通して描いた名著。**◆第37回大佛次郎賞受賞**
2200円

14
渡辺京二・武田修志博幸　往復書簡集 1998〜2022
一九九八年に名著『逝きし世の面影』を刊行した頃(六八歳)から二〇二二年十二月二五日に逝去される直前(九二歳)までの書簡二二〇通を収録。「身近なものにはあまり語ることのなかった、父の晩年の想いを知ることができる」(山田梨佐「あとがき」から)
2200円

＊表示価格は税別